Hedwig Kellner

Ganz nach oben durch durch Projektmanagement

HANSER

Die Autorin:
Hedwig Kellner, Halstenbek

www.hanser.de

Die Deutsche Bibliothek – CIP-Einheitsaufnahme

Ein Titeldatensatz für diese Publikation
ist bei Der Deutschen Bibliothek erhältlich.

© 2000 Carl Hanser Verlag München Wien
Redaktion: Martin Janik
Herstellung: Irene Weilhart
Umschlaggestaltung: Parzhuber & Partner GmbH, München
Umschlagrealisation: MCP • Susanne Kraus GbR, Holzkirchen
Satz: design-typo-print GmbH, Ismaning
Datenbelichtung, Druck und Bindung: Druckhaus „Thomas Müntzer" GmbH,
Bad Langensalza
Printed in Germany

ISBN 3-446-21393-7

Inhalt

Liebe Leserin, lieber Leser,

die erfolgreiche Führung eines Projektes zum Ziel gilt heute in vielen Unternehmen als Sprungbrett für die Karriere. Als Projektleiter können Sie Ihre Führungsqualifikation beweisen. Sie bekommen Zugang zu wichtigen Meetings und können sich mit Ihrem Projekt vor den Mächtigen präsentieren. Sie knüpfen Kontakte, machen Erfahrungen mit Krisen und produzieren ein vorzeigbares Ergebnis!

Wenn eine Führungsposition neu zu besetzen ist, wird man mit Vorliebe den Kandidaten befördern, der sich bereits als Projektleiter bewährt hat. Man will in den zentralen Funktionen Menschen, die sich als erfolgreiche Führungskräfte, Organisatoren und Manager bewiesen haben.

Kämpfen Sie um die Chance, die Leitung eines Projektes zu übernehmen! Führen Sie Ihr Team konsequent zum Ziel und vermarkten Sie den Erfolg für Ihre Karriere!

Dieses Buch gibt Ihnen Tipps, wie Sie ...

- sich für das richtige Projekt entscheiden, das Sie auch tatsächlich weiterbringt.
- Ihr Projekt vom Kick Off über die Meilensteine bis zum erfolgreichen Abschluss bringen.
- Ihre Mitarbeiter zu einem Team zusammenfügen.
- intelligent Ihre Rolle als Projektleiter nutzen, um sich im Unternehmen eine „Hausmacht" aufzubauen.
- strategisch zum Sprung von der temporären Führungsrolle im Projekt zur dauerhaften Führungsrolle in der Linie ansetzen.

Erfolgreiches Projektmanagement macht Spaß. Wenn der Projekterfolg dann auch noch auf der Karriereleiter nach oben führt – umso besser!

1 Nutzen Sie Projektmanagement als Ihre Chance

1.1 Was macht Projektmanagement zur Chance?

In vielen Unternehmen möchte man heute vorab genauer wissen, wen man in eine Führungsposition übernimmt. Mit erfolgreichen Fachexperten, die sich nach ihrer Beförderung als eingefleischte Sachbearbeiter mit viel zu geringer Führungsqualifikation entpuppten, hat man genug schlechte Erfahrungen gemacht. Das Dilemma ist in unserem System ja leider, dass man Personen, die sich in ihren Positionen als unfähig erwiesen, gar nicht mehr oder nur sehr schwer „degradieren" kann. Außerdem fällt es den Managern oft schwer, im Nachhinein zuzugeben, dass sie sich bei der Beförderung eines Mitarbeiters in eine Führungsposition verschätzt haben.

Personalberatungen bieten psychologisch ausgefeilte Assessment Centers mit allen Raffinessen von Planaufgaben, Rollenspielen und Psychotests an, um die Auswahl geeigneter Kandidaten abzusichern. Zunehmend erkennen die Entscheider in den Unternehmen jedoch, dass auch solche Assessment Centers die Häufigkeit von Fehlbesetzungen in Führungspositionen kaum reduzieren. Karrieristen lassen sich heute aufwendig trainieren, um im AC eine gute Figur zu machen und bieten dann nach der Übernahme in die angestrebten Position doch eine schwache Performance. Erfolg im AC heißt noch lange nicht Erfolg als Führungskraft.

Was liegt daher näher, als den Trend zu mehr Projektarbeit zu nutzen und sich potenzielle Aufsteiger im realen Umfeld der Projektleitung anzuschauen? Projektleiter gelten als „Unternehmer im Unternehmen". Sie müssen mit einem Team im Rahmen von Budget- und anderen Vorgaben beweisen, dass sie Ziele erreichen und Strategien umsetzen können.

> Das erfolgreiche Projekt als Beweis für Eignung im Hinblick auf Führung und Management setzt sich in den Unternehmen durch. Die Funktion des Projektleiters ist temporär an das jeweilige Projekt gebunden. Wenn sich Schwächen herausstellen, kann man den betreffenden Projektleiter in Zukunft von Führungsaufgaben fernhalten, ohne sich mit Problemen der „Besitzstandswahrung" oder frustrierter Mitarbeiter herumschlagen zu müssen. Hingegen kann sich mancher bisher unterschätzte Mitarbeiter mit seinem erfolgreichen Projektmanagement profilieren.

Wenn Sie aufsteigen wollen, sollten Sie die Chance der Projektarbeit nutzen. Vergraben Sie sich nicht in erfolgreiche Facharbeit, um damit Ihr Anrecht auf eine Beförderung unter Beweis zu stellen. Beweisen Sie als Projektleiter, was

Sie als Führungskraft können!
Beweisen Sie, dass Sie ...

- vereinbarte Ziele sicher erreichen.
- Ihr Team motivieren und zum Erfolg führen können.
- unternehmerisch denken.
- ins bestehende Führungsteam passen.

Nutzen Sie die Aufgabe der Projektleitung durchaus auch als Training für zukünftige Führungsaufgaben. Nutzen Sie die Rolle als Projektleiter gezielt für Kontakte innerhalb der Führungsriege zur Festigung Ihres sozialen Netzes. Nutzen Sie den Erfolg Ihres Projektes als Instrument der Selbstvermarktung.

Im Interesse Ihres beruflichen Aufstiegs sollten Sie sich zunächst einen Ruf als fachlicher Profi aufbauen und dann zügig die Leitung zumindest eines Teilprojektes und dann eines Projektes anstreben. Wenn man heute etwa davon ausgeht, dass im Alter von 32 bis maximal 36 die erste Führungsposition erreicht sein muss, wenn der berufliche Weg in Richtung Führung und Management gehen soll, dann können Sie sich ausrechnen, dass Sie sich mit dreißig als erfolgreicher Projektleiter etabliert haben müssen.

Eine andere Zeitplanung sagt, dass zwei Jahre nach der Einstellung entschieden wird zwischen „up or out". Das bedeutet, dass Sie möglichst schon im ersten Jahr nach Ihrer Einstellung – spätestens jedoch im zweiten – eine Projektleitung übernehmen sollten.

Natürlich hängen die Zeitrahmen auch vom jeweiligen Unternehmen und von den Bedingungen der Branche ab. In traditionellen Firmen mag es etwas langsamer zugehen als in den Neugründungen rund um die neuen Medien herum. Aber eines zeichnet sich überall ab: Projektmanagement hat sich zum Sprungbrett für Karrieristen entwickelt. Es geht den Entscheidern nicht nur um die Erreichung der jeweiligen Projektziele. Es geht auch um die wichtige Frage: Wer von unseren Mitarbeitern zeichnet sich durch Führungsqualifikation aus – und wer nicht?

1.2   Welche Qualifikationen Sie im Projekt beweisen können

Man hat zwar jeweils in den Unternehmen leicht variierende, aber doch weitgehend übereinstimmende Vorstellungen davon, über welche Qualifikationen eine Führungskraft verfügen muss. Zu den Wesentlichen gehören:

Generalistenorientierung

Das ist die Fähigkeit, den Blick über die spezifisch fachlichen Details heben und das große Ganze überblicken zu können. An einem Mangel bei dieser Qualifikation scheitern häufig solche Führungskräfte, die wegen ihrer überragenden Leistungen in ihrem Fachgebiet befördert wurden. Man spricht vom

„Edelsachbearbeiter", wenn es der neue Vorgesetzte nach seinem Aufstieg nicht schafft, sich von der Sacharbeit zu lösen.

Drei typische Ursachen können für dieses Fehlverhalten vorliegen:

- Die eine Ursache kann der Spaß an den gewohnten Tätigkeiten sein. Man müsste sich eigentlich um Führung, Management, Administration und Strategieentwicklung kümmern, aber das macht nicht so viel Spaß und bringt nicht so viel und so schnell nachweisbare Ergebnisse wie der Job, in dem man vorher geglänzt hat. Also macht man damit weiter, vielleicht noch ein wenig mehr, weil man als Führungskraft ja auch mehr Geld dafür bekommt und Vorbild sein soll.
- Der „Edelsachbearbeiter" arbeitet gerne mit seinen Mitarbeitern um die Wette. Dass er mehr weiß als diese und mehr vom Tisch schafft, bestätigt ihm, wie richtig es war, ihn und nicht einen der anderen zu befördern. Manchmal kennt man diese Leute auch als „Autisten" oder „Wissensmonopolisten". Sie schotten sich ab und hüten ängstlich ihre überlegene Fachkompetenz gegenüber möglichen Karrierekonkurrenten aus dem eigenen Team.
- Die zweite Ursache für einen Mangel an Generalistenorientierung kann auch Angst sein. Der Vorgesetzte plagt sich mit der Sorge, dass aus seinem Bereich Fehler kommen, für die er geradestehen muss. Also macht er sicherheitshalber das Wichtigste selbst und kontrolliert mit hohem Aufwand das Delegierte bis ins Detail. „Wenn ich es selbst mache, weiß ich wenigstens, dass es auch richtig gemacht wird." „Alles muss über meinen Tisch, bevor es rausgehen darf." Da sich fähige Mitarbeiter einen solchen Vorgesetzten nicht bieten lassen, wird er langfristig auf den Unfähigen sitzen bleiben, oder die Fähigen reagieren mit Nachlässigkeit. Dem Vorgesetzten bestätigt sich sein Misstrauen: „Wenn ich nicht höllisch aufpasse, passieren hier wegen der Unfähigkeit der Leute nur Fehler."
- Die dritte Ursache kann auch ein Mangel an Weitblick sein. Die betreffende Führungskraft hält sich und ihren Bereich für den Nabel der Welt oder zumindest des Unternehmens. Die Belange der anderen Bereiche sind zweitrangig. Nur der Eigene zählt.

Beweisen Sie als Projektleiter, dass Sie nicht an der Sacharbeit kleben! Zeigen Sie, dass Sie die Aufgaben sinnvoll an Ihre Mitarbeiter delegieren und selbst den Überblick behalten. Damit können Sie sich auch in den drei nächsten wichtigen Führungsqualifikationen beweisen:

Bereichsübergreifendes Denken

Schotten Sie sich mit Ihrem Team nicht im Projekt ab. Meiden Sie alles, was zu „Bunkermentalität" führen oder wie eine feindselige Einstellung gegenüber anderen Führungskräften wirken könnte.

Das ist besonders wichtig, wenn Sie mit Ihrem Projekt die Belange anderer Bereiche berühren und dort vielleicht auf Unverständnis oder gar Widerstand stoßen. Das kommt zum Beispiel bei DV-Projekten oder bei Projekten sehr häufig vor, die aus dem Controlling geboren wurden. Die anderen Führungskräfte mögen sich nur schwer mit Änderungen anfreunden, die sie als Kompetenzeinbußen oder als Einmischerei oder als unverständliche Techniken und überflüssige Neuerungen erleben. Zu leicht ziehen Projektleiter und Team sich in kuschelige Bunkermentalität zurück: „Wir sind das tolle Profi-Team, das von den dummen und feindseligen Außenstehenden schlecht behandelt wird." Beweisen Sie als Projektleiter, dass Sie sich in die Belange anderer Bereiche hineinversetzen können!

Unternehmerisches Denken

Denken Sie in Dimensionen von Wertschöpfung, Kostenorientierung, Wirtschaftlichkeit und strategischem Erfolg! Vor allem „Edelsachbearbeiter" verlieren die unternehmerischen Aspekte gerne aus den Augen, wenn sie dafür für sich die beste Ressourcenausstattung, das größte Budget und beliebig viel Zeit zur Schaffung ihres fachlichen Optimums bekommen.

Beweisen Sie, dass Sie Ihr Projekt im unternehmerischen Gesamtzusammenhang richtig einordnen und entsprechend „bewirtschaften".

Führungsqualifikation

Beweisen Sie als Projektleiter, dass Sie fähige und motivierte Mitarbeiter an sich binden und zum gemeinsamen Erfolg führen können. Man nimmt es sehr wohl zur Kenntnis, ob die Fachleute Ihres Teams Sie in Ihrer Rolle als Projektleiter respektieren.

Das bedeutet nicht, dass Sie im Fachlichen besser sein müssen als Ihre Teammitglieder. Die Frage ist, ob Sie über ausreichend „Leadership" verfügen, um gute Leute zu Spitzenleistungen zu führen.

> Arbeiten die Leistungsträger gerne mit Ihnen und für Ihre Projektziele?
> Streben die Spitzenkräfte von Ihnen weg?
> Ist Ihr Projekt eher Anziehungspunkt für Bequeme und Verweigerer?

Denken Sie daran, dass Ihre Projektmitarbeiter im Hinblick auf Ihre zukünftige Führungslaufbahn Ihre wichtigsten „Werbeträger" sind!

Vergessen Sie auch nicht, dass Sie vielleicht eines Tages den einen oder anderen Ihrer heutigen Teammitglieder als Referenz bei der Bewerbung bei einem anderen Unternehmen brauchen könnten. Die Welt der Karrieristen ist heute so wechselhaft und so überschaubar, dass die Chancen oder Gefahren des Wiederbegegnens relativ hoch sind.

Durchsetzungsvermögen

Beweisen Sie, dass Sie sich sowohl im Team als auch übergreifend im Unternehmen als auch in der Zusammenarbeit mit Externen und Lieferanten durchsetzen können. Manche Führungskraft entpuppt sich nach ihrer Beförderung leider nur als Verwalter und Aufsichtsperson. Sie kann zwar die Arbeit an die Mitarbeiter delegieren und kontrollieren, sie verliert sich auch nicht als „Edelsachbearbeiter" im Detail, kann sich jedoch nicht durchsetzen, wenn andere sich stur stellen oder verweigern.

> Das sind die Führungskräfte, die sich regelmäßig mit Hilferufen an ihre eigenen Vorgesetzten wenden:
> „Was soll ich tun? Mitarbeiter Meier erledigt nicht seinen Job, sondern feiert laufend krank."
> „Was soll ich tun? Lieferant Winkelmann und Co. hält sich nicht an unsere Vereinbarungen."
> „Was soll ich tun? Kollege Müller stellt mir die versprochenen Ressourcen nicht zur Verfügung."
> Ständig appellieren sie an die Instanz über ihnen, doch mal für sie ein Machtwort zu sprechen.

Zeigen Sie, dass Sie selbstständig mit Ihrem Projekt zum Ziel kommen und nicht pausenlos auf die Unterstützung von Mächtigeren angewiesen sind. Je weniger andere mit Ihren projektinternen Problemen zu tun haben, desto besser für Sie. Man verlangt von Ihnen mehr als die Ausarbeitung von Projektplänen und dann die Aufsicht über die Arbeitsgruppen!

Ausstrahlung

Sie müssen nicht über Charisma verfügen, aber Sie dürfen auch nicht als graue Maus im Unscheinbaren verschwinden. Instinktiv verlangen sowohl Mitarbeiter als auch bereits erfolgreiche Manager, dass Führungskräfte in ihrer Ausstrahlung „etwas hermachen". Ihre Präsentationen müssen zum Beispiel gewisse Show-Elemente enthalten, wenn sie beeindrucken sollen. In Meetings müssen Sie selbstbewusst auftreten. Ihr Arbeitsplatz muss aussehen wie der eines Chefs, auf keinen Fall wie der eines fleißigen Sachbearbeiters.
Am besten orientieren Sie sich in Kleidung, Verhalten und Gestaltung Ihres Arbeitsplatzes an dem, was bei den Linien-Führungskräften üblich ist. Signalisieren Sie auch durch Äußerlichkeiten, wie gut Sie in die Runde passen, zu der Sie als erfolgreicher Projektleiter auf Dauer streben!

1.3 Was Sie unbedingt beachten sollten

Wenn man Sie mit der Leitung eines Projektes betraut hat, sollten Sie gleich von Anfang an diese Chance nutzen, sich als Führungskraft im Unternehmen darzustellen. Widerstehen Sie der Versuchung, sich sofort lustvoll in die Arbeit zu stürzen. Denken Sie über das Projekt hinaus darüber nach, wie Sie es für Ihre Karriere nutzen wollen. Beachten Sie dabei folgende Tipps:

Verabschieden Sie sich von unrealistischen Hoffnungen

Glauben Sie nur nicht, dass man Ihnen später automatisch für einen erfolgreichen Projektabschluss zum Dank eine Beförderung oder Gehaltserhöhung zukommen lässt. Diese Hoffnung ist naiv und basiert auf kindlichen Erfahrungen: „Wenn ich erst brav tue, was man von mir verlangt, dann kommt hinterher die Belohnung." In der Welt der Erwachsenen gilt das nicht mehr. Viel wahrscheinlicher ist, dass man sich nach Ihrem erfolgreichen Projektabschluss gar nicht mehr für das Thema und für Ihre Ansprüche interessiert! Außerdem wird man Sie im Nachhinein, wenn Sie Ihre Forderungen stellen, daran erinnern, dass Sie schließlich die ganze Zeit bezahlt wurden und dass Projektarbeit zu Ihrem normalen Job gehört.

■ **Tipp:** Sorgen Sie schon während des Projektverlaufs dafür, dass man Ihre Leistungen materiell honoriert. Nie sind Ihre Karten so gut wie während des Verlaufs eines gut angesehenen Projektes.

Verabschieden Sie sich von der Tugend der Bescheidenheit

Machen Sie deutlich, dass Sie aufsteigen wollen, dass Sie das Projekt als Sprungbrett für Ihre Karriere sehen.

■ **Tipp:** Nutzen Sie konsequent die Möglichkeiten, die das neue Prestige als Projektleiter Ihnen bietet.

Lassen Sie sich zu wichtigen Meetings einladen, wo sich die Führungskräfte treffen. Bei den ersten Malen müssen Sie vielleicht noch nach einer Begründung aus dem Aufgabenumfeld Ihres Projektes suchen, warum Sie bei bestimmten elitären Anlässen dabei sein müssen. Schon bald haben die Mächtigen sich an Ihre Anwesenheit gewöhnt.

Wenn man Sie dann auch noch als konstruktiven Gesprächspartner wahrnimmt, der sich nicht pausenlos mit seinen Projektanliegen in den Vordergrund drängt, aber immer wieder ganz allgemein die Diskussion bereichert, dann zementiert sich Ihre Zugehörigkeit zum illustren Kreis der Mächtigen.

Sorgen Sie auch dafür, dass Ihr Name auf wichtige Verteiler kommt. Warten Sie nicht auf die offizielle Beförderung, schaffen Sie Fakten. Das wird später Ihre Beförderung fast nur noch zu einem kleinen Verwaltungsakt machen.

Fühlen Sie sich nicht für alles persönlich und allein zuständig

Beweisen Sie vom ersten Tag an Ihre Führungskompetenz. Misstrauen Sie nicht den Fähigkeiten oder dem guten Willen Ihrer Teammitglieder. Sie müssen die Mitarbeiter nicht einarbeiten. Für sie und Sie ist die Projektaufgabe gleichermaßen neues Gebiet. Steuern Sie die Gruppenprozesse, delegieren Sie die Aufgaben, führen Sie die entscheidenden Verhandlungen mit Außenstehenden, aber lassen Sie Ihre Teammitglieder selbstständig arbeiten. Kontrollieren Sie Termintreue und Qualität der vereinbarten Arbeitsergebnisse. Kontrollieren Sie den Ressourcenverbrauch. Mischen Sie sich nicht ein, wenn fähige Leute ihren Job machen. Wahrscheinlich gehen Ihre Mitarbeiter an manchen Stellen anders an ihre Aufgaben heran, als Sie es tun würden. Schauen Sie nicht hin, dann macht es Sie auch nicht nervös. Niemals darf es Ihre Gewohnheit werden, nachträglich die Arbeitsergebnisse zu optimieren.

> Ganz besonders allergisch reagieren intelligente Menschen darauf, wenn man Protokolle, Berichte, Briefe und andere Schriftstücke von ihnen korrigiert und umformuliert. Je nach Temperament würden Ihre Teammitglieder sich vor Dritten über Sie als Erbsensezierer beklagen, oder sie würden absichtlich nachlässig arbeiten, damit Sie auch schön viel zu verbessern haben. In beiden Fällen spricht sich bis zu Ihren Vorgesetzten herum, dass Sie als Führungskraft eine lächerliche Figur machen, jedoch einen unbestechlich gewissenhaften Sachbearbeiter abgeben würden.

Tragen Sie persönlich Verantwortung

Missverstehen Sie Teamarbeit nicht als ständiges gemeinsames Bereden und Entscheiden. Sie würden sich damit selbst vom Projektleiter zum Moderator ohne Leitungsfunktion degradieren. Treffen Sie wichtige Entscheidungen allein und vertreten Sie diese dann auch als Ihre Entscheidungen.

■ **Tipp:** Binden Sie Mitarbeiter in Entscheidungsprozesse mit ein, behalten Sie jedoch die Entscheidungsfindung bei sich.

Gehen Sie wie folgt vor:

1. Sagen Sie dem Team, welche Entscheidung zu treffen ist. Bitten Sie um Unterstützung zur Entscheidungsfindung.
2. Geben Sie durch kreative Prozesse oder durch Diskussionen die Möglichkeit, dass Ihre Mitarbeiter Ideen, Ansichten und Begründungen beitragen.
3. Lassen Sie sich von den Fachleuten in Ihrem Team beraten, wie sie entscheiden würden und warum.
4. Ziehen Sie sich zurück. Durchdenken Sie, was die Fachleute Ihnen geraten haben, und treffen Sie dann allein Ihre Entscheidung.
5. Bevor Sie Ihre Entscheidung nach außen tragen, informieren Sie Ihre Mitarbeiter, wie Sie sich entschieden haben und warum. Sprechen Sie offen über Unsicherheiten und Risiken auf die Sie sich dabei eingelassen haben. Bitten Sie Ihre Mitarbeiter – vor allem die, die anders entschieden hätten – um das solidarische Mittragen dieser Entscheidung.

Wenn Sie alle Entscheidungen gemeinsam mit dem Team zu treffen versuchen, droht die Gefahr endloser Diskussionsrunden mit beharrlichem Hin und Her an Meinungen. Das lässt Sie in Ihrer Rolle als Projektleiter schwach wirken und fordert starke Persönlichkeiten in Ihrem Team heraus, sich selbst zu Wortführern ihrer Kollegen zu machen. Man fragt sich dann irgendwann, ob Sie noch das Projekt leiten oder aber der inoffizielle Führer, der mit seiner natürlichen Autorität längst das Team hinter sich gebracht hat.

Wenn Sie Ihre Entscheidungen ohne Beratung durch teaminterne Fachleute treffen, oder wenn Sie es versäumen, im Team für Ihre Entscheidungen zu werben, dann laufen Sie bei der ersten offensichtlichen Fehlentscheidung Gefahr, von den eigenen Mitarbeitern „in die Pfanne gehauen" zu werden. Es gibt keine Projekte ohne Fehlentscheidungen! Wenn man immer vorher schon genau wüsste, was sich hinterher als richtig erweisen wird, dann bräuchte man ja nicht mehr zu entscheiden. Verhindern Sie durch Einbindung in Entscheidungsprozesse und durch Offenheit über Ihre Gründe, dass das brüskierte Team sich vor Dritten über Sie beklagt: „Wir haben alle unserem Projektleiter abgeraten. Aber der lässt ja nicht mit sich reden."

Sparen Sie nicht beim Kleinkram

Sie sollen wirtschaftlich denken und Ressourcen schonen. Sie sollen auch darauf achten, dass Ihre Teammitglieder sorgsam mit Firmeneigentum umgehen. Hüten Sie sich jedoch vor dem kleinkrämerischen Image eines Pfennigfuchsers.

> Geizen Sie nicht mit Kopien, zählen Sie nicht verbrauchte Folien nach und nehmen Sie es kommentarlos zur Kenntnis, dass mal jemand ausnahmsweise nachts mit dem Taxi und nicht mit der U-Bahn vom Flughafen zum Hotel gefahren ist.

Je pingeliger Sie sich anstellen, desto mehr fragt man sich, ob Sie überhaupt einen Blick für die wesentlichen Dinge des Projektes haben. Erboste Mitarbeiter rechnen hinter Ihrem Rücken Ihren Stundenlohn bei den Kontrollaktionen auf gegen das, was Sie mit Ihrer Pingeligkeit einsparen.

Verzichten Sie aber auch auf unangemessene Großzügigkeiten aus dem eigenen Portemonnaie.

> Sie dürfen gerne mal vom Bäcker eine Tüte mit Kuchenteilchen mitbringen oder eine Runde Sekt zum Geburtstag spendieren. Wenn Sie jedoch das Team zum Essen einladen oder eine Phasenabschlussparty geben, dann muss das auf Spesenrechnung laufen.

Wenn Sie aus eigener Tasche bezahlen, machen Sie sich vor den Mitarbeitern als bemitleidenswerter Projektleiter lächerlich, der es nicht einmal schafft, ein angemessenes Spesenbudget für sich durchzusetzen. Bei Ihren Vorgesetzten erregen Sie ebenfalls Mitleid als Projektleiter, der es wohl nötig hat, sein Team durch Anbiederung an sich zu binden.

Zeigen Sie sich optimistisch

Lassen Sie deutlich erkennen, dass Ihnen das Projekt Spaß macht, und dass Sie ganz selbstverständlich vom Erfolg ausgehen. Notfalls müssen Sie Optimismus schauspielern.

Sagen Sie niemals, man hätte Ihnen das Projekt aufs Auge gedrückt. Beklagen Sie sich niemals, dass die Erwartungen unrealistisch, die Ressourcen zu knapp und die Terminvorgaben zu eng sind. Selbst wenn dem so ist, müssen Sie den strahlenden Optimismus ungebremster Erfolgserwartung zeigen.

Wenn Ihre Mitarbeiter erleben, dass Sie selbst vorab ungünstige Prognosen für das Projekt abgeben, dann haben die auch keine Lust mehr, sich mit Feuereifer an die Arbeit zu machen. Mangelnde Erfolgserwartung demotiviert. Wenn dann Ihr Projekt tatsächlich scheitert oder den Termin nicht hält oder die Erwartungen nicht erfüllt, bestätigt sich für Ihre Vorgesetzten der Verdacht, dass Sie wegen Ihrer negativen Einstellung selbst dafür verantwortlich sind.

Außerdem sieht ein Projektleiter, der sich über die Umstände beklagt, unter denen er das Projekt abwickeln soll, immer wie ein Hilfloser aus, der seinen Aufgaben nicht gewachsen ist.

- **Tipp:** Erkämpfen Sie sich die notwendigen Ressourcen. Handeln Sie realistische Ziele aus. Und dann zeigen Sie – egal, was Sie denken – strahlenden Optimismus. Wenn es später doch noch zu Problemen kommt, kann man Ihnen wenigstens nicht den Vorwurf machen, Sie hätten sie herbeigejammert.

1.4   *Die drei Wirkungsbereiche Ihres Projektes*

Wenn Sie Ihren Projektauftrag bewusst als Bewährungsprobe im Hinblick auf zukünftige Aufgaben im Führungsteam Ihres Unternehmens wahrnehmen, dann achten Sie bitte auf die drei zentralen Wirkungsbereiche. Vernachlässigen Sie keinen, übertreiben Sie keinen.

Abbildung 1: Die drei Wirkungsbereiche Ihres Projektes

zu „Projektaufgabe und Projektziele":

Hierbei geht es um das, was Sie mit Ihrem Team erreichen sollen. Es geht um die Art, wie in Ihrem Projekt gearbeitet wird, um die Qualität des Ergebnisses und um den Nutzen des Projektes.

Vergewissern Sie sich, dass ...

- Sie alles an notwendigem Fach- und Methodenwissen und an Fähigkeiten im Projekt verfügbar haben. Sie als Projektleiter brauchen nicht alles selbst zu wissen. Aber in Ihrem Team müssen die richtigen Fachleute versammelt sein. Sie brauchen auch Zugriff auf Wissens- und Informationsquellen.
- Ihnen die Ressourcen zur Verfügung stehen, die Sie brauchen.
- Ihnen die notwendigen Kompetenzen gegeben wurden, die Sie für Verhandlungen und Entscheidungen brauchen.
- es weder bei den Personen, die vom Projekt betroffen sind, noch bei Kollegen aus dem Führungsteam Missverständnisse bezüglich des Aufgabenumfangs, der Ziele und des Nutzens Ihres Projektes gibt. Niemand darf sich fragen: „Was machen die da eigentlich?" „Wozu soll das gut sein?"
- Ihre Pläne stets sauber mit dem Team abgestimmt und auf aktuellstem Stand sind.
- dass Sie im Projekt den Fortschritt der Arbeit und die Qualität der Ergebnisse im Auge behalten.
- Sie rechtzeitig die Betroffenen auf das Neue vorbereiten. Dabei kann es sich um Schulungen, Präsentationen oder Möglichkeiten der Mitarbeit an bestimmten Projektergebnissen handeln. Denken Sie daran, dass die meisten Menschen Neuerungen und Änderungen gegenüber erst einmal mit Abwehr reagieren. Schaffen Sie sanfte Übergänge. Konfrontieren Sie niemals plötzlich mit dem, was Ihr Projekt produziert hat.

Denken Sie an drei wichtige Aspekte in dieser Hinsicht:

1. Sorgen Sie dafür, dass es Ihnen und Ihrem Team überhaupt möglich ist, gute Arbeit zu leisten.
2. Setzen Sie im Team durch, dass jeder Mitarbeiter auf seinem Posten zuverlässig seinen Aufgaben nachgeht.
3. Sorgen Sie dafür, dass nach außen das Image durchdringt: In dem Projekt sind Profis am Werk. Was die machen, wird gut.

zu „Teamführung":

Je mehr es den Mitgliedern Ihres Teams Spaß macht, bei Ihnen mitzuarbeiten, desto besser für Sie. Nichts kann Ihren Ruf als fähige Führungskraft so fördern oder vernichten wie anerkannte Fachleute, die vor Dritten – positiv oder negativ – berichten, wie das ist, Ihr Mitarbeiter zu sein. Verlassen Sie sich darauf: Man redet über Sie als Projektleiter!

Entwickeln Sie ein Gespür dafür, wer im Team sich gerne auch mal allein in die Arbeit vertieft, und wer den stetigen Austausch mit anderen braucht. Zwingen Sie nicht Leute zur Zusammenarbeit, die sich von der „Chemie" her nicht liegen. Geben Sie den Karriereorientierten die Chance, sich bei Projektpräsentationen oder anderen Gelegenheiten mit ihren Einzelleistungen hervorzutun. Stellen Sie sich schützend vor Ihre Mitarbeiter, wenn Kritik von außen kommt – auch wenn Sie im Einzelfall über die betreffende Person verärgert sind.

Akzeptieren Sie Ihre Sonderrolle als Projektleiter. Chefs, die so tun, als wären sie keine, nerven. Ihre Mitarbeiter wollen auch mal ohne Sie Luft ablassen oder einfach nur tratschen. Drängen Sie sich nicht ständig auf.

Überlegen Sie bei jedem einzelnen Mitglied Ihres Teams:

* Was reizt diese Person, zum Projekt zu gehören?
* Was könnte diese Person ärgern, stören oder sehnsüchtig über andere Projekte nachdenken lassen?

Sorgen Sie dafür, dass sich Ihre Mitarbeiter im Team wohl fühlen und dass nach außen Ihr Image durchdringt, dass Sie eine begnadete Führungskraft für motivierte Leistungsträger sind.

zu „Public Relation":

Ihr Projekt braucht einen guten Ruf. Das fördert im Team die Motivation. Es macht mehr Spaß, in einem renommierten Projekt mitzuarbeiten als in einem, über das negativ gemunkelt wird. Gute PR fördert die Akzeptanz der Ergebnisse bei den Betroffenen. Die Lust an Reklamationen und Beschwerden steigt, wenn das Projekt ohnehin im Unternehmen ein mieses Ansehen hat.

Der gute Ruf fördert die Bereitschaft Außenstehender, Ihr Projekt zu unterstützen. Wenn Sie es schaffen, das wohlwollende Auge des Vorstands auf Ihr Projekt zu lenken, dann sind andere Führungskräfte auch gerne bereit, Ihnen mit Personal oder Ressourcen auszuhelfen.

Ihr Name als Projektleiter wird unweigerlich mit dem Projekt verbunden. Wenn Ihr Projekt gut aussieht, sehen Sie auch gut aus.

Lassen Sie niemals interne Konflikte nach außen durchdringen. Schwören Sie Ihr Team darauf ein, sich immer nur positiv über das Projekt und alles was es betrifft zu äußern.

Suchen Sie das Licht der Öffentlichkeit. Sorgen Sie für publikumswirksame Präsentationen.

Seien Sie und Ihre Mitarbeiter immer ausgesucht nett und serviceorientiert gegenüber denen, die vom Projektergebnis betroffen sind. Suchen Sie die positive Zusammenarbeit mit der Personalvertretung. Lassen Sie die Kollegen aus Controlling und Buchhaltung niemals auf Zahlen warten. Beraten Sie geduldig die Betroffenen. Ziehen Sie sie in Entscheidungsprozesse mit ein.

Sorgen Sie dafür, dass es möglichst keine Konflikte mit Außenstehenden gibt – oder nur solche, die auch von Ihren Gegnern als konstruktiv wahrgenommen werden. Machen Sie im Unternehmen Ihr Projekt positiv bekannt. Arbeiten Sie für sich und Ihr Team an dem Image, in ganz besonders kooperativer Weise zu ganz besonders guten Ergebnissen zu kommen.

Bestätigen Sie mit Ihren Projektauftritten den Entscheidern, wie weise sie entschieden haben, als sie das Projekt initiierten und in Ihre Verantwortung gegeben haben.

Machen Sie Ihren Mitarbeitern bewusst, wie stolz sie sein können, an dieser Aufgabe maßgeblich beteiligt zu sein.

Machen Sie den Betroffenen bewusst, dass es bei allen denkbaren Ressentiments, die es vielleicht gegen Ihr Projekt geben könnte, immer noch das Beste ist, Sie als Ansprechpartner zu haben.

Übertreiben Sie bei keinem der drei Wirkungsbereiche. Wenn Sie sich zu sehr auf die Aufgabe und die Ziele konzentrieren, laufen Sie Gefahr, zu sachorientiert und zu wenig betroffenenorientiert zu denken und zu entscheiden. Es kann dann dabei herauskommen, dass Sie zwar ein perfektes Ergebnis wie vereinbart produzieren, aber die Betroffenen machen mit Widerständen Ihren Erfolg zunichte. Denken Sie immer in beide Richtungen: „Wie wird das Ergebnis gut?" Und: „Wie kommt das Ergebnis gut an?"

Wenn Sie sich zu sehr auf Ihre Führungsfunktion orientieren, könnte man den Eindruck bekommen, dass Sie über die Hintertür des eigentlich temporären Projektes die Installation einer neuen Abteilung anstreben. Zeigen Sie deutlich, dass Sie zügig den Projekterfolg und damit auch das Ende des Projektes anstreben.

Wenn Sie sich zu sehr um Public Relation bemühen, könnten Sie vielleicht den Neid der anderen Führungskräfte wecken, die sich mit ihren etablierten Abteilungen neben Ihrem glanzvoll dargestellten Projekt grau fühlen. Man würde bei der ersten sich bietenden Gelegenheit lustvoll auf Schwächen Ihres Projektes herumreiten und Sie wieder auf das Maß zurückstutzen, dass Ihnen nach Ansicht der Neidischen zusteht.

- ■ **Tipp:** Lassen Sie sich von Ihren Teammitgliedern bezüglich der drei Wirkungsbereiche beraten. Fragen Sie doch einfach:
  „Wie können wir sachlich den Erfolg unseres Projektes sicherstellen?"
  „Was brauchen Sie, um sich im Team wohl zu fühlen?"
  „Wie können wir unserem Projekt und uns selbst ein gutes Image verschaffen?"

Verlassen Sie sich darauf, dass Sie von den Mitarbeitern aus deren Erfahrungen mit früherer Projektarbeit gute Tipps bekommen.

1.5 Die wichtigsten Schritte Ihrer Erfolgsstrategie als Projektleiter

Sie gehen einerseits im Rahmen Ihres Projektmanagements in sinnvollen Schritten von den ersten Zielvereinbarungen bis zur Abnahme des Projektergebnisses vor. Gehen Sie mit der gleichen Konsequenz an Ihre Strategie, das Projekt als Sprungbrett für sich selbst zu nutzen.

Am besten verinnerlichen Sie zu Beginn die notwendigen Schritte und kommen regelmäßig im Verlauf des Projektes darauf zurück. Legen Sie sie sich auf Wiedervorlage, damit Sie sie im Eifer des Tagesgeschäftes nicht vergessen.

1. Kritische Selbstanalyse

Prüfen Sie kritisch, was Sie besonders zu diesem Projekt befähigt. Was können Sie gut? Womit kennen Sie sich aus? Welche Erfahrungen werden Ihnen im Projekt nutzen?

Prüfen Sie ebenso kritisch, wo bezüglich des Projektes Ihre Schwächen sein könnten. Kennen Sie sich mit bestimmten Techniken nicht aus? Gelingt es Ihnen nur schwer, sich in Ressourcenverhandlungen durchzusetzen? Fällt es Ihnen schwer, sich auf bestimmte Menschen einzustellen, die im Projekt jedoch wichtig für Sie sein werden?

Niemand ist ein perfekter Projektleiter. Sie werden auch nie ein Projekt bekommen, bei dem Sie routiniert alles auf Anhieb im Griff haben werden. Wichtig ist, dass Sie sich klar machen, was voraussichtlich Ihre Stärken und Ihre Schwächen in dem anstehenden Projekt sein werden.

Überlegen Sie dann, welche Ihrer Schwächen Sie noch zügig ausgleichen können. Sollten Sie sich bestimmtes Wissen verschaffen? Brauchen Sie Rat von jemandem mit Erfahrung? Können Sie bestimmte Aufgaben doch noch abbiegen, damit Sie sie gar nicht machen müssen?

Stellen Sie dann fest, wer von den Mitarbeitern im Team dort Stärken hat, wo Sie schwach sind. Und reagieren Sie dann nicht eifersüchtig, sondern pragmatisch. Oft ist es am besten, wenn Sie nicht gleich offen darüber reden, wem Sie welche Stärken zuschreiben. Das könnte unnötig den Neid anderer Teammitglieder hervorrufen oder einige Ihrer Mitarbeiter an Ihnen zweifeln lassen. Es gibt sie immer noch, die Leute, die sich einer Führungskraft nicht unterordnen mögen, wenn diese selbst Schwächen zugibt.

> Merken Sie für sich zum Beispiel vor:
> Den Müller nehme ich zu Verhandlungen mit dem Vorstand mit. Der kann besser als ich um Budgetfragen pokern.
> Die Meier schicke ich bei Präsentationen bevorzugt in den Ring. Die kann gut mit dem Betriebsrat.
> Meine Pläne lasse ich vom Schmidt gegenprüfen. Der kennt diese Art Projekte aus Erfahrung.

Bei fachlichen Entscheidungen verlasse ich mich möglichst auf die Schneider. Die weiß am meisten über die Zusammenhänge.

Unabhängig von den Aufgaben, die Sie ansonsten den einzelnen Mitarbeitern zuordnen werden, sollten Sie für jede Ihrer Schwächen überlegen, wer in der Hinsicht ausgleichen kann. Umgekehrt betrachten Sie jeden Mitarbeiter unter dem Blickwinkel: „Was kann die Person, was ich nicht so gut kann? Wie werde ich diese Stärke zu nutzen wissen?"

Im Verlauf des Projektes – wenn Sie als „Leader" im Team anerkannt sind – können Sie dann auch gezielt den einzelnen Personen die Chance geben, sich mit ihren individuellen Stärken selbst einen Namen zu machen. Zu Beginn des Projektes suchen Sie die Stärken bevorzugt unter dem Blickwinkel des Ausgleichs für Ihre eigenen Schwächen.

2. Analyse des politischen Umfelds

In welchem Zusammenhang steht das Projekt? Wer wird davon betroffen sein? Wer ist für oder gegen die Neuerungen, die sich durch das Projekt ergeben werden? Wie steht der Vorstand zum Projekt? Ist er wirklich für das Vorhaben, oder beugt er sich notgedrungen irgendwelchen Notwendigkeiten oder neuen Gesetzesauflagen oder Forderungen der Personalvertretung?

Ziehen Sie aus dieser Umfeldanalyse Ihre Schlüsse, mit wem Sie sich möglichst bald in Verbindung setzen sollten, mit wem Sie offen sprechen und vor wem Sie etwas zurückhaltender reagieren sollten.

Mit welchen wichtigen personellen Änderungen müssen Sie während Ihres Projektverlaufs rechnen? Stehen Wechsel im Vorstand an? Werden andere Entscheider wichtiger oder unwichtiger? Wie lange können Sie sich noch auf Ihre heutigen Fürsprecher verlassen? Mit welchen Machtverschiebungen sollten Sie auf Seiten der Projektgegner rechnen?

Welche Priorität hat Ihr Projekt im Vergleich zu anderen? Mit wem werden Sie im Wettbewerb um Ressourcen und Fachleute kämpfen müssen? Wer kann Ihnen als Sponsor helfen? Welche Vereinbarungen sollten Sie gleich zu Beginn schriftlich fixieren lassen? In welchen Zusammenhängen können Sie sich auf mündliche Zusagen verlassen?

Vielleicht müssen Sie sicherheitshalber im Pflichtenheft oder bei der Zielvereinbarung des Projektes gleich mitprotokollieren, dass Sie für die Erreichung Ihrer Ziele gerade stehen, wenn ... erfüllt ist. Die Gefahr bei unerfahrenen Projektleitern ist immer, dass sie sich vorab zu Zusagen hinreißen lassen und später wortreich begründen müssen, wieso sie wegen fehlender Ressourcen oder anderer misslichen Umstände nicht rechtzeitig fertig wurden. Das hört sich dann immer nach faulen Ausreden aus.

3. Analyse des technischen Umfelds

Mit welchen Mitteln und nach welchen Vorschriften ist das Projekt durchzuführen? Welche bestehenden Strukturen oder technischen Ausstattungen müssen erhalten bleiben? Mit welchen anderen technischen Systemen muss das Ergebnis zusammenpassen? Welche ökologischen, arbeitsrechtlichen oder sonstigen Bestimmungen sind einzuhalten?

Ist während Ihres Projektverlaufs mit technischen oder sonstigen Änderungen im Umfeld zu rechnen? Sind neue gesetzliche Regelungen zu erwarten? Neue DV-Systeme? Andere Firmenstrukturen? Neue Lieferanten?

Vor allem bezüglich dieser Fragen sollten Sie sich nicht auf Ihr eigenes Wissen verlassen. Ziehen Sie die Fachleute aus Ihrem Team hinzu. Fragen Sie auch Informierte außerhalb Ihres Teams.

Mit den drei ersten Schritten der Analyse schaffen Sie wichtige Voraussetzungen für Ihren Projekterfolg. Mit den nächsten Schritten sorgen Sie dafür, dass man den Erfolg dann auch Ihnen persönlich zuschreibt.

4. Übernahme der Verantwortung

Machen Sie deutlich, dass Sie sich persönlich für Erfolg oder Scheitern des Projektes verantwortlich fühlen. Sie werden die Gründe eines möglichen Scheiterns weder bei angeblich unfähigen Mitarbeitern noch bei angeblich unrealistischen Erwartungen suchen.

Vermitteln Sie klar die Botschaft, dass Sie persönlich am Erfolg des Projektes gemessen werden wollen.

5. Beziehungsaufbau

Gehen Sie „Klinkenputzen". Suchen Sie die Personen auf, die in irgendeiner Weise von Ihrem Projekt betroffen sind. Das können Führungskräfte anderer Bereiche sein, Personalvertreter oder externe Lieferanten. Machen Sie sich als Leiter des Projektes bekannt und klären Sie, dass Sie die Ansprechperson für alle Belange sind, die das Projekt betreffen.

6. Commitment

Setzen Sie Ihr ganzes Trachten darein, das Projekt zum Erfolg zu führen. Vor allem am Anfang sollten Sie Ihr Team zu forschem Herangehen an die Arbeit führen. Zu Beginn machen viele unerfahrene Projektleiter den Fehler, die Sache erst einmal „ruhig anzugehen".

> Man leistet sich entsprechend ausgedehnte Meetings mit endlosen Diskussionen. Man hat ja noch keinen Zeitdruck und schaut großzügig über Terminverzögerungen bei delegierten Aufgaben hinweg. Da ja alles noch nicht so dringend ist, macht es auch nicht viel aus, wenn Teammitglieder doch nicht wie vereinbart zur Verfügung stehen, sondern immer

wieder zum Tagesgeschäft in der Linie abgezogen werden. Mancher Linienvorgesetzte leistet es sich sogar, dem Projektleiter eigenmächtig die zugesagten Mitarbeiter auszutauschen: „Den Müller brauche ich jetzt doch selbst. Ich schicke Ihnen dafür den Meier."

Dazu kann man nur raten: „Wehret den Anfängen!" Seien Sie selbst vom ersten Tag an diszipliniert bei der Arbeit und bestehen Sie darauf, dass auch alle Beteiligten sich so einsetzen, als sei die Zeit schon knapp. Bestehen Sie darauf, dass sich alle so treu an Vereinbarungen halten, als sei mit rechtlichen Konsequenzen zu rechnen.

Ihr Projekt darf kein Vorhaben sein, das so nebenher im Unternehmen mitläuft, an dem man weiterarbeitet, wenn wichtigere Dinge es gerade zulassen.

7. Distanz

Übertreiben Sie nicht mit dem Commitment, dass man sich Sie nur noch in Zusammenhang mit dem Projekt vorstellen kann. Was sollte denn dann nach seinem Abschluss aus Ihnen werden?!

Suchen Sie neben der Projektarbeit immer auch den Kontakt zu anderen Bereichen. Engagieren Sie sich in anderen Arbeitskreisen. Verhindern Sie, dass der Eindruck entsteht, Sie bräuchte man nur für das Projekt und sonst gar nichts. Agieren Sie so, dass Sie übermorgen noch wichtige Aufgaben und Funktionen im Unternehmen haben, wenn man Ihnen morgen das Projekt wegnimmt.

8. Selbstdarstellung

Treten Sie immer persönlich bei Projektpräsentationen auf. Sie müssen nicht jeden Vortrag selber halten. Aber zumindest begrüßen Sie die Zuhörer und erteilen dann dem vortragenden Teammitglied das Wort. Seien Sie immer persönlich dabei, wenn Dinge ausgehandelt werden, die mit Ihrem Projekt zu tun haben. Sie müssen nicht selbst das Wort führen, aber Sie müssen die Person aus Ihrem Team vorstellen, die (zum Beispiel wegen rhetorischer Überlegenheit) für Sie die Verhandlung führt oder in Ihrem Sinne den Standpunkt des Projektes vertritt.

Lassen Sie immer die Botschaft anklingen, dass Sie der Urheber des Projekterfolgs sind, aber dass das noch lange nicht alles ist, was Sie zu bieten haben.

1.6   Bauen Sie Ihre Hausmacht auf

Als Projektleiter haben Sie die wunderbare Chance, sich Ihre Hausmacht aufzubauen. Sie kommen herum, haben mit Personen verschiedener Bereiche und Hierarchieebenen zu tun und können überall Beziehungen knüpfen.

Dazu gehört natürlich, dass Sie sich im Projekt nicht in die Sacharbeit verkriechen. Delegieren Sie das möglichst an die Mitarbeiter weiter. Kümmern Sie sich um die Außenkontakte, die Public Relation und die diplomatischen Themen, die in Zusammenhang mit Ihrem Projekt stehen.

Unter Ihrer „Hausmacht" sind die Einflussmöglichkeiten zu verstehen, die Sie im Unternehmen haben. Das ist ein Gemisch aus offizieller Macht, die Ihnen aufgrund Ihrer Funktion zusteht und inoffizieller Macht bezüglich der Strippen, die Sie mehr oder weniger hintergründig auch noch ziehen können oder von denen man vermutet, dass Sie sie ziehen können.

Je besser Ihr Draht zum Vorstand ist, desto mehr können Sie bei den anderen Führungskräften durchsetzen. Je deutlicher Sie die anderen Führungskräfte auf Ihrer Seite haben, desto mehr können Sie dem Vorstand gegenüber durchsetzen. Das funktioniert auch, wenn jeweils eine Seite nur vermutet, dass Sie mit der anderen gut können.

Ihre Hausmacht beruht auf verschiedenen Faktoren:

Erfolge

Wenn Sie sich durch Ihre Erfolge Respekt verschaffen, wird man davon ausgehen, dass Sie in Zukunft noch weiter aufsteigen werden. Wenn man damit rechnet, dass Sie zu den „kommenden Größen" des Unternehmens gehören, geht man jetzt schon ganz anders mit Ihnen um als mit einem, bei dem man nichts Großes mehr erwartet.

Wertschöpfung

Wer lukrative Kunden akquiriert, erfolgreiche Produkte herstellt oder sonst wie zum Unternehmenserfolg beiträgt, kann sich ganz anders mit seinen Forderungen durchsetzen als jemand, der womöglich nur als Kostenfaktor angesehen wird.

Sie können das in fast jedem Unternehmen sehen: Die Vertriebschefs bestimmen wesentlich die Unternehmensstrategie, die Personalchefs werden oft nicht einmal zu Rate gezogen.

Offizielle Beziehungen

Wenn Sie zum Beispiel der Neffe vom Inhaber des Unternehmens sind, dann werden Sie auch als Azubi schon für mächtiger eingeschätzt als ranghöhere Mitarbeiter, die von den Mächtigen keiner kennt.

Inoffizielle Beziehungen

Inoffizielle Beziehungen können sich zum Beispiel durch gemeinsame Freunde ergeben oder auch durch Mitgliedschaften im gleichen Verein mit den Mächtigen. Es ist nicht unüblich, dass Aufsteiger sich wie zufällig im selben Segelclub anmelden oder bei derselben Partei engagieren wie der Mächtige, von dem sie sich noch einiges erhoffen.

Vermutete Beziehungen

Das sind die Beziehungen, die man gar nicht hat, von denen andere jedoch glauben, man hätte sie. Auch das kann ein Machtfaktor werden. Und irgendwann hat man die Beziehung tatsächlich oder sogar noch viel bessere.

Stellen Sie doch einmal eine Liste der Namen der Personen zusammen, die „man" kennen sollte, wenn man in Ihrem Unternehmen etwas werden oder etwas durchsetzen will.
Wer zieht die Strippen?
Wessen Meinung ist immer wieder gefragt?
Wer verkehrt ständig mit den Ranghöchsten?
Wer verfügt über die größten Budgets?
Auf wen hören die Entscheider?

Name	Anknüpfungspunkt

Abbildung 2: Wichtige Kontakte für die Hausmacht

Überlegen Sie bei jeder dieser Personen, wie Sie direkt oder über Umwege zunächst Aufmerksamkeit für Ihre Person wecken und dann den persönlichen Kontakt herstellen können.

Sie könnten beschließen, zu Ihrem Projekt einen Artikel in der Fachpresse zu veröffentlichen. Das werden Sie natürlich nicht eigenmächtig tun! Ganz unweigerlich sollten Sie sich zunächst mit Herrn Meier, dem Leiter Marketing und Angelbruder des Geschäftsführers, treffen. Dass Sie sich mit Herrn Meier in einer wichtigen Angelegenheit besprechen müssen, braucht kein Geheimnis zu bleiben.

Ihnen könnte die Erinnerung durchs Gedächtnis ziehen, dass doch schon vor einiger Zeit einmal Frau Müller, die Mächtigste im Asiengeschäft, in ihrem Bereich ein Projekt mit Parallelen zu Ihrem hat durchführen lassen. Sie sollten sich unbedingt einmal mit der Dame austauschen. Die kann Sie immer noch zum damaligen Projektleiter „runterreichen", aber erst einmal sollten Sie sie persönlich ansprechen.

Hat nicht Herr Wagner, Leiter der Niederlassung Straubing, früher bei der Firma XY gearbeitet? Da hat man sich doch sicherlich auch mit den Themen befasst, die Sie heute mit Ihrem Projekt zu bearbeiten haben. Rufen Sie gleich mal an.

Jetzt oder nie! Mit Ihrem Status als Projektleiter können Sie ganz anders auftreten als bisher, wenn Sie die Mächtigen ansprechen. Vor allem zu Beginn Ihres Projektes ist es auch verständlich und sympathisch, wenn Sie sich überall umhören.

Und vergessen Sie nicht, durch geschicktes „name dropping" immer wieder deutlich zu machen, mit wem Sie noch alles in tatsächlichen oder zu vermutenden Beziehungen stehen.

Sie müssen natürlich heftig am Erfolg Ihres Projektes arbeiten. Beziehungspflege allein bringt Sie nicht weiter. Auf die Dauer wollen Erfolgreiche nur Erfolgreiche in ihr Beziehungsnetz aufnehmen!

1.7 Rechnen Sie mit dem Widerstand der „Bereichsfürsten"

Wenn Ihr Projekt wichtig genug ist, dass es Ihre Karriere weiterbringt, dann ist es auch groß genug, Ihnen unweigerlich den einen oder anderen Konflikt mit Führungskräften der Linie einzubringen. Auch wenn die Notwendigkeit Ihres Projektes rational im Führungsteam besprochen und die Freigabe beschlossen wurde, sollten Sie sich auf Widerstände einstellen. Man wird mit Ihnen um Ressourcen streiten, Ihre Vorgehensweise im Projekt kritisieren, Sie von wichtigen Informationen ausschließen, Ihre Informationspolitik beklagen, an Ihrer Fähigkeit zweifeln, den ganzen Sinn Ihres Projektes in Frage stellen ... Es gibt tausend Möglichkeiten für Linienvorgesetzte, einem Projektleiter das Leben schwer zu machen. Manchmal tun sich sogar bisherige Erzrivalen im Management zusammen, um gemeinsam das Projekt zu torpedieren. Es kommt sogar vor, dass listige Manager ihre Spezis im Betriebsrat gegen den Projektleiter aufhetzen.

> Manchmal ist auf Anhieb nachzuvollziehen, warum sich der Widerstand regt. Durch das Projekt könnten sich Kompetenzbereiche verschieben, könnten neue Abläufe notwendig oder von den Führungskräften selbst entwickelte Verfahren überflüssig werden. Manchmal scheint es auch die Scheu vor neuer Technik oder das generelle Misstrauen gegen Ungewohntes zu sein, was die Führungskräfte gegen das Projekt mobilisiert. Manchmal kann man sich nur verwundert fragen: „Was regen die sich eigentlich so auf?"

Unerfahrene Projektleiter unterliegen dann oft dem Irrtum, man müsse doch vernünftig über die Sache reden können. Sie bemühen sich um Gespräche mit ihren Widersachern im Führungsteam, laden zu Besprechungen ein, bereiten Präsentationen vor, verfassen Berichte ... Sie tun alles nur Denkbare, um die widerständigen oder sturen oder streitsüchtigen Bereichsfürsten für das Projekt zu gewinnen. Das nutzt nichts. Dann kann sich ein verzweifelter Projektleiter schon mal fragen: „Sind diese Betonköpfe eigentlich doof, dass die das nicht kapieren, oder haben die womöglich was gegen mich persönlich?"

> Wenn so ein verzweifelter Projektleiter schließlich mit seinen Überzeugungsversuchen am Ende ist, dann versucht er oft im nächsten Schritt, die Gegner zu bezwingen. Er ruft Mächtigere zur Hilfe, lässt notwendi-

ge Entscheidungen bis zur höchsten Stufe eskalieren, wendet sich konsequent nur noch an die Führungsebene über den Bereichsfürsten bis hin
zum Vorstand.

Das hilft aber auch nur von einer mühselig errungenen Entscheidung zur
nächsten. Die Konflikte bleiben, werden jedoch subtiler ausgetragen. Die
Mächtigen nervt es zunehmend, wenn sich ständig der Projektleiter hilfesu-
chend bei ihnen meldet. „Der kommt mit dem Projekt nicht klar", heißt es
dann, oder: „Der findet einfach nicht die Akzeptanz der Leute."
Für die Mächtigen sieht es so aus: Hier der Projektleiter mit seinen ständigen
Problemen, dort die Führungskräfte, die sich bei dieser Sache alle einig sind.

> Bevor die Mächtigen glauben, dass alle Führungskräfte der betreffenden
> Ebene gleichzeitig „austicken", kommen sie lieber zu dem Schluss, dass
> mit dem Projektleiter etwas nicht stimmt. Vielleicht macht der es wirk-
> lich falsch. Vielleicht findet er nicht den richtigen Ton. Vielleicht ist er
> mit der Aufgabe überfordert. Man setzt den Projektleiter ab und einen
> neuen ein. Tatsächlich kommt der Neue zunächst viel besser klar. Die
> Bereichsfürsten sind erst einmal mit ihrem Sieg zufrieden. Sie haben das
> Machtspiel gewonnen. Aber schon bald regt sich neuer Widerstand ge-
> gen das Projekt mit dem neuen Leiter. Und das Spiel geht von Neuem
> los.

So entstehen in Unternehmen die berüchtigten Projekte, in denen der Reihe
nach Projektleiter verschlissen werden bis man das Vorhaben ganz aufgibt
oder sich externe Berater dafür einkauft.

Lassen Sie es nicht so weit kommen! Wenn Sie sich vorher auf Konflikte mit
Bereichsfürsten einstellen und diese psychologisch richtig einordnen, dann
können Sie sie auch bewältigen. Machen Sie sich vorab gründlich Gedanken
zu allen nur denkbaren Berührungspunkten Ihres Projektes mit den Kompe-
tenzbereichen der Linienvorgesetzten.

In der Regel müssen Sie nur mit Konflikten bei den Managern rechnen, mit
denen Sie in Ihrer Rolle als Projektleiter in etwa auf einer Ebene stehen. Die
Mächtigeren halten sich aus Geplänkel unterhalb ihrer Ebene meistens raus.
Die weniger Mächtigen sind in Rivalitäten untereinander verstrickt. Konflikte
unter Führungskräften werden zunächst immer unter Gleichrangigen ausgetragen. Führungskräfte anderer Ebenen kommen erst ins Spiel, wenn sie für
Koalitionen, Tricks oder als Druckmittel gebraucht werden. Wenn das erst
passiert ist, ist der Konflikt sowieso nicht mehr zu retten.

Denken Sie daran: Meiden Sie es grundsätzlich, sich Hilfe „von oben" zu holen, wenn es Probleme mit den Führungskräften gibt. Das ist der Anfang vom
Ende Ihres Projekterfolgs! Niemals dürfen Sie Ihre Teammitglieder in die Konflikte einbeziehen. Das wäre der Anfang vom katastrophalen Ende!

Verlassen Sie sich nicht auf frühere Zustimmung zu Ihrem Projekt oder zu Ihnen als Projektleiter. Betrachten Sie grundsätzlich jeden Berührungspunkt als
mögliche Konfliktquelle:

- In welcher Abteilung oder in welchem Bereich wird Ihr Projekt Auswirkungen zeigen?
- Wer muss Ihnen Personal oder Ressourcen abgeben?
- Wer muss Ihnen für Ihre Arbeit interne Informationen seines Bereichs offen legen?
- Mit wem sind Termine abzustimmen?

Mit wem werden Sie im Rahmen der Projektarbeit zu tun haben? Ganz egal, wie diese Leute bisher zu Ihnen oder zum Vorhaben standen – es ist mit Widerständen zu rechnen!
Bitte unterscheiden Sie zwischen dem rationalen Verstand Ihrer Widersacher und den Instinkten.

> Mithilfe ihres Verstandes werden die Gegner Ihres Projektes zwar scheinbar vernünftig gegen Sie argumentieren. Es nutzt Ihnen jedoch überhaupt nichts, wenn Sie versuchen, mit vernünftigen Argumenten gegenzuhalten. Die Ursachen der Konflikte liegen in den Instinkten der anderen. Das weckt natürlich auch Ihre Instinkte, und schon kann der Streit eskalieren!

Machen Sie sich bitte bewusst, dass auch die feinen Damen und Herren Manager im Edelzwirn und mit Handy am Ohr noch wesentlich von den uralten Instinkten gesteuert werden, die schon unseren Vorfahren in den Höhlen das Überleben sicherten.

> Dabei bedenken Sie bitte auch, dass typischerweise bei Managern sehr viel stärker als bei anderen Menschen besonders die Instinkte ausgeprägt sind, die sich auf Revierverhalten und Machtkämpfe beziehen. Das ist der entscheidende Unterschied zwischen Managern und Politikern einerseits und der Mehrheit der Menschen andererseits. Die Mehrheit der Menschen wird wesentlich von den Instinkten gesteuert, die sich auf Harmonie und Sehnsucht nach Unterordnung unter einer Führerfigur beziehen. Deshalb gibt es ja auch mehr Mitarbeiter als Führungskräfte, mehr Parteianhänger als Politiker, mehr Gläubige als Bischöfe, mehr Sektierer als Gurus, mehr Fans als Pop-, Sport- oder sonstige Idole: Die einen streben nach Aufstieg und Macht, die anderen streben nach Schutz und Führung durch die Mächtigen.

Im Tierreich werden die Machtorientierten als (potenzielle) „Alpha-Tiere" bezeichnet, die anderen haben im Rudel ihre Position. Bei Menschen spricht man von Autoritätspersonen oder Personen mit „Leadership"-Qualität und von Untertanen oder Anhängern oder – verschleiert – von Mitarbeitern. Die einen streben nach oben, die anderen fühlen sich im Team (Rudel) geborgen. Ihre Widersacher in der Führungsriege sind stark von den Instinkten gesteuert, die für „Alpha-Tiere" typisch sind. Sie können keine Duftmarken wie die Hunde setzen, um ihre Reviere abzustecken – aber seien Sie sicher: Die kennen ihre Reviergrenzen und reagieren allergisch auf jeden anderen „Alpha", der sich nähert.

Sie können ihre Rangkämpfe auch nicht wie Platzhirsche mit aufeinanderknallenden Geweihen austragen. Und sie können heutzutage auch nicht mehr – wie unsere Vorfahren – mit Keulen auf den Rivalen einschlagen.

Die instinktgesteuerten Machtkämpfe der Manager werden heute – scheinbar – logisch-sachlich mit rhetorischen Mitteln geführt. Und trotzdem können Sie durch Ihre Rhetorik und argumentative Logik nichts dagegen ausrichten.

Die Frage ist: Welche Instinkte sind es eigentlich, die Sie bei Ihren Widersachern wecken und wieso fühlen die sich plötzlich von Ihnen angestachelt?

Drei wichtige Instinkte aus der Urzeit spielen heute im Manager- oder Politikerverhalten noch entscheidende Rollen:

1. „Fremdes ist feindlich."

In einer Welt, in der Einzelwesen nicht oder nur schwer existieren können, bietet der Zusammenhalt im Rudel oder in der Herde Schutz. Auch bei den Menschen ist der Trend zum Individualismus eher neu.

> In traditionellen Gesellschaften ist die Zugehörigkeit zum Clan oder zum Familienverband wichtigste Voraussetzung zum Überleben des Einzelnen. Das kann bis zur Verpflichtung zur Blutrache gehen, wenn die Ehre der Familie angegriffen wurde. Im Orient gehört es zu den Alpträumen, von der Familie verstoßen zu werden. In modernen Unternehmen wird Mobbing gerne durch soziale Isolation des Opfers betrieben.

Menschen sind „Rudeltiere", deshalb gefällt uns ja auch die Idee vom Team so gut. Und deshalb ist es uns ja auch so wichtig, zur richtigen Clique oder Gesellschaftsschicht oder Partei oder sonstigen Gruppe zu gehören. Wir nehmen sehr wohl zur Kenntnis, wer „in" ist und wer „out".

> Wer zu gar keinem Clan gehört, ist als Außenseiter ganz arm dran. Fremde Clans werden mit Misstrauen betrachtet. Von ihnen könnte Bedrohung ausgehen. Vielleicht sind sie auch nur fremdartig und werden allein schon deshalb dadurch als verachtenswert betrachtet.

Den Instinkt, aus der Geborgenheit des eigenen Clans heraus feindselige oder abfällige Gefühle für Angehörige fremder Clans zu entwickeln, finden Sie in jedem Unternehmen.

> Fragen Sie mal in der Buchhaltung, was die vom Vertrieb halten und umgekehrt. Sie finden den Instinkt auch innerhalb der Branche unternehmensübergreifend. Spätestens bei Fusionen ehemaliger Konkurrenten schlagen die Emotionen der Mitarbeiter hoch, wenn sie plötzlich die Angehörigen des bisher immer als feindlich wahrgenommenen Clans als Kollegen akzeptieren sollen. Fragen Sie mal, was sich intern bei DaimlerChrysler abgespielt hat!

So wie es im Orient die Aufgabe des Familienältesten ist, den eigenen Clan zusammenzuhalten und gegen fremde Clans abzugrenzen, so gehört es zum Instinktrepertoire eines Abteilungsleiters, „seine" Leute auf sich einzuschwören und gegen fremde Abteilungen oder Clans abzugrenzen. So entsteht „Abteilungsdenken".

Und nun kommen Sie als Projektleiter mit Ihrem Clan (Team) in das gewohnte Gesamtgefüge der bisherigen Unternehmensclans! Glauben Sie nur nicht, dass die bisherigen „Ältesten" freiwillig zusammenrücken, um Ihnen Platz zu machen! Erschwerend kommt hinzu, dass Sie keine festen Mitarbeiter im Team haben, sondern Personen, die eigentlich zu den Abteilungsleitern gehören. Der einzelne Mitarbeiter empfindet sich als „Diener zweier Herren", und seinem „Stammesfürsten" kräuseln sich die Instinkte bei solchen Verwischungen bisher eindeutiger Clan-Konturen.

Auch wenn der Abteilungsleiter mit rationalem Verstand durchaus einsieht, dass sein Mitarbeiter bei Ihnen mitmachen muss, es geht ihm gegen die Instinkte. Übliche, oft unbewusst gesteuerte Mechanismen, diese Situation für sich erträglicher zu machen, sind:

- Der Abteilungsleiter gibt Ihnen solche Mitarbeiter, die er sowieso loswerden wollte. Dann wird Ihr Projekt zur Entsorgungseinrichtung für Überflüssige.
- Der Abteilungsleiter entlastet den Projektmitarbeiter nicht vom Tagesgeschäft, sondern packt ihn oft noch viel mehr als zuvor mit Arbeit zu. Damit wird der Mitarbeiter völlig überfordert. Er wird aus reinem Überlebensinstinkt die Aufgaben für den Linien-Chef vorziehen und sich um die Entlastung vom Projektstress bemühen.
- Der Abteilungsleiter wird Ihnen ständig die Leute austauschen, die er dem Projekt zur Verfügung stellen muss. Heute dürfen Sie den Meier verplanen, morgen macht die Müller an dessen Stelle den Job weiter, übermorgen taucht Wagner bei Ihnen als neues Teammitglied auf. Keiner der Mitarbeiter dieses Abteilungsleiters wird sich in Ihrem Team verwurzeln und mit Ihrem Projekt identifizieren.

2. „Niemand darf in mein Revier."

Sowohl Raub- als auch Weidetiere legen großen Wert auf ihr Revier. Dabei geht es ganz klar um Futterneid. Der eine will hier allein die Beute jagen, der andere allein die Kräuter fressen. Bei beiden gilt zusätzlich, dass der Revierbesitzer über die Paarungsrechte verfügt.

> Revierverteidigung ist uns auch in den Instinkten mitgegeben. Nichts ist dem Hauseigentümer so heilig wie sein Gartenzaun. Wenn Sie in der U-Bahn merken, dass jemand über Ihre Schulter hinweg in Ihrer Zeitung mitliest, werden Sie sauer. Mit dem rationalen Verstand wüssten Sie, dass es für Sie unschädlich ist. Aber Sie können es nicht einmal dann ertragen, wenn der Mitleser nur den Artikel liest, den Sie ohnehin ausgelassen hätten. Eine wirkungsvolle Mobbingtaktik ist die, sich bei Gesprächen viel zu nah ans Opfer zu stellen, sich auf dessen Schreibtisch zu setzen, dessen Arbeitsutensilien zu befingern ...

Im Unternehmen sind die Reviere durch klare Kompetenzbereiche abgegrenzt. Dieses wird hier erledigt oder entschieden, jenes dort. Dieser Verkäufer darf die Region X, jener die Region Y bereisen. Dieser Sachbearbeiter betreut die Buchstaben A bis K, jener L bis Z.

Und nun kommen Sie als Projektleiter und wollen die Reviergrenzen überschreiten! Durch Ihr Projekt wird sich in den Revieren der Abteilungsleiter etwas ändern. Vielleicht sollen neue Techniken eingesetzt werden, vielleicht werden Kompetenzen neu verteilt, vielleicht müssen auch Abläufe anders gestaltet werden ...

Ganz egal, wie man vielleicht rational einsieht, dass die Änderungen durch Ihr Projekt echte Verbesserungen sind – es widerstrebt den „Platzhirschen", dass da jemand, der nicht ins eigene Revier gehört, von außen etwas tut, was sich bei ihm auswirken soll. Das Bestreben, sich nicht hineinreden oder in die Karten schauen zu lassen, gehört zur „Revierverteidigung". Sie sollen sich in die Interna der Abteilungen nicht einmischen, und Sie sollen sich nicht durch „Aushorcherei" einen Einblick in deren Belange verschaffen.

Übliche Taktiken sind:

- Der Abteilungsleiter „mauert". Er hat leider gerade die Zahlen nicht zur Hand, die Sie brauchen, und kann auch leider nicht die Unterlagen dazu finden. Nein, wer von seinen Mitarbeitern Auskunft geben könnte, das weiß er auch nicht.
- Der Abteilungsleiter „taucht ab" und hinterlässt ein Schweigegebot. Seinen Mitarbeitern ist es strengstens untersagt, sich eigenmächtig mit Ihnen zu unterhalten. Er selbst ist leider pausenlos auf Dienstreise oder in wichtigen Meetings. Keine Zeit und unauffindbar.

3. „Ich will den höchsten Status, damit ich mich verewigen kann."

In Tierrudeln oder Herden, die als feste Gruppenverbände auftreten, gibt es Hackordnungen. Potenzielle Alpha-Tiere kämpfen regelmäßig um Rudelführerschaft. Der Sieger solcher Kämpfe wird zum Leittier, an ihm muss sich die ganze Gruppe orientieren. Je höher ein Tier in der Hackordnung steht, desto mehr Privilegien stehen ihm zu. Es hat mehr Paarungschancen und kann so mehr als die Rivalen seine Gene weitergeben. Wenn Beute gerissen wird, darf der Ranghöchste sich als Erster die besten Stücke nehmen. Wenn die Herde zum Trinken geht, steht das ranghöchste Tier oben am Fluss, die anderen trinken weiter unten, wo der aufgewirbelte Schlamm das Wasser trübt.

Schauen Sie sich im Unternehmen um. Der Vorstand parkt direkt neben dem Eingang, die Mitarbeiter ganz hinten. Je höher der Rang, desto schöner die Büros, desto prunkvoller die anderen Symbole von Macht und Status. Dass Macht außerdem sexy macht, ist täglich zu beobachtende Realität im Job.

„Genweitergabe" im Unternehmen geschieht in der Regel eher symbolisch. Jeder Mächtige möchte dem Unternehmen irgendwie seinen Stempel aufdrücken oder sieht irgendetwas als sein Lebenswerk an. Bei Politikern erleben wir oft den Drang, in die Geschichte eingehen zu wollen. Das ist im übertragenen Sinn „Genweitergabe". Es ist der Wunsch, etwas zu schaffen oder zu hinterlassen, was die persönliche Existenz überdauert.

Mit Ihrer neuen Rolle als Projektleiter reizen Sie in zweierlei Hinsicht die diesbezüglichen Instinkte der bereits etablierten Führungskräfte. Sie sind ein weiterer Rivale um knappe Statussymbole und Privilegien. Außerdem besteht die Gefahr, dass die Neuerungen, die Ihr Projekt bringen soll, bisherige Lebenswerke ablösen, zerstören oder bis zur Unkenntlichkeit verändern werden. Übliche Taktiken sind:

- Endlose Diskussionen über Sinn und Unsinn Ihres Projektes mit Verschleppung der notwendigen Entscheidungen von Meeting zu Meeting.
- Endlose Begründungen, dass Ihre Neuerungen sicherlich ganz wunderbar für andere sein mögen, dass der eigene Bereich jedoch so speziell strukturiert ist, dass man leider hier nicht das übertragen kann, was von Ihnen kommt.
- Persönliche Angriffe gegen Ihre Unerfahrenheit. Es ist ja ganz schön, dass Sie als junger Dynamiker mal frischen Wind reinbringen wollen. Aber so, wie Sie das machen, geht es nun wirklich nicht. Da fehlt Ihnen ja wohl doch die jahrelange Praxis.
- Verstecken hinter anderen. Ja, man stimmt Ihnen zu. Das ist alles ganz wunderbar, was Sie im Projekt erarbeitet haben. Man steht ja persönlich voll auf Ihrer Seite. Aber leider lässt sich das wegen der speziellen Sturheit unserer Kunden oder der Sensibilität unserer eigenen Leute nicht umsetzen.

Beispiele von Projekten, die am Widerstand von Bereichsfürsten scheiterten:

> Eine Unternehmensberatung wollte – was sie allen ihren Kunden seit Jahren empfahl! – endlich eine einheitliche Vorgehensweise bei der Projektabwicklung einführen. Keine Chance! Von 1983 bis zum Jahrtausendwechsel sind nachweislich vierzehn Projektleiter daran gescheitert. Einen Bereichsleiter gab es immer, der leider feststellen musste, dass die Projekte seines Bereichs so speziell zu führen seien, dass man auf sie unmöglich das entwickelte Verfahren anwenden konnte.

> Eine Betriebskrankenkasse wollte im Rahmen ihrer Öffnung für betriebsfremde Mitglieder ein neues Corporate Design entwickeln. Mehr als zwei Jahre Hickhack und vier gefeuerte Projektleiter brauchte es, bis man sich endlich wenigstens auf ein neues Logo und dessen Positionierung auf dem Briefpapier einigen konnte.

> Ein rasch wachsender Dienstleister im Bereich Objektmanagement setzte einen bedauernswerten Projektleiter ein, das Dienstreisesystem zu zentralisieren. Bisher hat jeder Bereichsfürst mit seiner Sekretärin selbst-

ständig sein Verfahren entwickelt. Der eine hatte ein DV-System dafür, der andere ein Ringbuch. Der eine war Großkunde bei diesem Reisebüro, der andere bei jenem, der dritte brauchte kein Reisebüro. Der eine erlaubte jedem Mitarbeiter Fahrten erster Klasse, der andere nur den Gruppenleitern. Das Projekt wurde Ende 1997 gestartet, Mitte 1999 nach dem zweiten Projektleiterwechsel einem externen Unternehmensberater übergeben und Anfang 2000 erst einmal wegen wichtigerer Aufgaben eingefroren.

Die unwichtigsten Projekte können wegen lächerlichster Anlässe zu unglaublichen Konflikten eskalieren, die man eigentlich sofort an Loriot zur Weiterbearbeitung übergeben müsste.

Manager und ihre Instinkte! Rechnen Sie mit dem Schlimmsten!

Was tun, wenn Sie auf Widerstand von Bereichsfürsten prallen?

- Verzichten Sie auf logische Erklärungen und vernünftige Argumente. Das geht immer schief.
  Wenn Sie rhetorisch nicht wirklich gut sind, werden Sie am Ende Ihr Gesicht verlieren, weil die Gegenseite besser argumentiert. Dann sind Sie ganz auf verlorenem Posten.
  Wenn Sie es jedoch durch rhetorische Brillanz und die vernünftigeren Argumente schaffen, der Gegenseite deren Irrtümer und Fehleinschätzungen nachzuweisen, dann wird diese Sie noch mehr hassen und boykottieren. Kein Bereichsleiter hat Lust, sich von einem jungen Projektleiter schulmeistern und Dummheit nachweisen zu lassen.
- Sie müssen den Spagat zwischen dem Anschein freundlicher Harmlosigkeit und robuster Kampfeskraft schaffen. Sie müssen wie der Wolf im Schafspelz agieren.
  Wenn Sie zu nett und gar unterwürfig auftreten, nimmt man Sie nicht ernst und lässt Sie mit Ihrem Projekt kalt auflaufen.
  Wenn Sie zu hart rangehen oder sich sogar Mächtigere zur Hilfe holen, stacheln Sie den Kampfgeist der Gegenseite an. Die Bereichsfürsten werden ihre sonstigen Rivalitäten hintanstellen und sich gegen Sie gemeinschaftlich zur Wehr setzen.
- Werden Sie grundsätzlich bei jedem gleich zu Beginn des Projektes vorstellig und machen Sie klar, dass Sie selbstverständlich niemals ohne vorherige Absprache etwas veranlassen werden, was den jeweiligen Bereich betrifft.
- Fragen Sie die Bereichsfürsten um deren Rat. Sie müssen sich ja später nicht daran halten. Signalisieren Sie, dass Sie deren Seniorität anerkennen.
- Wenn Sie an einen Berührungspunkt mit einem der Bereiche kommen, gehen Sie immer den offiziellen Weg über den jeweiligen Fürsten. Er darf nie das Gefühl haben, dass Sie an ihm vorbei auf seine Mitarbeiter oder seine Kunden zugehen.
- Wenn Sie strittige Punkte mit den Bereichsleitern zu klären haben, bereiten Sie immer etwas vor, wo der andere Ihnen einen Irrtum nachweisen, Sie zu

einem Rückzug zwingen oder von Ihren Forderungen etwas streichen kann. Das wird es ihm erleichtern, sich dann in den anderen Punkten auf Ihre Linie einzulassen.

- Überraschen Sie niemals die Bereichsfürsten mit Produkten oder Zwischenergebnissen aus Ihrem Projekt. Schicken Sie ihnen zum Beispiel schon vor der Präsentation Kopien der wichtigsten Folien. Besprechen Sie zentrale Themen schon mal vorab am Telefon.
- Überlassen Sie es grundsätzlich den Bereichsfürsten, selbst relevante Informationen an ihre „Clanmitglieder" weiterzugeben. Informieren Sie niemals Mitarbeiter vor deren Chefs, auch nicht gleichzeitig. Vorgesetzte hassen es, wenn sie in Gegenwart ihrer Mitarbeiter verblüfft Änderungen zur Kenntnis nehmen müssen.

Im Übrigen sollten Sie sich die Konflikte nicht zu Herzen nehmen. Die gehören zu Projekten, die wichtig sind, einfach dazu. Sie haben damit die Chance, sich als zukünftige Führungskraft ins bestehende Führungsteam „hineinzuraufen".

2 Entscheiden Sie sich für das richtige Projekt

2.1 Nicht alle Projekte bringen Sie weiter

Es gibt Projekte, die zwar gemacht werden müssen, jedoch den Projektleiter in seinem Prestige persönlich nicht weiter bringen. Zu diesen Projekten gehören zum Beispiel:

- *Management des Büro- oder Unternehmensumzugs*
  Es kann eine sehr anspruchsvolle Aufgabe sein, den Umzug mit seiner ganzen Logistik und technischen Auf- und Abbau zu managen. Trotzdem handelt es sich um ein Projekt, das nicht ernst genommen wird. Seit in den achtziger Jahren das Gerücht die Runde machte, bei einem der damals wichtigsten Konzerne der Computertechnologie würden entmachtete Manager nicht entlassen, sondern als Verantwortliche für Sonderaufgaben – und damit für Umzüge – weiterbeschäftigt, haben Projekte dieser Art einen negativen Beigeschmack.

- *Umweltschutz*
  Das mag zwar sehr verantwortungsvoll gedacht sein, hat jedoch den Beigeschmack von Müllsortierung und Birkenstockpantoffeln. Wenn dann auch noch drei Mülleimer in der Kaffeeküche, Stapel von Altpapier in den Büros und humorvolle Öko-Mahnungen an den Toilettentüren als sichtbare Denkmäler von Projektfleiß auftauchen, ist der Urheber dieser Resultate endgültig als potenzieller Aufsteiger demontiert.
  Ausnahme: Wenn Ihr Unternehmen Produkte herstellt oder Dienstleistungen anbietet, bei denen die möglichen ökologischen Auswirkungen relevant sind oder wenn durch ein Öko-Projekt neue marktfähige Produkte oder Verfahren hergestellt werden, dann sollten Sie zugreifen.
  Unterscheiden Sie bei Öko-Projekten bitte zwischen solchen, die die Marktchancen des Unternehmens betreffen, und solchen, die das Verhalten der Firmenangehörigen beeinflussen sollen. Letztere sind eher karrieregefährdend als -fördernd.

- *Datenschutz*
  Projekte, die in diese Richtung gehen, werden oft schon deshalb nicht ernst genommen, weil fast immer zwischen dem, was das Projekt entwickelt, und dem, was in der Praxis zur Anwendung kommt, Welten liegen. Datenschutzprojekte haben oft den Beigeschmack von Alibiprojekten, die man halt machen muss.

* *Unfallschutz*
Diese Projekte haben nicht immer, aber sehr oft ein lächerliches oder auch lästiges Image. Man nimmt das Thema ernst, wenn es bereits schwere Unfälle gegeben hat und diese für alle Zukunft vermieden werden sollen.

> Man macht sich als Projektleiter jedoch lächerlich, wenn man dafür bekannt wird, Rutschfestigkeit von Fußmatten zu testen, Projektorkabel bei Präsentationen an den Teppichboden zu kleben und die Schließgeschwindigkeit von Fahrstuhltüren zu manipulieren. Man macht sich als Projektleiter verhasst, wenn man tatsächlich kontrolliert, ob in der Werkstatt Schutzbrillen und Metallkappenschuhe getragen werden, ob sich die Fensterputzer anseilen und die Busfahrer angurten und ob die Architekten mit Schutzhelmen zur Baustelle gehen.

Diejenigen, die man schützen will, wehren sich am heftigsten gegen die „Zumutungen" aus dem Projekt. Mit einem solchen Projekt kämpfen Sie einen hoffnungslosen Kampf gegen die Irrationalität der Betroffenen: „Mir kann nichts passieren. Ich passe schon auf. Da ist noch nie was passiert." Und wehe, wenn es dann doch zu einem Unfall kommt! Man wird als Erstes feststellen, dass Sie irgendwo ein Warnschild vergessen oder einen umgekippten Container übersehen haben.

* *Qualitätssicherung*
Solche Projekte können Ihr Prestige heben, wenn Sie damit zum Beispiel Produktionskosten nachweislich senken oder die Reklamationen deutlich reduzieren.
In den meisten Fällen sind Projekte, die allgemeine Richtlinien zur Qualitätssicherung entwickeln sollen, wenig prestigeträchtig. Mit Schaudern denkt man in vielen Firmen an die Zeit zurück, als ISO-9000-Handbücher mit großem Aufwand geschrieben wurden. Wenn dann auch noch das Zertifizierungstheater mit ausgesuchten Mitarbeitern einstudiert wird, damit jemand den Jungs vom Audit die richtigen Antworten gibt, dann wird das Ganze zur Lachnummer. Es muss halt sein, weil man sonst keine Aufträge mehr kriegt oder mit Produkthaftung zu tun bekommen könnte, aber man kann unmöglich fähige Leute an ein solches Projekt verschwenden.
Qualitätssicherungsprojekte wurden häufig an verdiente, aber unbrauchbare Manager inzwischen aufgelöster Organisationseinheiten vergeben. Wenn man solche nicht hat, müssen sich die Karrierewilligen rechtzeitig eine dringende andere Aufgabe suchen, damit die Qualitätssicherung nicht an ihnen hängen bleibt.

Zu den Projekten, die sich eher nicht förderlich auf das berufliche Fortkommen auswirken, gehören auch: Betriebsklima verbessern, neues Aktenverwaltungssystem entwickeln, Betriebsbücherei aufbauen, Umgestaltung der Besucherräume, Betriebssportfest organisieren, Anti-Mobbing-Kampagne, Wettbe-

werb fürs Vorschlagswesen, Modernisierung der Präsentationsfolien, Begrünung der Büros, Anti-Raucher-Kampagnen ...
Solche Projekte laufen unter der Bezeichnung „Soziales und Klimbim". Lassen Sie möglichst die Finger davon. Das gilt besonders dann, wenn die Projektidee im Betriebsrat oder der Personalabteilung geboren wurde. Sprechen Sie aber niemals negativ über solche Projekte. Finden Sie solche Vorhaben immer ganz wunderbar, aber sorgen Sie dafür, dass Sie gerade woanders sehr wichtige Aufgaben zu bewältigen haben.
Wenn Sie es gar nicht umgehen können, sollten Sie sich zwar ernsthaft an die Arbeit machen und auch versuchen, das Projekt zügig zum Erfolg zu führen, meiden Sie jedoch den Eindruck, Sie hätten mit dem Projekt Ihre Erfüllung gefunden. Engagieren Sie sich bewusst zusätzlich in ganz anderen Bereichen. Präsentieren Sie nicht mit leuchtenden Augen, was Sie im Öko- oder Datenschutzprojekt erarbeitet haben. Delegieren Sie die Präsentationen oder lassen Sie es bei sachlich neutralen Darstellungen.

> Wenn Sie es nämlich erst einmal geschafft haben, sich über den Projektabschluss hinaus als Spezialist für diese Themen einen Namen gemacht zu haben, dann sind Sie mit der Karriere in diesem Unternehmen endgültig am Ende. Vor Ihrem fünfundfünfzigsten Geburtstag darf Ihnen das nicht passieren. Danach kann es eine schöne Beschäftigung sein.

Wenn Sie eine Dame sind, sollten Sie sich besonders vor solchen Projekten hüten! Manche Unternehmen brüsten sich mit ihren Förderungsprogrammen nach dem Motto „Frauen in die Führung". Wenn man dann näher hinschaut, kann man sehen, dass die prestigeträchtigen Projekte an Männer und solche wie die hier erwähnten an Frauen gegeben werden. Die jeweiligen Projektleiterinnen wähnen sich auf dem Weg nach oben und merken gar nicht, dass sie längst auf dem Abstellgleis stehen und Projekte abwickeln, an die kein Mann seine Karrierechancen verschwenden würde.

2.2 Merkmale der karrierefördernden Projekte

Ganz exakte Regeln lassen sich natürlich nicht festlegen. Vieles hängt auch mit der Größe des Unternehmens zusammen, mit der Branche und mit dem aktuellen Stand der Unternehmensentwicklung.
Achten Sie jedoch auf folgende Merkmale:

- **Größe**
  Das Projekt sollte im Hinblick auf Aufgabe, Budget und/oder Team so groß sein, dass es zum Einen Ihnen Kontakte über den eigenen Bereich hinaus einbringt und zum Anderen als wichtig genug angesehen wird, auch über Bereichsgrenzen hinaus präsentiert zu werden. Es muss den Kompetenzbereich Ihres direkten Vorgesetzten überschreiten.

- **Prestigewert**

Mit Ihrem Projekt müssen Sie die Chance haben, Führungskräften im Unternehmen positiv aufzufallen, die in der Linienhierarchie mindestens zwei Ebenen über Ihrem direkten Vorgesetzten angesiedelt sind. Je höher Ihr Projekt „aufgehängt" ist, desto besser für Sie. Sie müssen dann mit wichtigen Leuten darüber sprechen und an wichtigen Meetings der Mächtigen teilnehmen.

> Achten Sie darauf, dass sich bei Projekterfolg nicht Ihr Chef damit brüstet! Seien Sie jedoch sehr sensibel: durch Ihren strahlenden Projekterfolg darf Ihr Vorgesetzter nicht in den Schatten gestellt werden. Das mögen auch die Manager der höheren Ebenen nicht.

- **Strategische Bedeutung**

Die Ziele Ihres Projektes müssen sich deutlich aus den strategischen Zielen des Unternehmens ableiten. Wenn zum Beispiel ein Führungswechsel im Unternehmen ansteht oder ein Fusionierung oder eine veränderte Marktorientierung oder eine andere strategische Neuorientierung, dann muss Ihr Projekt die „neuen Zeiten" mit anschieben. Es darf sich nicht auf Abwicklungen oder Ablösungen des Vergangenen beziehen.

> Achten Sie darauf, ob sich für Sie durch das Projekt Chancen ergeben, für sich selbst nach der Neuerung eine lukrative Position zu schaffen!

- **Wertschöpfung**

Ihr Projekt muss dem Unternehmen Marktvorteile einbringen. Es muss in Zahlen nachweisbar sein, dass sich die Investitionen Ihres Projektes wirtschaftlich lohnen.
Sie können auch durch ein Projekt auf sich aufmerksam machen, das zu drastischen Einsparungen führt.

> In einem Textilunternehmen hat einmal ein Projektleiter die Zulieferer unter die Lupe genommen und festgestellt, dass viele im Verhältnis zu den Kosten, die in Zusammenhang mit ihnen entstanden, viel zu wenig Ware schickten. Daraufhin entwickelte der Projektleiter mit den Einkäufern gemeinsam ein Konzept, nach welchen Kriterien in Zukunft alle Zulieferer gemessen werden sollten. Dazu gehörten dann auch Kriterien wie Innovation, Umweltschutz, Qualität und der Nachweis, dass die Herstellung in Partnerländern ohne Kinderarbeit geschieht. Das Ergebnis dieses Projektes ließ sich dann auch vorzüglich im Marketing verwenden und warf ein äußerst positives Licht auf den jungen Projektleiter.

> In einem Unternehmen der Automobilbranche konnte ein Projektleiter die Logistik dermaßen umstrukturieren, dass sich die Fertigungskosten drastisch senkten.
> Allerdings ging er dabei diplomatisch so ungeschickt vor, dass sich einige der alten Hasen im Management brüskiert fühlten. Sie mussten erleben, dass die Unternehmensspitze die Erfolge des Projektes zum Vorwurf gegen ihre bisherigen Verfahren ummünzte.

Seien Sie sich darüber im Klaren, dass es für Sie fast immer unmöglich ist, sich mit kostensparenden Neuerungen konfliktfrei gegen alte Strukturen durchzusetzen. Wenn sich erst einmal altgediente Manager mit ihren Seilschaften, von denen Sie keine Ahnung haben, gegen Sie verbünden, sind Sie verloren. Dann kann Ihnen auch der sparfreudige Vorstand nicht mehr helfen.

■ **Tipp:** Bevorzugen Sie wertschöpfende innovative Projekte und seien Sie sehr sensibel in der Durchführung von Einsparprojekten, die von Mächtigen als Entlarvung ihrer bisherigen Nachlässigkeiten aufgefasst werden könnten.

• **Projektursprung**
Ihr Projekt sollte möglichst aus den Bereichen Vertrieb und Produktion geboren sein oder vom Vorstand her kommen. Projekte aus anderen Bereichen sind oft weniger prestigeträchtig und in ihrer Wertschöpfung schwieriger nachzuweisen.

• **Dauer**
Ihr Projekt sollte lange genug dauern, damit es sich auch gründlich genug als Ihre wichtige Aufgabe einprägt, und damit Sie auch ausreichend Zeit haben, Ihre Rolle als Projektleiter zum Aufbau eines Beziehungsnetzes in der Führungsebene zu nutzen. Es darf jedoch auch nicht so lange dauern, dass Sie darin „versacken". Es besteht sonst die Gefahr, dass Sie noch im Projekt feststecken, während rechts und links von Ihnen Ihre Kollegen längst in der Linie aufsteigen.
Spätestens nach acht bis zehn Monaten sollten Sie sich kritisch umschauen und überlegen:
– Bringt mich dieses Projekt in der Karriere weiter?
– Wie entwickeln sich vergleichbare Kollegen?
– Wie lange wird sich dieses Projekt noch hinziehen?
– Welche Aufstiegschancen werde ich nach Abschluss des Projektes haben?
Entscheiden Sie dann für sich, ob Sie weitermachen oder möglichst geschickt das Projekt abgeben wollen. Sie könnten zum Beispiel einen guten Stellvertreter eingearbeitet haben. Der macht dann für Sie weiter, und Sie schnappen sich den freien Posten in der Linie oder die Projektleitung eines noch besseren Projektes.
Wenn Sie sich zum Weitermachen entschließen, muss nach einem Jahr zumindest eine Gehaltserhöhung drin sein und/oder eine Rangänderung zum Beispiel vom Junior-XY zum Senior-XY oder vom ABC-Assistent zum Stellvertretendem ABC.

• **Arbeitsaufwand**
Das Projekt darf nicht nur nebenher laufen, während Sie Ihre Linienaufgaben erfüllen. Das würde zu leicht als Nebenbeschäftigung entwertet. Sie müssen für das Projekt deutlich vom Tagesgeschäft der Linie entlastet werden.

Es ist natürlich einfacher, wenn Sie ein Projekt leiten, das Sie ganz beschäftigt. Sie verlieren dadurch jedoch Ihre Anbindung an den bisherigen Job. Prüfen Sie, ob es für Sie zum Risiko werden könnte, wenn ein Kollege so lange Ihren Aufgabenbereich übernimmt.

Wenn Sie parallel das Projekt und den Linienjob machen, wird es Sie unweigerlich zu mehr als 100 Prozent auslasten. Auf der anderen Seite können Sie durch die Zweigleisigkeit auf beiden Seiten Karrierechancen nutzen, und es kann kein anderer Sie am bisherigen Arbeitsplatz ganz ersetzen. Die wichtigsten Aufgaben und Entscheidungen behalten Sie sich vor.

In manchen Unternehmen kann durch solche Zweigleisigkeit auch unversehens ganz „automatisch" eine Führungsposition entstehen. Sie als Projektleiter sind mit Linienjob und Projekt völlig überlastet und müssen notgedrungen wegdelegieren.

Also bekommen Sie zur Entlastung vielleicht zunächst einen Praktikanten oder einen Assistenten. Halten Sie ihn streng aus dem Projekt raus. Er übernimmt nur Aufgaben aus der Linie. Und so ergibt sich ganz von selbst, dass Sie im Projekt die Führung eines Teams haben – und im Linienjob ebenfalls. Danach kann man Sie einfach nicht mehr auf einen normalen Mitarbeiterstatus reduzieren. Sie sind jetzt als Führungskraft etabliert.

Wenn Ihr Projekt schließlich erfolgreich abgeschlossen ist, können Sie und Ihr kleines Team in der Linie weitere Aufgaben annehmen. Dann brauchen Sie sicherlich bald noch eine Kraft, und so weiter, und so weiter ...

Sie können vielleicht nicht alle der hier genannten Kriterien erfüllen. Stürzen Sie sich auf die, die Sie erfüllen, und sorgen Sie dafür, dass das dann auch in Ihren Präsentationen und Verhandlungen immer wieder sichtbar wird.

2.3   Projekte, die Sie meiden sollten

Manchen ungünstigen Projekten kann man vor allem als junger und mit den ungeschriebenen Gesetzen des Unternehmens noch nicht vertrauter Mitarbeiter kaum ausweichen. Manche Projekte entpuppen sich erst nach einiger Zeit als Karrierefallen.

Sie müssen für sich oft den Spagat schaffen, einerseits dynamisch und engagiert aufzutreten und gleichzeitig nicht zu eifrig zu wirken, wenn miese Projekte verteilt werden. Sie müssen einerseits manchmal mit Feuereifer für ein Projekt kämpfen und ihm im Unternehmen einen guten Ruf zu verschaffen (damit sich bald ein Gutgläubiger findet, der es an Ihrer Stelle übernimmt) und gleichzeitig dafür sorgen, dass man Sie an möglichst weit entfernter Stelle viel dringender braucht.

> Wenn Sie es nicht verhindern konnten, ein schlechtes Projekt übernehmen zu müssen, dann beklagen Sie sich auf keinen Fall! Je mehr Sie jammern und klagen, desto besser werden andere sich davor schützen, es

Ihnen abnehmen zu müssen, und desto weniger wollen Außenstehende damit zu tun haben, und desto peinlicher wird es für Sie.

Wenn Sie sich über Ihr Projekt beklagen, sieht das immer schlecht für Sie aus: Entweder Sie klagen, weil Sie der Aufgabe nicht gewachsen sind. Dann sind Sie (noch) nicht für den nächsten Karriereschritt reif genug. Oder Sie klagen, weil Sie zu schwach waren, sich gegen ein schlechtes Projekt zu wehren. Daraus muss man schließen, dass Sie über keine Hausmacht verfügen und zum Spielball unfreundlicher Machenschaften Dritter geworden sind. Solche Leute kann man auch nicht aufsteigen lassen. Ein jammernder Projektleiter macht immer eine schlechte Figur.

■ **Tipp:** Merken Sie sich grundsätzlich, dass ein Projekt, für das Sie zuständig sind, ein tolles Projekt ist. Das muss es auch bleiben, wenn Sie es endlich losgeworden sind. Reden Sie auch nie nachträglich schlecht über Projekte, an denen Sie einmal beteiligt waren. Ihr Nachfolger könnte sonst bei seinem Scheitern auf offene Ohren stoßen, wenn er behauptet, Sie hätten schon vor ihm das Projekt in seinen Grundlagen „verbaut".

Typischerweise schlechte oder zumindest kritische Projekte sind solche, ...

- die Sie von einem vorherigen Projektleiter übernehmen sollen, der offensichtlich nicht sehr darunter leidet, es abgeben zu müssen.

  Vielleicht hat er schon erkannt, dass es unmöglich zum Erfolg geführt werden kann? Vielleicht hat er sich damit schon zu viel Ärger eingehandelt, den er liebend gerne an Sie weiterreicht?

- bei denen die eigenen Mitarbeiter nicht an die Realisierbarkeit der Ziele glauben. Lustlos arbeiten sie an den Aufgaben herum, verbringen viel Zeit damit, sich gegenseitig zu beklagen, wie eng der Zeitrahmen und wie schmal das Budget und wie hoffnungslos die Lage ist. Gute Mitarbeiter wandern ab, die Phlegmatischen bleiben zurück, um mit Ihnen gemeinsam zu scheitern.

- bei denen Sie weniger Einflussmöglichkeiten haben als ein externer Berater, den man Ihnen angeblich „zur Seite gestellt" – in Wirklichkeit jedoch „vor die Nase gesetzt" hat.
  Ganz egal, wie wichtig das Projekt als solches ist, Sie können damit nichts für Ihre Karriere gewinnen. Geht es gut, wird der Erfolg dem externen Berater zugeschrieben. Geht es schlecht, wird man Ihnen vorwerfen, Sie hätten dem Externen besser auf die Finger schauen müssen. Dafür hat man Sie schließlich für das Projekt freigestellt.
  Wenn Sie Externe im Projektteam haben, muss allen Betroffenen und Beteiligten klar sein, dass Sie Projektleiter sind und im Zweifel das letzte Wort bei Entscheidungen haben. Außerdem muss geregelt sein, dass der Berater an Sie berichtet, und Sie berichten an die Gremien, denen das Projekt unterstellt ist. An Ihnen vorbei hat der Berater nicht mit Ranghöheren über Projektinterna zu sprechen.

Ansonsten sollten Sie deutlich zeigen, dass Sie keine Probleme damit haben, mit externen Beratern zu arbeiten. Sie können sie erfolgreich ins Team integrieren und reagieren nicht mit Eifersucht auf deren Spezialwissen!

- die sich auf Lieblingsthemen oder spezielle Interessen von Patriarchen beziehen und dessen absehbares Ende der Amtszeit vermutlich nicht überdauern werden.

> Der alternde Inhaber einer Süßwarenfirma setzt sich ein eigenes Golfhotel am Rhein in den Kopf und initiiert ein entsprechendes Projekt für die Anschaffung, safariähnliche Ausstattung und Vermarktung des Hotels. Ein solches Projekt macht sicherlich viel Spaß und bringt Nähe zum „Alten". Es besteht jedoch die Gefahr, dass mit der Firmenübergabe an den Nachfolger der Projektleiter im Unternehmen keine sinnvolle Aufgabe mehr bekommt. Er gilt dann selbst als Relikt alter Zeiten.

> Der Gründer einer Unternehmensberatung entdeckte im Urlaub seine Leidenschaft für den in seinen Augen sehr bald sehr interessanten Beratungsmarkt in China. Der Projektleiter, der das China-Geschäft aufbauen sollte, wurde wegen seiner Dienstreisen zunächst heftig beneidet, dann wegen der hohen Kosten ohne irgendwelche erkennbaren Fortschritte heftig angegriffen und nach dem Rückzug des Gründers unter heftigen juristischen Auseinandersetzungen ins Privatleben verbannt.

- die als Nebenkriegsschauplätze im Kampf der Mächtigen untereinander oder im Kampf zwischen Geschäftsführung und Personalvertretung fungieren. Der Projektleiter wird dabei zerrieben, ohne jemals wirklich Einfluss auf die Konfliktparteien nehmen zu können. Womöglich einigen sich schließlich die Gegner aus für ihn unerklärlichen Gründen hinter seinem Rücken und schaffen dann das Projekt, den letzten Störfaktor in der Beziehung, auch noch ab.
- deren Ergebnisse Sie auf Jahre in einer bestimmten Position festnageln werden. Das kommt zum Beispiel bei DV-Projekten häufiger vor. Der Projektleiter soll erst einmal neue Technologien mit seinem Team entwickeln und einführen und bleibt dann dauerhaft für alle Probleme und Anpassungen in Zusammenhang mit dieser Technik zuständig. Aber Jahre später ereilt ihn das Unglück, wenn die alte Technik ganz abgelöst und er somit überflüssig wird.

> In einem Zeitungsverlag wurde während der achtziger Jahre im Rahmen eines Projektes eine umfangreiche Software zur Abonnentenverwaltung entwickelt. Der Projektleiter übernahm nach Projektende mit zwei Programmierern seines Teams die Betreuung des Systems. Nach der Wende kam noch einmal ein Projekt auf ihn zu, weil die neuen Postleitzahlen, die Vorbereitung auf den Jahrtausendwechsel und ein paar Anpassungen an neue Rechnertypen zu realisieren waren. Eine der ersten Entscheidungen nach Neujahr 2000 lautete: „Wir lösen unser selbst gestricktes System endlich ab und kaufen ein modernes vom Markt." Mit dem Modernisierungsprojekt wurde selbstverständlich ein junger Profi beauftragt. Der mittlerweile fast fünfzigjährige Ex-Projektleiter wurde

überflüssig. Da er im Laufe der letzten Jahre immer nur sein eigenes System betreut hatte, beherrschte er kaum etwas von dem, was sich an IT-Technik sonst noch im Hause befindet! SAP war an ihm vorbeigegangen, Online-Shopping, ... – einfach alles. Ob er sich in dem Alter noch auf neue Systeme umschulen lassen würde? War er nicht sowieso viel zu hoch bezahlt?

Wenn Sie gar nicht darum herum kommen, ein schlechtes Projekt annehmen zu müssen, sollten Sie zumindest darauf achten, dass Sie sich parallel dazu in anderen Zusammenhängen einen guten Namen machen.

Sie können zum Beispiel in Branchenzeitungen zu Themen publizieren, die nichts mit dem Projekt zu tun haben. Sie können im Unternehmen bei Arbeitskreisen mitmachen. Die Botschaft, dass Sie ganz andere Sachen auch oder sogar viel besser können, muss sich herumsprechen. Außerdem ermöglichen Ihnen diese projektfernen Aktivitäten vielleicht neue interessante Beziehungen.

2.4 Wie steht es um Ihr Projekt?

Betrachten Sie Ihr Projekt und Ihre Rolle als Projektleiter aus drei Blickwinkeln:

1. Welchen Prestigewert hat Ihr Projekt?
2. Wie steht es um die Erfolgswahrscheinlichkeit?
3. Welche Karrierechancen können Sie für sich ableiten?

Stellen Sie sich selbst kritische Fragen dazu und überlegen Sie, was Sie tun können, um Ihr Projekt noch gezielter zu Ihrem Karrieresprungbrett zu machen.

1. Welchen Prestigewert hat Ihr Projekt?

- Wie hoch ist Ihr Projekt im Unternehmen „aufgehängt"? Wer sind die Urheber des Auftrags? Wer will es haben? An wen berichten Sie?
- Wie groß ist Ihr Projekt? Wie viele Mitarbeiter gehören dazu? Welche Bereiche sind betroffen? Über welches Budget tragen Sie die Verantwortung?
- Wie steht Ihr Projekt im Vergleich zu anderen in der Priorität?
- Wer von den Mächtigen im Unternehmen interessiert sich für das Vorhaben? Wer war dafür? Wer war dagegen? Wie ist seit Projektauftrag die Unterstützung durch die Mächtigen?

2. Wie steht es um die Erfolgswahrscheinlichkeit?

- Für wie realistisch schätzen Sie die Erfolgschancen des Projektes ein? Wie sehen es Ihre Teammitglieder? Haben Sie die Ressourcen, die Sie brauchen? Sind die Erwartungen des Auftraggebers und der vom Ergebnis Betroffenen realistisch?

- Wie sind Ihre Abhängigkeiten von externen Lieferanten und von internen Lieferanten? Wie haben Sie gegen Unzuverlässigkeiten vorgesorgt? Wie sorgen Sie dafür, dass man Ihnen gerne zuverlässig hilft und sich an Vereinbarungen hält?
- Wie ist die projektbezogene Qualifikation der Mitarbeiter? Wie steht es um personelle Verfügbarkeit und Begeisterung für die Aufgabe? Wie ist das Arbeitsklima im Projekt?
- Was tun Sie, damit es Ihren Teammitgliedern Spaß macht, sich voll für das Projekt zu engagieren?
- Wie unterstützen Sie Teammitglieder dabei, die Projektarbeit ihrerseits zur beruflichen Entwicklung zu nutzen?
- Werden Sie vom Team in Ihrer Rolle als Projektleiter anerkannt? Wie ist die Arbeitsdisziplin? Werden Sie von Führungskollegen und Linienvorgesetzten der Teammitglieder in Ihrer Rolle anerkannt?
- Wie ist die Zusammenarbeit mit dem Betriebsrat?

3. Welche Karrierechancen können Sie für sich ableiten?

- In welche Kreise kommen Sie als Projektleiter? An welchen Meetings nehmen Sie teil? Vor wem präsentieren Sie?
- Welche Selbstvermarktungschancen ergeben sich außerhalb Ihres Unternehmens für Sie durch das Projekt? Wo können Sie publizieren? An welchen Symposien oder Kongressen können Sie aktiv teilnehmen? Mit welchen Kunden, Lieferanten, Wettbewerbern, externen Beratern etc. können Sie durch das Projekt Beziehungen knüpfen?
- Wozu können Sie diese Beziehungen langfristig nutzen?
- Was tun Ihre Karrierekonkurrenten, während Sie mit dem Projekt beschäftigt sind? Wer von denen hätte auch gerne Ihr Projekt übernommen? Wer hätte die Chance gehabt und wollte nicht? Warum nicht?
- Wie lange wird das Projekt Sie beschäftigen? Was soll sich danach für Sie im Unternehmen ergeben? Was können Sie parallel zur Projektarbeit für Ihre Karriere tun? Wie beurteilen Sie Ihren Marktwert vor und nach dem Projekt?
- Wieso sollen ausgerechnet Sie das Projekt leiten? Versucht man gezielt, Sie durch das Projekt zu fördern? Wer setzt Erwartungen in Sie? Welche?
- Welche Aufgaben hätten Sie im Unternehmen wahrgenommen, wären Sie nicht mit Ihrem Projekt befasst? Wie hätte sich das im Vergleich zum Projekt auf Ihre Karrierechancen ausgewirkt?
- Welche Qualifikationen werden für die von Ihnen angestrebte Karriere gebraucht? Wie können Sie durch das Projekt beweisen, dass Sie fit für den Aufstieg in der Linie sind?
- Bei wem holen Sie sich kritisches Feedback zu Ihrem Verhalten und Vorgehen als Projektleiter? Wie gehen Sie mit Kritik um?

- Wie reflektieren Sie Erfolge, Pannen und Fehlversuche im Hinblick auf die Projektarbeit und Ihr Führungsverhalten? Wie lernen Sie bewusst aus Erfahrungen?
- Was unternehmen Sie bereits jetzt konkret im Interesse Ihrer Karriere für die Zeit nach dem Projekt?

3 Projekte zum Erfolg führen

3.1 Die wichtigsten Grundlagen des Projektmanagements

Wenn Sie mit der Leitung eines Projektes beauftragt werden, übernehmen Sie die Verantwortung für eine ganz bestimmte Aufgabe außerhalb des üblichen Tagesgeschäftes der Linienorganisation. Projektleiter werden deshalb auch als „Unternehmer im Unternehmen" bezeichnet.

Man unterscheidet verschiedene Projektarten:

- **Einmal-Projekte**
  Diese Projekte haben eine gewisse Einmaligkeit. Man geht nicht davon aus, dass in absehbarer Zeit ein ähnliches Vorhaben noch einmal durchzuführen ist.

  > Ein Einmal-Projekt im Privatleben ist zum Beispiel der Bau eines Eigenheims. Im Geschäftsleben kann es eine technische Umstellung sein, die Entwicklung einer neuen Produktserie oder auch der Umzug in ein anderes Büro.

  Der Vorteil des Einmal-Projektes ist die Chance für Sie, sich als Pionier zu beweisen. Man kann Ihnen kein Handbuch mit genau vorgeschriebenen Arbeitsschritten zur getreulichen Befolgung überreichen. Sie können sich in dem neuartigen Aufgabengebiet weitgehend frei als Projektleiter entfalten.

  Der Nachteil eines Einmal-Projektes kann darin liegen, dass man nach Abschluss des Projektes keine entsprechende Aufgabe mehr für Sie hat. Das Projekt ist vorbei, Ähnliches ist nicht vorgesehen. Es kann für Sie frustrierend sein, wenn Sie dann ohne Folgeauftrag dastehen und Ihren früheren Platz in der Routine ebenfalls inzwischen besetzt vorfinden. Sie müssen sich deshalb bereits während der Projektarbeit darum bemühen, für die Zeit danach eine attraktive Position zu erobern.

- **Serien-Projekte**
  Serien-Projekte sind solche, die in ähnlicher Form immer wieder ablaufen.

  > Es kann im Privatleben die jährliche Urlaubsreise sein. Man fährt zwar immer wieder an einen anderen Ort, aber die Grundlagen der Urlaubsplanung sind aus Erfahrung klar. Im Geschäftsleben kann es der jährliche Messeauftritt sein, das Eröffnen weiterer Filialen oder das regelmäßig durchzuführende Einstellungsverfahren für Nachwuchskräfte.

  Der Vorteil bei Serien-Projekten ist die Erfahrung, die man aus bisherigen ähnlichen Vorhaben ableiten kann. Das gibt eine hohe Planungsgenauigkeit, und auch die Mitarbeiter können viel schneller routiniert an die Arbeit gehen.

Der Nachteil liegt oft darin, dass Sie als Projektleiter ein Handbuch mit genauen Anweisungen für jeden Projektschritt erhalten. Es macht nicht nur weniger Spaß, sich getreu an solche Vorschriften halten zu müssen, es nimmt Ihnen auch weitgehend die Chance, sich als souveräner Projektleiter zu beweisen. Wenn Sie erfolgreich sind, schreibt man Ihren Erfolg den inzwischen wohl perfekt ausgetesteten Anweisungen des Handbuches zu. Wenn Sie weniger erfolgreich sind, wird man es Ihnen doppelt ankreiden und irgendwo eine Stelle finden, bei der Sie sich nicht pingelig an die Vorschriften gehalten haben.

Ein Vorteil kann allerdings darin liegen, dass Sie nach erfolgreichem Abschluss als offiziell in der Hierarchie installierte Führungskraft in Zukunft für derartige Projekte zuständig werden. Das kann einen Karriereschritt bedeuten.

- **Projekte mit materiellen Ergebnissen**
  Hierbei wird im Projekt ein sichtbares Produkt erstellt. Dabei kann es sich um die neue Jahreskollektion handeln, um die neue Niederlassung in Polen oder um die neue Vertriebsstruktur. Bei materiellen Ergebnissen lässt sich vergleichsweise leicht Ihr Projekterfolg nachweisen.

- **Projekte mit immateriellen Ergebnissen**
  Das können Projekte zur Imageverbesserung sein, zur Steigerung der Unternehmensattraktivität bei High Potentials oder zu mehr Kundenorientierung. Manchmal werden auch „philosophische Projekte" zum Leitbild oder zu den ethischen Werten des Unternehmens durchgeführt. Achten Sie bei solchen Projekten ganz besonders auf die Vereinbarung messbarer Erfolgskriterien! Sie haben sonst im Nachhinein keine Chance, Ihren Erfolg zu beweisen oder werden womöglich mit Ihrem Projektergebnis gar nicht ernst genommen.

- **Strategie-, Gutachten- oder Konzept-Projekte**
  Diese Projekte können Vorläufer für spätere Umsetzungsprojekte sein.

  > Man beauftragt Sie zum Beispiel mit der Untersuchung des asiatischen Marktes. Ihr Gutachten wird dann anschließend die Entscheidungsgrundlage sein, ob man sich mit dem Unternehmen überhaupt in den asiatischen Markt begeben soll – und wenn ja, in welcher Weise. Man könnte Sie auch beauftragen, einmal zu untersuchen, mit welchen anderen Unternehmen eine Zusammenarbeit in welcher Form erfolgversprechend wäre.

  Manche Unternehmensberatungen haben sich schwerpunktmäßig auf diese Art von Projekten spezialisiert. Der Vorteil liegt darin, dass man entscheidende Weichen für Zukunftsstrategien legen kann, dass diese Projekte ein hohes Ansehen genießen und praktisch nie scheitern können. Wenn das Folgeprojekt erfolgreich abgeschlossen wird, schreibt man den Erfolg der richtigen Strategie, dem fundierten Gutachten oder dem perfekten Konzept zu. Sollte das Folgeprojekt scheitern, dann findet sich bestimmt einiges, worin der betreffende Projektleiter sich leider nicht an das gehalten hat, was im Konzept oder Gutachten vorgegeben war, wenn er nicht gleich ganz von den strategischen Empfehlungen abgewichen ist.

• **Abwicklungs-Projekte**
Das sind die Folgeprojekte, die „nur" noch das umsetzen sollen, was andere in ihren Strategie-, Gutachten- oder Konzeptvorgaben niedergeschrieben haben.
Hüten Sie sich möglichst vor solchen Projekten. Sie können damit kaum Ihr persönliches Ansehen steigern. Außerdem wird Ihnen bei Schwierigkeiten in der Umsetzung niemand glauben, dass die Vorgaben reichlich theoretisch waren und der Teufel ganz schön im Detail des Umsetzens steckte.
Ganz besonders sollten Sie sich vor Abwicklungsprojekten hüten, wenn das theoretische Vorprojekt von einer Unternehmensberatung abgeschlossen wurde, die sich längst verabschiedet hat, und wenn der Vorstand in Ihrem Unternehmen ein Jahr und länger brauchte, um über das Folgeprojekt zu entscheiden. Dann können Sie fast sicher sein, dass Sie auf der Basis einer weitgehend wertlosen Unterlage starten müssen.
Sie sollten sofort nach einem solchen Abwicklungs-Projekt greifen, wenn sich damit für Sie die Chance auf einen gehobenen Dauerjob in der Linienhierarchie ergibt. Es ist durchaus üblich, dass der Projektleiter zunächst das aufbaut, was im Konzept theoretisch vorgegeben wurde und danach gleich dauerhaft die Verantwortung für das Aufgebaute übernimmt.

• **Forschungs-Projekte**
Bei Forschungs-Projekten kann man schlecht planen, wann welches Ergebnis fertig sein soll. Zum Beispiel kann sich die Forschung nach einem bestimmten Krankheitserreger oder nach einem Medikament oder nach einer historischen Quelle über das gesamte Berufsleben hinziehen. Diese Art Projekte sind eine ganz eigene Klasse für sich. Ein „Forscher" ist in dem Sinne auch nicht mit einem Projektleiter herkömmlicher Projekte zu vergleichen.

• **Pilot-Projekte**
Pilot-Projekte sind in ihrer Art den Einmal-Projekten verwandt. Allerdings haben sie auch einen gewissen Experimentiercharakter. Wenn das Pilotprojekt abgeschlossen ist, werden die Erfahrungen sorgfältig aufgearbeitet. Sie gehen in die dann anschließenden Folgeprojekte ein. Pilot-Projekte werden zum Beispiel durchgeführt, wenn große Umstellungen vorgesehen sind, wobei man jedoch erst einmal in einem bestimmten Bereich im Kleinen anfängt. Nach dem Pilot folgen schrittweise die Umstellungen in allen anderen Bereichen.
Pilot-Projekte sind für die Karriere hervorragend geeignet. Sie können als Projektleiter recht kreativ das Vorgehen gestalten. Man wird Ihnen nur wenig Vorschriften machen, schließlich sollen Sie ja den besten Weg für die

anschließenden Projekte herausfinden. Sie legen die Weichen für diejenigen, die nach Ihnen an der Reihe sind. Sie beweisen sich als Neuerer, als Pionier. Sie haben nach Abschluss Ihres Pilot-Projektes auch einen günstigen Zeitpunkt, den Absprung in eine Führungsposition der Linie zu schaffen.

Zu den grundsätzlichen Merkmalen von Projekten gehören:

- **klarer Zeitrahmen**
  Der Endtermin ist Teil der Zielvereinbarung. Sie sollten mit Ihrem Team sofort bei der Festlegung der Zwischentermine so planen, dass Sie vor dem vereinbarten Endtermin fertig werden. Sie werden den Puffer unweigerlich brauchen! Gegen Ende eines Projektes kommen immer unvorhergesehene Zusatzaufgaben, Ressourcenausfälle oder zeitkritische Probleme auf Sie zu. Wenn dann Hektik ausbricht, wirken Sie ganz zum Schluss noch wie ein Projektleiter, dem es an Souveränität fehlt.

- **festes Budget**
  Auch das Budget ist Teil der Zielvereinbarung. Hierbei gilt das Gleiche wie bei der Terminplanung: Sorgen Sie immer für einen Puffer für unerwartete Kosten. Teilen Sie das Budget in Teilbudgets für Phasen und/oder Teilprojekte ein. Sie erleichtern sich damit die Kostenkontrolle.

- **klare Qualitäts- und Quantitätsanforderungen**
  Diese Anforderungen sind der dritte Teil der Zielvereinbarungen. Hierbei wird genau festgelegt, was Sie in welcher Qualität mit Ihrem Team zu erarbeiten haben. Sie können diese Anforderungen auch als Erfolgskriterien bezeichnen. Wenn Sie diese im vereinbarten Zeit- und Budgetrahmen erreicht haben, gilt Ihr Projekt als erfolgreich. Man spricht auch vom „magischen Dreieck" des Projekterfolgs.

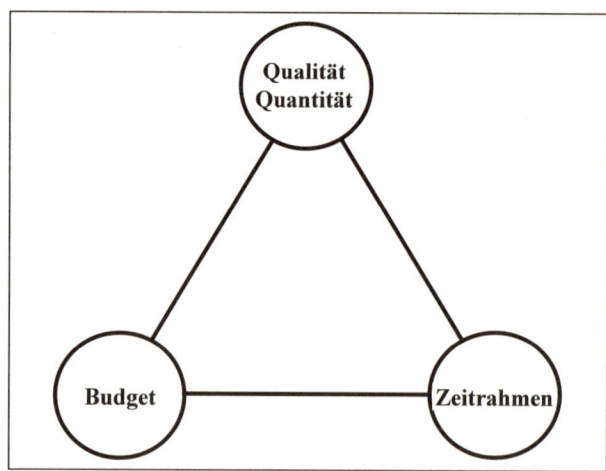

Abbildung 3: Das magische Dreieck des Projekterfolgs

- **temporäre Struktur**

  Sie und das Team sind nicht als dauerhafte Einheit installiert, sondern gehören nur so lange zusammen, wie das Projekt dauert. Danach gehen alle in die Linie zurück. Das bedeutet, dass Ihnen die Mitarbeiter auch nur als „Leiharbeiter" überlassen werden. Fast immer sind sie gleichzeitig auch mit ihren üblichen Aufgaben betraut oder werden zwischendurch vom Linienvorgesetzten immer wieder abberufen oder zusätzlich eingespannt.

  Im Konflikt der Ansprüche des Projektleiters oder des Linienvorgesetzten werden die Mitarbeiter – wenn sie klug sind – immer dem Linienvorgesetzten Priorität geben. Zu dem kehren sie nach dem Projekt zurück! Schon allein aus diesem Grunde sollten Sie nie zu eng planen!

- **verschiedene Fachleute**

  Typisch für Projekte ist, dass Fachleute aus unterschiedlichen Bereichen oder Abteilungen gemeinsam auf das Ziel hin arbeiten. Idealerweise harmonieren die Experten der diversen Fachrichtungen. In der Realität können ganz unterschiedliche Kulturen, Denkweisen und Fachsprachen aufeinanderprallen und auch zu Konflikten führen.

  > Man stelle sich nur vor, wie schwierig es werden kann, wenn Mitarbeiter aus dem Vertrieb, der Buchhaltung und der Datenverarbeitung gemeinsam ein neues Abrechnungssystem für den Außendienst konzipieren sollen. Da prallen Welten aufeinander!

  Das bedeutet für Sie als Projektleiter, dass Sie mit Experten unterschiedlicher Richtungen kommunizieren können müssen. Das bedeutet auch, dass Sie die unvermeidlichen Konflikte der Koryphäen mit ihren Eitelkeiten, Empfindlichkeiten und oft recht engen Blickwinkeln in den Griff bekommen müssen.

Unter Projektmanagement versteht man das Organisationsverfahren zur Planung, Steuerung und Kontrolle des Projektes. Dazu gehören auch die Strukturen, in die ein Projekt eingebunden ist.

Achten Sie darauf, dass Sie entweder einen Auftraggeber haben, mit dem Sie verhandeln oder ein Gremium, an das Sie berichten. Es darf nicht sein, dass Sie später von Pontius zu Pilatus laufen, weil sich die Leute, die über Ihr Projekt und seinen Erfolg zu befinden haben, untereinander nicht einigen können.

Lassen Sie auch nicht zu, dass Konflikte zwischen der Unternehmensleitung und der Mitarbeitervertretung in Ihrem Projekt ausgetragen werden. Wenn Sie zum Beispiel ein neues Vergütungssystem zu entwickeln haben oder ein neues Mitarbeiterbeurteilungsverfahren, dann ist es nicht Ihre Aufgabe, den Betriebsrat zu befrieden. Den Ärger möchte der Vorstand vielleicht gerne auf Sie abladen, und der Betriebsrat schießt sich auch gerne auf Sie als den Bösewicht ein, aber das ist nicht in Ordnung! Damit können Sie unmöglich erfolgreich sein. Die Einigung muss zwischen Vorstand und Betriebsrat stattfinden.

Projekte werden in der Regel in eine Phasenstruktur gegliedert. Das machen Sie ja auch, wenn Sie privat ein größeres Projekt vor haben. Die Phasenstruktur erleichtert die Kontrolle, dass man mit Terminen und Kosten noch auf dem richtigen Weg ist.

Abbildung 4: Struktur eines Projektes

Planen Sie Ihre Projektphasen im Detail bitte gemeinsam mit Ihrem Team. Je mehr die Mitarbeiter in die Planung mit einbezogen werden, desto motivierter gehen sie daran, die Pläne dann auch einzuhalten. Außerdem brauchen Sie die Erfahrung Ihrer Fachleute. Diese wissen oft besser als Sie, was wie lange dauert oder welchen Aufwand verursacht oder sinnvoll zusammengefasst oder auseinander gehalten werden sollte.

Ganz grob gliedern sich die Aufgabenbereiche, für die Sie als Projektleiter zuständig sind in drei Bereiche:

1. **Projektstart**

    Dazu gehören die Absprachen mit dem Auftraggeber oder dem Steuerungsgremium, die schriftlichen Vereinbarungen bezüglich der Ziele und der Ressourcen und die Anschubaktivitäten, um das Vorhaben vom ersten Tag an in die richtige Bahn zu lenken.

2. **Planung**

    Sie planen mit Ihrem Team und mit dem Auftraggeber die Termine und Zwischentermine. Sie planen Ressourcen, Personal und Kosten. Planen und Schätzen gehören dabei natürlich zusammen.

3. Projektleitung

Sie delegieren die Einzelaufgaben oder Arbeitspakete, sie kontrollieren und veranlassen im Bedarfsfall Maßnahmen. Sie verantworten die Qualität im Projekt. Sie moderieren Meetings oder sorgen für deren professionelle Moderation. Sie regeln Konflikte innerhalb des Teams. Sie sind für Außenstehende der Hauptansprechpartner. Sie sorgen für korrekte Zwischenabnahmen und übergeben zum Schluss das Ergebnis wie vereinbart an den Auftraggeber.

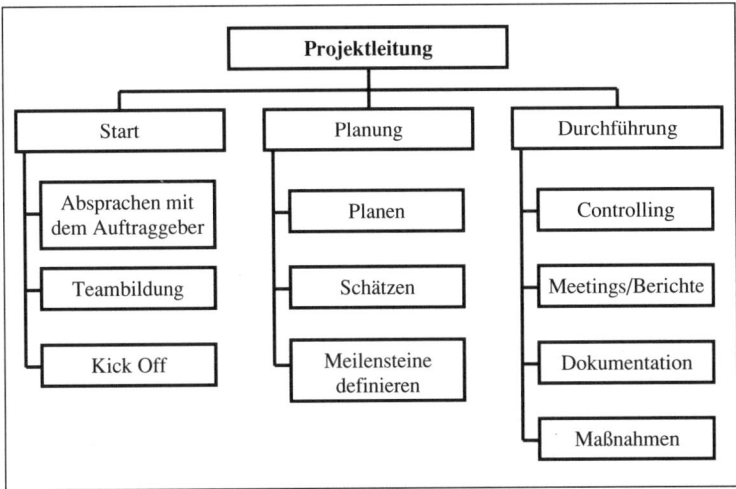

Abbildung 5: Aufgabenbereiche des Projektleiters

Bedenken Sie auch, dass Ihre Arbeit als Projektleiter einiges an Zeit in Anspruch nimmt! Es kommt nicht selten vor, dass sich ein unerfahrener Projektleiter genauso als volle Arbeitskraft verplant wie einen Mitarbeiter. Das funktioniert in der Regel nicht! Sie werden mehr an Meetings-, Absprachen-, Konfliktregelungs-, Telefonier-, Dokumentations- und Verwaltungszeit verbrauchen, als Sie ahnen! Wenn es möglich ist, sollten Sie sich von einem erfahrenen Projektleiter beraten lassen. In vielen Unternehmen gilt die Regel, dass ein Projektleiter ab einer Teamgröße von sieben Mitarbeitern sich selbst nicht mehr als Arbeitskraft für die Durchführung verplanen sollte. Ab dann ist das Projekt so groß, dass der Projektleiter durch seine Management- und Kontaktaufgaben weitgehend ausgelastet ist.

3.2 Unterscheiden Sie Nutzen und Ziele Ihres Projektes

Für viele Manager gehen die Definitionen von Zielen und Nutzen eines Projektes durcheinander. Achten Sie darauf, dass Sie hierbei sauber unterscheiden.

Die Ziele eines Projektes beschreiben genau das, was Sie mit Ihrem Team zu erreichen haben. Mit der Übergabe des Projektergebnisses oder Projektproduktes an den Auftraggeber lassen Sie sich Ihre Zielerreichung bestätigen. Damit ist Ihr Erfolg als Projektleiter nachgewiesen.

Der Nutzen eines Projektes beschreibt, wozu es sich überhaupt lohnt, Zeit und Geld in das Vorhaben zu investieren. Wenn das Projektergebnis oder Projektprodukt die Erwartungen erfüllt, die man daran geknüpft hat, dann hat es sich gelohnt. Das ist streng genommen nicht mehr Ihr Erfolg, sondern der Erfolg des Auftraggebers. Er kann nachweisen, dass es seine kluge Entscheidung war, das Projekt in Auftrag gegeben zu haben.

Das Erreichen der Projektziele wird sofort mit Ende des Projektes festgestellt. Das Erreichung des Projektnutzens kann man oft erst nach Wochen oder Monaten feststellen.

Sie sind als Projektleiter für die Ziele verantwortlich. Für den Nutzen ist der Auftraggeber verantwortlich. Rein theoretisch können Sie mit einem sinnlosen Projekt immer noch ein erfolgreicher Projektleiter sein. Das kann zum Beispiel passieren, wenn Sie den Projektauftrag bekommen, eine Marketing-Kampagne für eine bestimmte Produktlinie zu entwickeln und durchzuführen. Sie machen das alles ganz wunderbar, aber plötzlich entschließt sich das Management, diese Produktlinie aufzugeben. Das Projekt mag seine Ziele erreicht haben, von Nutzen war es hingegen nicht mehr.

Es kommt immer einmal vor, dass im Management Fehlentscheidungen bezüglich der Projekte getroffen werden. Das muss nicht immer mit Unfähigkeit zu tun haben. Manchmal sind die Entwicklungen einfach schneller, als man denkt, oder sie gehen in ganz andere Richtungen als man vorhersehen konnte.

Sie können sich natürlich „stur stellen" und auf dem Standpunkt stehen, dass es Ihnen egal ist, welchen Nutzen das Projekt bringen soll. Nutzendefinition ist Sache des Auftraggebers. Hauptsache, Sie haben Ihre Ziele erreicht. Eine solche Mentalität ist allerdings unklug und lässt auf Phlegma oder innere Kündigung schließen. Sie sollten sich intensiv mit den Nutzenerwartungen des Auftraggebers befassen. Gerade weil viele Manager zwischen Nutzen und Zielen nicht sauber unterscheiden, würde eine Fehlinvestition immer auch Ihnen angekreidet.

Überlegen Sie gemeinsam mit dem Auftraggeber, ob seine Nutzenerwartungen realistisch sind und ob sie sich durch das Projekt mit den mit Ihnen vereinbarten Zielen erreichen lassen. Klären Sie auch ab, ob weitere Projekte mit anderen Zielen in Auftrag gegeben wurden, die dem selben Nutzen dienen sollen. Stellen Sie fest, ob Ihr Projekt sich sinnvoll in die Struktur mehrerer Projekte einfügt, die alle zusammen in eine Nutzenrichtung gehen.

Bei den Zielen solcher Projekte darf es keine Überschneidungen geben! Die Nutzen sind jedoch alle ähnlich oder identisch definiert.

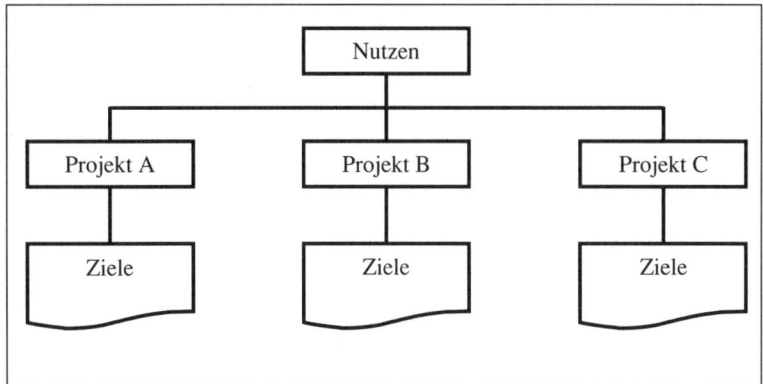

Abbildung 6: Eine Nutzenerwartung und mehrere Projekte

Ein Kurort an der Nordseeküste kämpft um Touristen. Die Konkurrenz durch Billiganbieter von Fernreisen ist inzwischen übermächtig. Außerdem nimmt die Zahl derer, denen die Krankenkasse eine Kur bewilligt, ab. Nun setzt die Kurverwaltung mehrere Projekte auf:
Projekt A hat das Ziel, Konzepte für die Attraktivität des Ortes bei anhaltendem Regenwetter zu entwickeln.
Projekt B hat das Ziel, den Ort in der überregionalen Presse besser darzustellen.
Projekt C hat das Ziel, den Anbietern vor Ort deutlicher zu machen, dass sie sich mehr an die gestiegenen Erwartungen der Gäste an Zimmerausstattungen, Frühstücksbuffet etc. anpassen.
Projekt D hat das Ziel, neue Zielgruppen zu erkunden, um die sinkende Zahl der Kurgäste auszugleichen.
Projekt E hat das Ziel, ...
Die Projektleiter haben mit ihren Teams jeweils eigene Ziele und daraus folgernd eigene Aufgabengebiete. Zielüberschneidungen würden zu Doppelarbeiten und Ressourcenverschwendung führen. Aber alle Projekte dienen dem gemeinsamen Nutzen: Sicherung der Arbeitsplätze am Ort durch langfristige Sicherung der Attraktivität als gut besuchter Touristenort.

Denken Sie als möglicher Projektleiter unbedingt über Ihr Projekt hinaus. Welchen Nutzen soll die Investition haben? Mit welchen anderen Projekten bildet Ihr Auftrag ein gemeinsames Projektgefüge?
Machen Sie auch unbedingt Ihrem Auftraggeber klar, dass der Nutzen seine Verantwortung ist. Er muss entscheiden, ob sich die Investition lohnen wird. Sie stehen für die Erreichung der Ziele gerade. Er muss nach dem Projekt dafür sorgen, dass die Ergebnisse, die Sie erreichen, so eingesetzt werden, dass sich der Nutzen dann auch einstellen kann. Sie als Projektleiter sind nach Erreichen der Ziele streng genommen raus aus der Verantwortung.
Die Reihenfolge ist wie folgt:

1. Der Auftraggeber will einen bestimmten Nutzen erreichen, und ist dafür zu Investitionen bereit.
2. Der Auftraggeber lässt zum Beispiel durch eine Studie erkunden, ob und – wenn ja – wie sich der Nutzen erreichen lässt.
3. Auftraggeber und Projektleiter erarbeiten gemeinsam ein Projektkonzept, welches die Nutzenerreichung bieten soll. Es wird eine Zielvereinbarung für das Projekt geschlossen.
4. Der Projektleiter bekommt seinen offiziellen Projektauftrag.
5. Der Projektleiter erarbeitet mit seinem Team das vereinbarte Projektergebnis oder Projektprodukt und erreicht damit die Projektziele.
6. Der Projektleiter übergibt das Projektprodukt an den Auftraggeber und lässt sich seinen Projekterfolg bestätigen. Damit ist das Projekt beendet.
7. Der Auftraggeber hat nun das Projektprodukt und benutzt dieses so, dass sich der Nutzen einstellt.

Als kluger Projektleiter und aufstrebender Karrierist werden Sie natürlich alles daran setzen, dass ...

• Sie niemals ein Projekt übernehmen, dessen Nutzen vermutlich fraglich sein wird.
• Ihr Auftraggeber von Ihnen so gut beraten wird, dass er auch weiß, was er sinnvoll mit dem Projektprodukt zu tun hat.
• bei Erreichen des Projektnutzens Sie sich als Mit-Urheber der erfolgreichen Investition positionieren.

Vergessen Sie nicht, dass erfolgreiche Zielerreichung oft nur dem Auftraggeber und manchmal noch einem engen Kreis von Managern bewusst wird. Erfolgreich erreichter Nutzen schlägt in der Regel viel höhere Wellen. Denken Sie dann immer an Ihre Selbstvermarktung!

> Bei manchen Projekten kann es sogar vorkommen, dass der Projektleiter zwar wunderbar die Ziele erreicht hat, dass sich jedoch die Betroffenen heftig gegen die Veränderungen durch das Projekt wehren. Dann wird oft der Projektleiter mehr zum Buhmann als der Auftraggeber. Wenn sich die Betroffenen später an die Änderungen gewöhnt haben und das Neue in positiverem Licht sehen, ist der Projektleiter schon vergessen, der Auftraggeber steht jedoch glänzend als kluger Entscheider da.

Alle internen Reorganisationen oder technischen Umstellungen sind Musterbeispiele für dieses Phänomen.

Achten Sie deshalb vor allem bei Projekten, die zu heftigem Widerstand bei Betroffenen führen, darauf, dass Sie später, wenn sich die Sache doch noch als positiv herausgestellt hat, mit im Rampenlicht des Erfolgs stehen.

3.3 Nutzen: Lohnt sich die Investition?

Beim Nutzen geht es um den Sinn der Investition aus Sicht des Auftraggebers. Obwohl Sie als Projektleiter nach den Regeln des Projektmanagements eigentlich nur an der Zielerreichung gemessen werden sollten, wird man Sie tatsächlich immer mit dem Nutzen Ihres Projektes identifizieren.

Das ist auch der Grund, warum Sie Projekte meiden sollten, die in den Augen Ihres Auftraggebers nur kosten und nichts bringen. Das sind Projekte, die man zwar machen muss, die jedoch keine messbare Wertschöpfung bedeuten.

> Projekte zur Qualitätssicherung, zum Datenschutz, zur Absicherung gegen mögliche andere Schäden oder zur Umstellung auf geänderte Gesetzesanforderungen. Solche Projekte sind oft genauso wichtig wie andere, aber sie bringen Ihnen niemals das Prestige wie Projekte mit greifbarem materiellem Nutzen.

Bemühen Sie sich im Interesse Ihrer Karriere möglichst um solche Projekte, die – ganz profan gesagt – Ihren Auftraggeber reicher machen. Seien Sie bei innovativen Entwicklungen dabei. Leiten Sie Projekte, die neue und erfolgreiche Produkte und/oder neue und potente Kunden einbringen.

Man unterscheidet grob drei Arten von Nutzen:

- **materiell quantifizierbarer Nutzen**
  Das bedeutet, dass sich genau ausrechnen lässt, welche Erträge oder auch Einsparungen das Projekt bringt. Bei solchen Projekten haben Sie es vergleichsweise leicht, Kalkulationen durchzuführen, welche Investitionen und Erträge positiv gegenüberstellen.

- **schwer quantifizierbarer Nutzen**
  Das bedeutet, dass sich nicht genau beweisen lässt, welcher Nutzen sich speziell durch Ihr Projekt ergeben soll.

  > Informationssysteme sind insofern nutzbringend, weil sie dem Management schnellere und bessere Informationen für wichtige Entscheidungen bringen. Wenn das Management jedoch mit dem neuen System arbeitet und tatsächlich besser entscheidet – wird man das Ihrem Projektprodukt oder der Intelligenz der Manager zuschreiben?

  > Projekte zur Kundenorientierung sind ohne Zweifel nutzbringend. Wird man den gestiegenen Markterfolg oder den Rückgang von Reklamationen später tatsächlich Ihrem Projekt oder neuen Produktversionen oder anderen Faktoren zusprechen?

  > Ähnlich ist es mit Projekten zur Verbesserung der Personalauswahl, der Internetdarstellung oder der zügigeren Abwicklung von Geschäftsvorfällen.

Bei solchen Projekten müssen Sie sich sehr viel mehr anstrengen, den Nutzen der Investition in Zusammenhang mit Ihrer Leistung zu vermarkten.

- **immaterieller Nutzen**
  Hierbei ist es noch schwieriger, Ihren Beitrag zum Nutzen nachzuweisen. Immaterielle Nutzen bringen zum Beispiel Projekte zur Verbesserung des Images des Unternehmens. Lag es wirklich an Ihrem Projekt, dass das Unternehmen am Markt bekannter wurde, einen besseren Ruf bekam, erfolgreicher hochqualifizierte Bewerber anzog ...?

Die Entscheidung, welche Investitionen für welche Nutzen getätigt werden sollen, liegt beim Auftraggeber. Sie können als Profi diese Dinge oft jedoch realistischer beurteilen.

Stellen Sie fest:

1. **Welchen Nutzen erwartet sich der Auftraggeber von dem Projekt?**
   Ab wann? Wie viel? Wie lange?

2. **Mit welchen Investitionen rechnet der Auftraggeber?**
   Welche Kosten? Welcher Ressourcen- und Personaleinsatz? Ab wann? Wie viel? Wie lange? Welches sind die zu erwartenden Projektkosten? Mit welchen Folgekosten ist nach dem Projekt zu rechnen? Wird man zum Beispiel teureres Personal brauchen? Müssen neue Maschinen angeschafft werden? Kommen Leasingraten auf den Auftraggeber zu?

3. **Wird es weitere Kosten geben?**
   Das können Ablösekosten für nach dem Projekt veraltete Systeme sein. Es kann vorkommen, dass sich Personaleinsparungen, die durch das Projekt möglich wären, aus arbeitsrechtlichen Gründen nicht sofort durchsetzen lassen. Es können wegen neuer Maschinen bauliche Veränderungen oder wegen neuer Aufgaben interne Schulungen notwendig werden.

4. **Gibt es teurere und billigere Varianten?**
   Zu jedem Vorhaben lassen sich billigere, schnellere, einfachere oder teurere, aufwendigere und umfangreichere Varianten denken. Bieten Sie dem Auftraggeber entsprechende Alternativen. Lassen Sie dann ihn entscheiden. Bei dieser Gelegenheit finden Sie auch heraus, ob seine Vorstellungen überhaupt realistisch sind. Vielleicht verspricht er sich aus Mangel an Sachkenntnis für eine vergleichsweise geringe Investition viel zu viel an Nutzen.

5. **Was wird der Auftraggeber seinerseits zur Sicherung des Projektnutzens tun?**
   Kennt der Auftraggeber den Unterschied zwischen Ihrer Verantwortung für die Zielerreichung und seine für die Nutzenerreichung?
   Machen Sie sich in diesem Zusammenhang zu seinem Berater. Überzeugen Sie ihn durch Ihr Profiwissen.

6. **Wo wurden ähnliche Investitionen mit ähnlichen Nutzenerwartungen getätigt?**
   Hat die Konkurrenz ein vergleichbares Projekt durchgeführt? Wie? Mit welchem Erfolg? Wo lagen bei anderen die Erfolgsfaktoren oder auch die Probleme?

Was steht in der Fach- oder Branchenliteratur über Projekte dieser Art zu lesen? Auch hierzu gilt: Überzeugen Sie Ihren Auftraggeber durch Ihr Profiwissen. Geben Sie ihm das Gefühl, in Ihnen den richtigen Partner für sein Investitionsvorhaben gefunden zu haben.

Je wichtiger Ihr Auftraggeber für Ihre Karriere sein kann, desto mehr sollten Sie auch darauf achten, dass durch erreichten Nutzen Ihres Projektes sein persönliches Prestige als kluger Investor steigt. Sorgen Sie dafür, dass man Ihren Namen mit dem Nutzen des Projektes verbindet, treten Sie dabei jedoch nicht als Konkurrent Ihres Auftraggebers auf. Vor allem, wenn es sich um Ihren Vorgesetzten oder eine andere ranghöhere Person handelt, sollten Sie in dieser Hinsicht sensibel sein.

Denken Sie an die Dokumentation von Nutzenvereinbarungen. In großen und traditionellen Unternehmen sind diese Dinge im Rahmen von Qualitätsvorschriften und Projektrichtlinien geregelt. Bei jungen Unternehmen, die oft noch durch ein fast studentisches Verhalten geprägt sind, begnügt man sich gerne mit mündlichen Absprachen. Das kann es Ihnen nach Wochen und Monaten schwer machen, sich auf Vereinbarungen zu berufen.

Finden Sie den in Ihrem Umfeld richtigen Mittelweg zwischen „Bürokratismus" und „Kreativität".

A. Quantitativ

Investitionen: ————	Quantitative Ergebnisse: ————
Kosteneinsparungen p.a.: ————	Kumulierter Kapitalwert: ————
Betriebskosten p.a.: ————	Interne Verzinsung ROI: ————
Nutzungsdauer: ————	Amortisation: ————
Zinssatz: ————	

B. Qualitativ

Abbildung 7: Wirtschaftlichkeitsanalyse

Planen Sie zu Beginn Ihres Projektes mit dem Auftraggeber, wann Sie beide gemeinsam eine Neubewertung der Investition durch Feststellung der Nutzenerreichung vornehmen wollen. In der Regel findet diese Neubewertung sechs bis zwölf Monate nach Abschluss eines Projektes statt. Dann lässt sich feststellen, ob und wie weit es sich gelohnt hat. Aus dieser Neubewertung kann sich für Sie eventuell ein interessanter Folgeauftrag ergeben!

Projekt:					
1. Rentabilität / Amortisationsdauer					
Amortisationsdauer	über 4 J.	2-4 Jahre	1-2 Jahre	1 Jahr	6 Monate
Beurteilung					

2. Strategische Beurteilung					
Kriterien Beurteilung	sehr niedrig	niedrig	mittel	hoch	sehr hoch
Bessere Kundenorientierung					
Zusatznutzen					
Neue Produkte / Dienstleistungen					
Erhöhung der Marktanteile					
Höhere Reaktionsgeschwindigkeit					
Bessere Information / Steuerung					

3. Operative Dringlichkeit					
Kriterien Beurteilung	sehr niedrig	niedrig	mittel	hoch	sehr hoch
Erfüllung von Vorschriften					
Personelle Engpässe					
Probleme im täglichen Geschäft					
Erneuerungsbedarf					
Veränderungen - Organisation					
Anpassungen an den Markt					

Abbildung 8: Projektnutzen

3.4 Ziele: Welche Verantwortung übernehmen Sie?

Die Zielvereinbarungen Ihres Projektes legen fest, was Sie mit Ihrem Team nach Ablauf einer bestimmten Zeit, unter Einhaltung von bestimmten Vorgaben, im Rahmen eines bestimmten Budgets abzuliefern haben. An der Erreichung dieser Ziele wird Ihr Erfolg als Projektleiter gemessen. Die Zielvereinbarungen sind somit die Vertragsgrundlage zwischen Ihnen und Ihrem Auftraggeber. Häufig werden sie in einem Pflichtenheft festgeschrieben.

Im Hinblick auf die Ziele sollten Sie folgende wichtige Aspekte beachten:

1. Die Ziele spielen für die Motivation Ihres Teams eine wichtige Rolle.

Ziele fördern – oder behindern – den sportlichen Ehrgeiz der Personen, die die Ziele erreichen sollen.

Sind die Ziele so anspruchslos vereinbart, dass ihre Erreichung von Anfang an praktisch garantiert ist, dann fühlen qualifizierte Mitarbeiter sich unterfordert oder sogar persönlich in ihrer Leistungsfähigkeit unterschätzt; das ärgert und demotiviert sie.

Sind die Ziele jedoch so hoch gesteckt, dass man sich kaum vorstellen kann, wie sie mit den zugesagten Ressourcen, dem Budget und dem Zeitrahmen jemals erreicht werden sollen, dann verlieren die Mitarbeiter ebenfalls ihre Lust. Niemand legt sich schließlich mit Eifer für eine Aufgabe ins Zeug, bei der das Scheitern praktisch schon sicher ist. Daran können auch Motivationsversuche über Prämien oder ähnliches nichts ändern.

- ■ **Tipp:** Führen Sie als verantwortlicher Projektleiter die Verhandlungen zur Zielvereinbarung mit dem Auftraggeber, lassen Sie sich jedoch unbedingt von Ihren Fachleuten im Team beraten. Diese können oft besser als Sie beurteilen, was realistisch machbar ist, was unwahrscheinlich wirkt und welche Herausforderungen man annehmen sollte oder nicht.

2. Erreichte Ziele motivieren und steigern den Ehrgeiz, noch mehr zu erreichen.

Es macht Spaß, Ziele zu erreichen. Erfolge fördern das Selbstbewusstsein. Man ist danach motiviert, sich den „Kick" der Lust am Sieg möglichst bald noch einmal zu verschaffen.

- ■ **Tipp:** Warten Sie mit dem Motivationsschub durch erfolgreich erreichte Ziele nicht bis zum Ende des Projektes. Das käme dann womöglich Ihrem Karrierekonkurrenten zugute, der das dann hochmotivierte Team für sein Projekt zur Verfügung hat. Vereinbaren Sie mit dem Auftraggeber Zwischenziele oder Meilensteine, die er offiziell abzunehmen hat.

Sie werden sehen, wie vor jedem Meilenstein der Ehrgeiz wächst, unbedingt damit erfolgreich zu sein, und wie nach jedem erfolgreich abgenommenen Meilenstein die Leistungslust noch lange anhält.

3. Die erfolgreiche Verhandlung um realistische Ziele fördert Ihr Ansehen.

Die Zielverhandlung ist in der Regel der erste rhetorische Machtkampf zwischen Ihnen und Ihrem Auftraggeber.

> Man könnte versuchen, Druck auf Sie auszuüben, dass Sie sich Zusagen abringen lassen, die mit hoher Wahrscheinlichkeit nicht realistisch sind. Man könnte versuchen, Ihr Engagement durch „stretched goals" über die Maßen anzuheizen. Unter „stretched goals" versteht man solche Ziele, von deren Erreichbarkeit auch der Auftraggeber selbst nicht überzeugt ist. Es ist so, als halte man einem Hund die Wurst so hoch, dass er sie ganz sicher nicht erreichen kann. Man will damit erreichen, dass der Hund seine höchstmögliche Sprungkraft aus sich herausholt.

Dahinter steht die Philosophie: „Man muss das Unmögliche anstreben, um das Mögliche zu erreichen." Vielleicht ist das auch Ihre innere Grundhaltung. Das mag angehen, wenn es sich um ein kleines Projekt handelt, das Sie allein durchführen werden.

Wenn Sie jedoch Mitarbeiter im Projekt zu führen haben, dürfen Sie sich nicht auf „stretched goals" einlassen. Zum einen werden viele Menschen auf Anhieb demotiviert, wenn man Unmögliches von Ihnen verlangt, zum anderen könnten manche Ihrer Mitarbeiter Ihnen Verhandlungsschwäche unterstellen. Man denkt sich stillschweigend, dass Sie sich nicht dagegen wehren konnten, als man Ihnen unrealistische Ziele aufs Auge drückte. Man wird Ihnen nun unterstellen, dass Sie im Verlaufe des Projektes den Druck ans Team weitergeben werden, der vom Auftraggeber auf Sie selbst ausgeübt wurde. Das gilt umso mehr, wenn Ihr Auftraggeber im Unternehmen ranghöher ist als Sie oder sogar Ihr Vorgesetzter ist.

■ **Tipp:** Nehmen Sie bewusst den Ärger während der Zielvereinbarungen in Kauf, sich nicht unter Druck setzen zu lassen. Stellen Sie sich nicht stur, zeigen Sie sich kompromissbereit, aber weisen Sie Ziele zurück, die nicht realistisch sind. Sie gewinnen damit auch beim Auftraggeber an Respekt. Er mag sich im Moment mit Ihnen streiten und Ihnen vielleicht sogar unterschwellig drohen. Dennoch respektiert er Sie mehr, als wenn er spürt, dass Sie aus Angst „ja" sagen, wenn Sie „nein" denken.

Wenn Sie schon bei Projektzielen nicht standfest sind, wie soll man Sie dann später in eine verantwortungsvollere Position befördern?

4. Ziele können sich im Laufe eines Projektes ändern.

Die Ziele müssen zu Beginn eines Projektes sauber definiert und verbindlich vereinbart werden. Aber bei vielen Projekten kann man nicht jedes Teilziel bereits am Anfang genau bestimmen.

> Oft werden die Zielvorstellungen mit zunehmenden Erkenntnissen aus der Projektarbeit erst schrittweise klarer. Manchmal müssen ursprüngli-

che Zielvereinbarungen auch deshalb wieder geändert werden, weil sich durch geänderte Bedingungen im Umfeld neue Aspekte und neue Anforderungen ergeben.

Nachträgliche Zieländerungen sind in vielen Projekten Ursache von Frust im Team und von Stress gegen Ende des Projektes.

■ **Tipp:** Setzen Sie sich im Rahmen jeder Meilensteinabnahme noch einmal mit dem Auftraggeber zu einer erneuten Zielvereinbarung zusammen. In den meisten Fällen mag es damit getan sein, dass Sie sich gemeinsam darauf einigen, dass die bestehenden Zielvereinbarungen weiterhin unverändert gelten.

Sollte der Auftraggeber jedoch weitere Anforderungen im Hinblick auf den Aufgabenumfang oder die Qualität an Sie und Ihre Mitarbeiter stellen, dann müssen Sie unbedingt erfolgreich um Erweiterungen in Budget, Ressourcen und Zeitrahmen kämpfen. Lassen Sie nicht zu, dass Ihre zu Beginn einmal realistisch vereinbarten Ziele nachträglich „durch die kalte Küche" doch noch unrealistisch umformuliert werden.

5. Vermitteln Sie Ihrem Team die Notwendigkeit absoluter Zieltreue.

Sie haben die Zielvereinbarungen mit dem Auftraggeber getroffen. Auch wenn Sie Ihre Fachleute aus dem Team zu Rate gezogen haben, müssen Sie damit rechnen, dass sie dann doch wieder eigene Ansichten zu dem Thema haben.

Ein häufig zu beobachtendes Phänomen guter Fachleute ist, dass sie mit den Projektzielen deshalb unzufrieden sind, weil sie sie für „zu schlecht" halten. Sie könnten viel bessere Arbeit leisten. Auch Sie werden sicherlich die Erfahrung machen, dass Ihre Mitarbeiter nicht hinter den vereinbarten Qualitätsstandards zurückbleiben, sondern – im Gegenteil! – viel mehr machen und viel besser arbeiten. Sie fühlen sich in ihrer Berufsehre angestachelt, nicht nur das Vereinbarte zu produzieren, sondern das Bestmögliche, das sie können. Dabei verlieren sie sehr leicht Budget- und Zeitrahmen aus den Augen. Sie als Projektleiter müssen dann anschließend mit dem Auftraggeber um Terminverschiebungen und weitere Mittel kämpfen. Der Auftraggeber beklagt sich, dass er für Leistungen aufkommen soll, die er nie bestellt hat. Er will dann auch nicht mit Ihnen diskutieren, ob das, was gemacht wurde viel besser ist, als das, was er vereinbart hatte. Er will nun einmal nicht für das bezahlen, was er nicht bestellt hat.

■ Tipp: Setzen Sie sich nach den Zielvereinbarungen mit allen Mitgliedern Ihres Teams zusammen und sichern Sie ab, dass jeder Einzelne versteht, dass genau das Vereinbarte zu erreichen ist, nicht mehr und nicht weniger.

6. Rechnen Sie auch bei günstigen Projektbedingungen damit, am Ende vielleicht nicht alle Ziele vollständig erreichen zu können.

Die Zielvereinbarungen sind natürlich als verbindlich zu betrachten. Auf der anderen Seite sollten Sie lieber von Anfang an damit rechnen, dass im Projekt irgendwann doch noch der Teufel im Detail steckt. Manches dauert länger als geplant, auf manche Ressource müssen Sie länger warten als vorgesehen, mancher Mitarbeiter steht doch nicht wie geplant zur Verfügung ...

Es kann auch das Gegenteil passieren: Alles geht viel schneller als vermutet. Man kommt zu viel besseren Ideen als gedacht. Man stellt fest, dass man durchaus mehr machen kann, als vorher vorsichtig geschätzt.

- **Tipp:** Vereinbaren Sie mit Ihrem Auftraggeber Zielprioritäten. Unterscheiden Sie zwischen „Muss-", „Sollte-", „Kann-" und „Wäre-auch-gut-Zielen". Wenn die „Muss"-Ziele nicht erreicht werden, gilt das Projekt als gescheitert. Wenn die „Wäre-auch-gut"-Ziele (nice-to-have) nicht erreicht werden, ist das Projekt zwar trotzdem erfolgreich, das Ergebnis jedoch nicht die Spitzenleistung, die unter günstigeren Umständen möglich gewesen wäre.

  Ihr Team muss diese Priorisierung kennen und beherzigen! Niemand darf sich bei Engpässen an unwichtigeren Zielen als Fachprofi selbst verwirklichen und dabei weniger interessante „Muss-Ziele" vernachlässigen!

7. Ihre Zielerreichung kann Ihnen nach Abschluss eines Projektes streitig gemacht werden.

Das macht Ihr Auftraggeber sicher nicht aus Bosheit. Manchmal hat er ganz einfach nicht mehr vor Augen, was genau vereinbart wurde, und wünscht sich im Nachhinein, dass dieses oder jenes doch hätte anders sein sollen. Manchmal hatte er auch gar keine realistische Vorstellung und ist vom Ergebnis enttäuscht. Es kann natürlich auch vorkommen, dass er im Nachhinein durch Reklamationen versucht, weitere Leistungen von Ihnen ohne Gegenleistungen zu bekommen. Damit müssen Sie bei externen Auftraggebern rechnen und zunehmend auch bei unternehmensinternen, wenn sehr hart nach den Regeln von Profitcenters gearbeitet wird.

- **Tipp:** Zu Ihrer Zielvereinbarung gehört immer auch die Vereinbarung, wie die Zielerreichung am Ende nachgewiesen werden soll. Das erfolgt im Grunde nach den gleichen Regeln wie eine Bauabnahme. Da wird auch vorher vereinbart, wonach später bei der Abnahme die Qualität des Neubaus untersucht werden soll.

> **Checkliste: Zu Ihren Zielvereinbarungen gehören:**
> - Festlegung des Leistungsumfangs (Quantität)
> - Festlegung der Qualität
> - Vereinbarung des Budgets
> - Vereinbarung zu den notwendigen Ressourcen
> - Festlegung des Zeitrahmens und Vereinbarung über den Aufwand
> - Priorisierung der Ziele oder Teilziele
> - Definition von Zwischenzielen/Meilensteinen
> - Vereinbarung zu Abnahmen von Zwischenzielen und Endprodukt

Achten Sie unbedingt auch auf die Qualität der Zielformulierungen selbst. Es darf nicht sein, dass die Ziele so vage formuliert sind, dass sie im Nachhinein umgedeutet oder angeblich anders verstanden werden könnten. Bestehen Sie auf messbaren Kriterien für die Abnahme.

Manchmal werden in einem Zielkatalog auch in sich konfliktäre Ziele formuliert.

> Zum Beispiel könnte einerseits gefordert sein, dass alle Kundenwünsche zur Zufriedenheit der Kunden zu erfüllen sind, und ein paar Zeilen weiter folgt ein Ziel, dass bestimmte Kosten nicht überschritten werden dürfen. Wie ist nun zu verfahren, wenn die Kundenwünsche den geplanten Kostenrahmen sprengen würden?
>
> Bei einem anderen Projekt könnten gleichzeitig billige Produktion und hoher Qualitätsstandard verlangt werden.
>
> In einem weiteren Projekt soll ein Produkt mit sehr vielen Funktionen jedoch leichter Handhabung hergestellt werden. Allerdings macht jede weitere Funktion die Handhabung automatisch schwieriger.
>
> Man könnte zum Beispiel auch verlangen, dass das Projektergebnis einerseits zur Straffung der Abläufe führen und andererseits der Mitarbeitervertretung gefallen soll. Was ist aber, wenn durch die Straffung Arbeitsplätze wegfallen, was dann wiederum der Mitarbeitervertretung nicht gefällt?

Sie als Projektleiter müssen Zielwidersprüche vor der schriftlichen Festlegung erkennen. Wenn Sie das nicht tun, laufen Sie Gefahr, dass Sie später eines der Ziele erreicht und damit automatisch das andere verfehlt haben. Es sieht dann sehr nach peinlicher Beschönigung aus, wenn Sie im Nachhinein auf Zielwidersprüche hinweisen.

Als Projektleiter sind Sie nicht dafür zuständig, die erkannten Zielwidersprüche zu bereinigen. Das ist Aufgabe des Auftraggebers. Er muss entscheiden, wo im Zweifel die Priorität liegt. Lassen Sie diese Verantwortung nicht auf sich abwälzen!

Prüfen Sie die Logik zwischen Ihren Projektzielen und den Nutzenerwartungen des Auftraggebers. Ist es nach Ihrem Ermessen schlüssig, dass sich der erwartete Nutzen einstellen kann, wenn Sie das Projekt laut Zielvereinbarungen zum Erfolg führen? Ihre erreichten Ziele garantieren den Nutzen zwar nicht, sie müssen ihn jedoch möglich machen.

Hat der Auftraggeber wirklich verstanden, dass der Nutzen sich nicht automatisch aus Ihrem erfolgreichen Projektabschluss ergibt? Weiß er, was er mit dem Projektergebnis anzufangen hat, damit sich der Nutzen einstellt? Hat er eine realistische Vorstellung von der Zeitspanne zwischen erfolgreichem Projektabschluss und Eintreten der Nutzen?

Checkliste: Sichern Sie die Qualität Ihrer Projektziele.
• Sind die Ziele schriftlich fixiert?
• Sind sie eindeutig und messbar formuliert?
• Sind die Ziele bezüglich des Aufgabengebietes vollständig?
• Sind sie im Sinne des angestrebten Nutzens sinnvoll?
• Sind sie untereinander konfliktfrei?
• Sind sie priorisiert?
• Glauben alle Beteiligten an ihre Realisierbarkeit?
• Ist jedem Teammitglied der eigene Beitrag zur Zielerreichung klar?
• Werden die Ziele ernsthaft angestrebt?

Die Frage, ob die Ziele wirklich ernsthaft angestrebt werden, ist nicht trivial. Manche Projekte werden notgedrungen gemacht, weil man sie halt machen muss. Im Grunde hat niemand Lust dazu, und man nimmt die Sache auch nicht besonders ernst.

> Typisches Beispiel für die Phänomene war in vielen Unternehmen die Zertifizierung nach ISO 9000. Nur wenige Manager und Mitarbeiter haben an den Sinn der Sache geglaubt. Viele haben dahinter eine gute „Geldschneide-Idee" listiger Berater gesehen. Aber man musste notgedrungen mitmachen.

> Ähnlich ist es mit Projekten, zu denen der Betriebsrat die Unternehmensleitung mehr oder weniger sanft gedrängt hat – seien es Frauenförderungsprojekte, Einführung von Teilzeitmodellen oder Gesundheitsprogramme. Die Manager wollen das Projekt nicht, oder es ist ihnen völlig egal. Sie denken lediglich, dass es ganz gut ist, wenn es zur Freude des Betriebsrats gemacht wird, damit die sich später an wichtiger Stelle auch mal entgegenkommend zeigen.

Bei solchen Projekten, die im Grunde nicht für wirklich erstrebenswert gehalten werden, tut man sich als Projektleiter erfahrungsgemäß sehr schwer, immer wieder motivierte Mitarbeiter, die notwendigen Ressourcen und schließlich die verdiente Anerkennung zu bekommen. Beim Wettbewerb um knappe Ressourcen muss man sich dann immer mit der niedrigeren Priorität abfinden. Fragen Sie sich, wer im Unternehmen tatsächlich an der Erreichung Ihrer Projektziele interessiert ist. Je höher das Interesse liegt, desto leichter tun Sie sich im Projektverlauf damit, die notwendigen Ressourcen und die karrierefördernde Aufmerksamkeit für Ihre Leistungen zu bekommen.

3.5 Projektauftrag: Der Vertrag zwischen Ihnen und dem Auftraggeber

Wenn die Vereinbarungen um Aufgaben und Ziele zwischen Ihnen und Ihrem Auftraggeber klar sind, kann der offizielle Projektauftrag an Sie gehen. Häufig wird dazu ein Formular verwendet.

Projektauftrag		
Projektname: ———————— Projektnummer: ————————		
Auftraggeber: ———————— Projektleiter: ————————		
Projektteam: ————————		
Inhaltliche Ziele:	Anlage	☐
Termine / Meilensteine:	Anlage	☐
Budget:	Anlage	☐
Personalressourcen:	Anlage	☐
Rahmenbedingungen:	Anlage	☐
Kostenverteilung:	Anlage	☐
Weitere Vereinbarungen:	Anlage	☐

Abbildung 9: Projektauftrag

Geben Sie sich möglichst nicht auf Anhieb mit dem Standardformular zufrieden. Bedenken Sie bitte, dass der Projektauftrag einem Vertrag gleich kommt. Er darf sich nicht nur auf Ihre Verpflichtungen im Hinblick auf Ziele und Rahmenbedingungen beschränken.
Klären Sie im Rahmen des offiziellen Projektauftrags auch:

- Welche Kompetenzen werden Ihnen als Projektleiter zugestanden?
- Zu welchen Bereitstellungen an Personal, Ressourcen und sonstigen Mitteln verpflichtet sich der Auftraggeber?
- Wie werden im Verlaufe des Projektes Zwischenergebnisse/Meilensteine abgenommen?
- Wie soll das Berichtswesen geregelt sein?
- Welches Verfahren muss für mögliche nachträgliche Änderungen an Zielen, Aufgaben und Bedingungen geregelt werden?
- Was ist im Hinblick auf die Endabnahme zu regeln?
- Wie ist bei absehbaren Risiken und akuten Krisen zu verfahren?
- Wie grenzt sich Ihr Projekt von anderen ab? Auf welche möglichen Überschneidungen ist zu achten?
- Wie steht es um die Priorität im Vergleich zu anderen Projekten? Wer entscheidet notfalls über konfliktäre Anforderungen an Ressourcen und Personal?
- Wie ist bei Konflikten mit der Mitarbeitervertretung zu verfahren?
- Wer tritt mit welcher Kompetenz gegenüber Außenstehenden (z.B. Lieferanten, externen Beratern, Kunden) auf?
- Was ist bezüglich der Projektorganisation geregelt?
- Wie sind bestehende Regeln zum offiziellen Projektmanagement auszulegen?

Wichtig ist, dass es zwischen Ihnen und Ihrem Auftraggeber keine Missverständnisse bezüglich der Verantwortungen gibt. Es geht nicht an, dass Sie einerseits die Verantwortung für Projektziele übernehmen, andererseits jedoch in Abhängigkeit von unzuverlässig gewährten Ressourcen oder Mitarbeitern oder von verschobenen Entscheidungen und sinnlosen Vorschriften zu kämpfen haben.

■ **Merke:** „Wer keine Kompetenzen bekommt, darf auch nicht mit Verantwortungen belastet werden."

3.6 Bauen Sie Ihr Projekt auf ein gesundes Fundament

Eine alte Weisheit erfahrener Projektleiter besagt: „Die Karten werden in der ersten Woche gemischt." So, wie Sie unmittelbar nach dem offiziellen Projektauftrag beginnen, so wird sich der gesamte Projektverlauf gestalten.

> Viele Projektleiter machen zu Beginn den Fehler, erst einmal ganz ruhig und bedächtig zu starten. Noch drücken keine Termine, noch scheint

der Abgabetermin sehr weit weg zu sein. In der irrigen Annahme, dass es der Arbeitsmotivation förderlich sei, wird erst einmal viel Zeit in aufwändige Meetings mit endlosen Diskussionen investiert.

Damit legen viele Projektleiter zu Beginn den Keim für eine viel zu langsame Arbeitsweise. Den Teammitgliedern vermittelt sich in einer zu bedächtigen Anfangsphase der Eindruck, dass dieses Projekt eigentlich ganz gemütlich und stressfrei vonstatten gehen wird. Diesen Eindruck kommunizieren sie dann auch in ihr Arbeitsumfeld in der Linie.

Das rächt sich später, wenn die Termine drücken, sich der langsame Arbeitsstil jedoch längst eingebürgert hat. Vor den Meilensteinen und ganz besonders gegen Ende des Projektes müssen dann Urlaube gestrichen und Überstunden eingeplant werden. Als Projektleiter steht man dann als der Schuldige da, der schlecht geplant hat und seinen Druck nun an die Mitarbeiter weitergibt.

Stress gegen Projektende sieht – zu Recht – nach schlechter Projektführung aus. Es frustriert die Mitarbeiter und verdirbt den Ruf des Projektleiters als erfolgreicher Manager.

- Ein wichtiger Stein Ihres gesunden Projektfundamentes ist deshalb der zügige Arbeitsstart gleich nach dem effizient durchgeführten Kick-Off. Halten Sie jetzt schon die Leistungslust der Teammitglieder durch schnelle sichtbare Erfolge auf hohem Pegel. Damit federn Sie auch die unvermeidliche Frustphase im Team ab. Seien Sie der Projektleiter, bei dem es nicht vor Meilensteinen und gegen Projektende zu Nachtarbeiten kommt. Das Team wird es Ihnen danken. Ihr Ruf als souveräner Manager und Organisator wird sich herumsprechen.

- Ein zweiter wichtiger Stein Ihres gesunden Projektfundamentes ist die gute Zusammenarbeit mit dem Auftraggeber und den Personen, die vom Projekt betroffen sein werden. Lassen Sie die Kommunikation nicht abreißen. Schreiben Sie sich in den Terminkalender, dass Sie regelmäßig Kontakt aufnehmen und über den Projektfortschritt berichten. Sie reduzieren damit die Gefahr, dass der Auftraggeber für Sie unerwartet mit nachträglichen Änderungswünschen kommt. Je intensiver Sie und der Auftraggeber im Gespräch bleiben, desto seltener müssen Sie und Ihr Team frustriert feststellen, dass ein Teil der Arbeit wegen solcher Änderungsanforderungen weggeworfen werden kann.
  Machen Sie es nicht wie viele Ihrer Kollegen, die dem Auftraggeber immer nur Kosten- und Ressourcenverbrauch, Meilensteinprognosen und ähnliche für ihn wenig aussagefähige Informationen zukommen lassen. Vergewissern Sie sich, dass der Auftraggeber immer auch den aktuellen Entwicklungsstand des Projektergebnisses kennt.

- Ein dritter wichtiger Stein des Fundamentes ist die Dokumentation. Sorgen Sie dafür, dass jedes einzelne Mitglied Ihres Teams von Anfang an perfekt dokumentiert.

Dazu hat niemand Lust. In fast jedem Projekt bleibt die Dokumentation viel zu lange liegen. Das rächt sich zum Schluss, wenn man nicht nur gar keine Zeit mehr dafür hat, wenn dann auch noch der Berg an unerledigtem „Schreibkram" eine demotivierende Höhe erreicht hat.

Achten Sie von Anfang an auf die zuverlässige Dokumentation. So vergisst auch keiner im Team, welchen Aufwand das macht. Ihre Mitarbeiter werden sich entsprechend rechtzeitig ihre Zeit dafür einteilen. Ein Projekt mit perfekten Unterlagen ist ein Beweis Ihrer Kompetenz. Außerdem sind Ihre Mitarbeiter, wenn sie die lästige Pflicht erledigt haben, selber stolz darauf. Niemals darf ein Meilenstein ohne seine perfekte Dokumentation abgenommen werden!

- Der vierte besonders wichtige Stein im Fundament ist die rechtzeitige Sorge um alles, was an Außenkontakten zu bedenken ist: Von wem brauchen Sie Lieferungen an Ressourcen, Proben, Daten oder sonstigen Materialen? Wer hat Ihnen Manpower zugesagt? Mit wem sind Termine abgesprochen? Bedenken Sie bitte, dass auch wohlmeinende Menschen sich oft höchst unzuverlässig verhalten. Sie vergessen ihre Zusagen oder verlassen sich darauf, dass man sie noch einmal erinnert. Manche kümmern sich bis zur letzten Minute nicht darum, das zu beschaffen, was sie Ihnen versprochen haben. Wehe, wenn dann in der letzten Minute noch etwas dazwischenkommt!

Am besten legen Sie sich eine Wiedervorlagemappe an. Halten Sie darin fest, was Sie von wem zu welchem Termin zugesagt bekommen haben. Setzen Sie sich Merker in Ihre Wiedervorlage, dass Sie von sich aus die jeweils andere Partei stets vierzehn Tage vorher immer noch einmal erinnern. Sie werden staunen, wie oft man inzwischen vergessen hat, was Sie irrigerweise für fest vereinbart hielten.
Diese mühselige Aufgabe sollten Sie nicht delegieren!

1. Sie gibt Ihnen plausible Anlässe, immer wieder mit relevanten Außenstehenden zu plaudern und dabei den Kontakt zu pflegen.
2. Sie beweist Außenstehenden, wie gut Sie Ihr Projekt im Griff haben.
3. Sie verhindern damit, dass ein übereifriger Mitarbeiter bei solchen Erinnerungen einen Ton anschlägt, der bei den Außenstehenden als anmaßend ankommen könnte.

Die Tatsache, dass Außenstehende gerne ihre Zusagen vergessen, heißt nicht, dass sie sich gerne diesbezüglich schulmeistern lassen möchten. Übernehmen Sie diese Aufgabe mit Ihrem diplomatischen Geschick lieber selbst.
Bedenken Sie bitte auch, dass es für die Zusammenarbeit mit den Außenstehenden immer förderlicher ist, wenn Sie vorbeugend und taktvoll erinnern, als wenn Sie erst einmal abwarten und dann einen versäumten Termin anmahnen. Niemand möchte sich ertappen lassen. Geben Sie jedem die Chance, pünktlich zu liefern, was gemeinsam vereinbart, vom Außenstehenden verges-

sen und zum Glück von Ihnen rechtzeitig noch einmal zur Sprache gebracht wurde.

3.7 Planen Sie den Projektverlauf

Wenn Sie in einem Unternehmen mit eingeführten Richtlinien zum Projektmanagement tätig sind, dann haben Sie ein Vorgehensmodell. Halten Sie sich daran und sorgen Sie dafür, dass sich auch die Mitarbeiter, die „kreative Freiheit" bevorzugen, daran halten. Wenn Sie in einem Unternehmen tätig sind, in dem es keine (eindeutigen) Richtlinien zum Projektmanagement gibt, dann können Sie sich am hier beschriebenen Vorgehensmodell orientieren.
Teilen Sie den gesamten Projektverlauf in Phasen ein.

> Lassen Sie sich nicht von den Leuten irritieren, die Phasenmodelle für veraltet halten. Das sind mit Sicherheit Scheinprofis, die ihre Projekte bereits in den Sand gefahren haben und dafür immer eine Erklärung parat haben: das angeblich veraltete Phasenmodell zu dem man sie gezwungen hat.

Sie brauchen die Gliederung des Verlaufs in Phasen, um ...

- sich und dem Team die Gesamtaufgabe in überschaubare Einheiten einteilen zu können.
- Zwischenergebnisse als Meilensteine für den Erfolgsweg sauber positionieren zu können.
- Zwischenerfolge zwecks Motivation möglich zu machen.
- sinnvolle Termine für Zwischenabnahmen mit dem Auftraggeber vereinbaren zu können.

Folgende Projektphasen haben sich bei vielen Unternehmen in der Praxis bewährt:

1. Orientierung

Die erste Phase hat zum Ziel, dass Sie und Ihr Team sich zu Profis der Aufgabe machen. In jedem Projekt kommen Anforderungen auf Sie zu, mit denen Sie noch nie zuvor zu tun hatten. Wer sich jetzt zu früh in die Arbeit stürzt, könnte aus Unerfahrenheit Fehler machen, die sich später nur schwer wieder ausbügeln lassen.

In der ersten Phase werden in erster Linie Informationen zusammengetragen, Interviews durchgeführt, Analysen gemacht und Gutachten erstellt. Ihre wichtigen Fragen in dieser Phase sind:

- Wer will/soll es haben? Wozu?
- Wer lehnt es ab? Warum?
- Wie kann man es machen?
- Wo wurde Ähnliches schon einmal gemacht?

- Welche Faktoren spielen eine Rolle?
- Welche Genehmigungen braucht man?
- Wo werden welche Kosten entstehen?

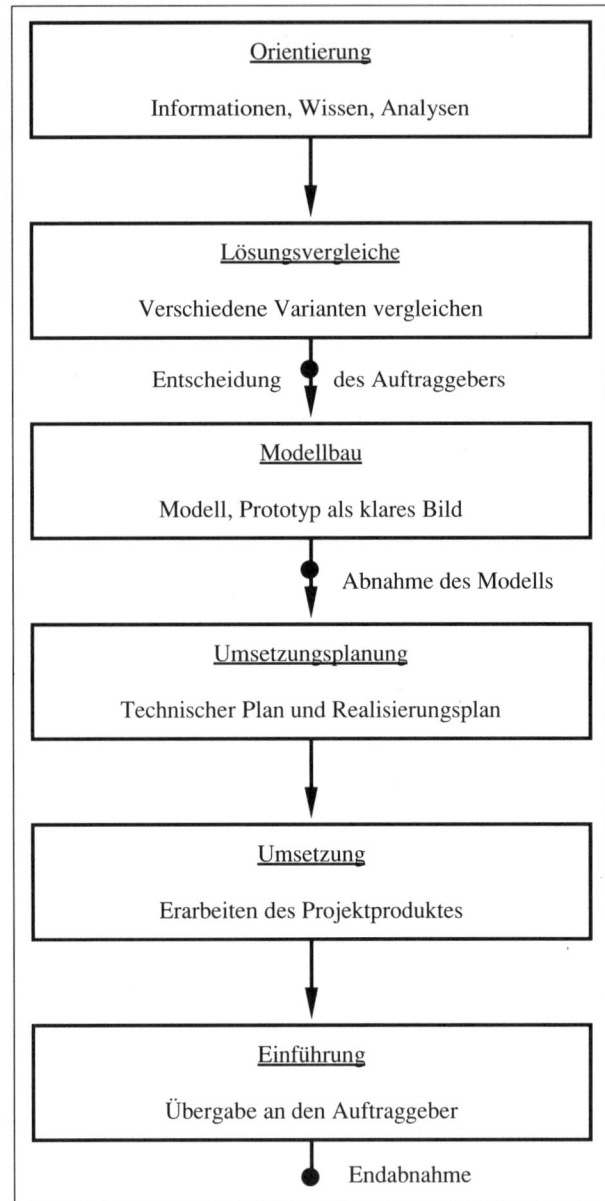

Abbildung 10: Die Phasen des Projektverlaufs

Denken Sie hier bitte an die alte Grundregel erfolgreicher Projektleiter: „Kreativ geklaut ist besser als selbst erfunden."

Fangen Sie nicht an, selbst etwas zu bauen oder zu entwickeln, bevor Sie sich umgeschaut haben, wie an anderer Stelle von anderen Leuten ähnliche Projekte bewältigt wurden. Lernen Sie aus deren Erfolgen und Problemen. Setzen Sie nicht Ihren Ehrgeiz in zu viel Eigenkreativität. Fast immer ist es klüger, sich gute Ideen anderer abzuschauen und nach eigenen Bedürfnissen zu optimieren.

An dieser Stelle sollten Sie sich auch das Phänomen vor Augen halten, dass Personen, die bezüglich einer Aufgabe inkompetent sind, ebenso erfolgreich sein können wie solche, die bezüglich der Aufgabe über persönliche Kompetenz verfügen.

Wichtig ist, dass man um die eigene Inkompetenz weiß und sich nicht selbst überschätzt. Wenn man weiß, dass man zu wenig weiß, muss man sich davor hüten, Werkzeug in der Hand eines Profis zu werden. Der eine Profi ist vielleicht in Wirklichkeit gar keiner. Er gibt sich womöglich nur als kompetenter Berater aus und hat auch keine Ahnung. Der andere Profi könnte auch eigene Ziele bezüglich des Projektes verfolgen und Ihre Inkompetenz zu seinem Vorteil nutzen. Besser ist es, wenn Sie sich Ihre Informationen und Ratschläge bei sehr vielen echten und angeblichen Profis abholen. Achten Sie auf Übereinstimmungen und Widersprüche. Gehen Sie mit Ihrem Team diesen jeweils nach.

■ Für die Orientierungsphase gelten die Merksätze:
„Wer nicht fragt, bleibt dumm."
„Wissen ist Macht."

Beschaffen Sie sich das notwendige Wissen aus vielen Quellen und entscheiden Sie dann, wenn Sie sich bezüglich der Aufgabe zum Profi gemacht haben, souverän nach Ihren eigenen neuen Erkenntnissen.

Das ist ja der Vorteil der Projektarbeit, dass man – wenn man es richtig macht – hinterher zu ganz neuen Wissensgebieten sehr viel klüger ist als Kollegen oder Karrierekonkurrenten, die sich das Projekt wegen ihrer Inkompetenz erst gar nicht zugetraut haben.

■ Merke: Der Erfolg eines Projektes hängt nicht von dem ab, was Sie als Projektleiter zu Beginn an themenbezogener Kompetenz mitbringen, sondern von dem, was Sie nach der Orientierungsphase dazu wissen und verstanden haben.

> Vergleichen Sie es mit dem Projekt Hausbau: Als normaler Bauherr ist man dazu auf keinen Fall bereits vor Projektstart Profi. Kluge inkompetente Bauherren laufen vor der ersten wichtigen Entscheidung von Pontius zu Pilatus und fragen, fragen, fragen. Sie fragen den Bankberater und den Kegelbruder, den Arbeitskollegen und den Gemeindepfarrer. Sie fragen angebliche und echte Fachleute. Sie fragen Menschen, die

selbst bereits gebaut haben, und solche, die gerne als Architekten und Handwerker an ihrem Bau verdienen würden. Dumme inkompetente Bauherren klammern sich an vermeintliche Experten und werden von denen dann auch oft gnadenlos übers Ohr gehauen. Bauherren, die noch nicht einmal wissen, dass sie keine Ahnung haben, treffen souverän Fehlentscheidungen und scheitern damit.

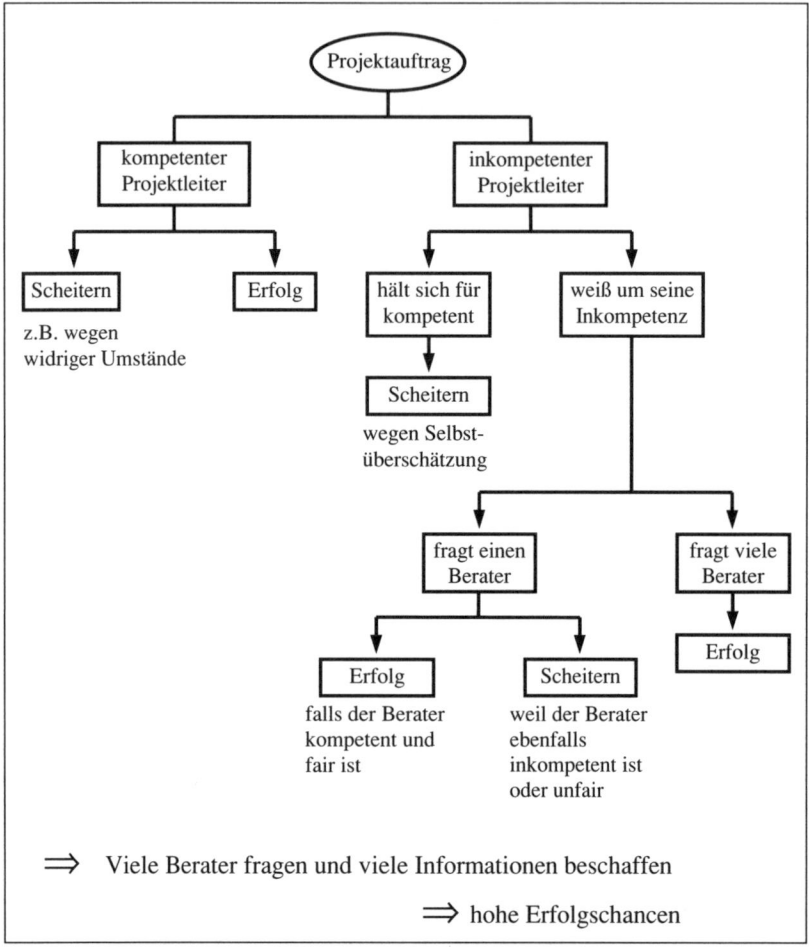

Abbildung 11: Kompetenz und Inkompetenz für den Erfolg

Fragen Sie während der Orientierungsphase. Stöbern Sie auch im Internet. Beauftragen Sie Ihre Mitarbeiter mit Wissensbeschaffung. Erkundigen Sie sich besonders intensiv bei den Leuten, die mit einem ähnlichen Projekt schon einmal gescheitert sind. Diese wissen oft besonders gut, wie man es machen muss. Menschen, die mit einem solchen Projekt schon einmal erfolgreich waren, können oft gar nicht so genau sagen, woran es lag. Manche überschätzen sich und ihren persönlichen Anteil dabei. Andere weisen auf glückliche Zufälle hin. Das nutzt Ihnen nichts. Fragen Sie möglichst viele von denen, die bereits aus Fehlern lernen konnten.

Schauen Sie sich jetzt auch kritisch die einzelnen Mitglieder Ihres Teams an. Da gibt es diejenigen, die am liebsten gleich mit der Arbeit loslegen. Seien Sie mit ihnen während des weiteren Projektverlaufs vorsichtig. Das könnten Selbstüberschätzer oder Problemunterschätzer sein. Solchen Leuten hat man oft die Fehler zu verdanken, die früh gemacht, spät entdeckt und nur mit hohem Aufwand zu bereinigen sind.

Sie werden in Ihrem Team auch diejenigen Personen antreffen, die sich nicht an neue und ungewohnte Aufgaben herantrauen. Sie wollen erst einmal eine Schulung und viel Zeit zur Einarbeitung. Das sind Menschen, die eigentlich nicht für Projektarbeit geeignet sind. Sie haben zu viel Angst vor Unbekanntem und werden mit den Jahren immer störrischer, wenn es um Änderungen und Neuerungen geht. Solche Mitarbeiter wollen irgendwann ihre Routine, und dann soll alles so bleiben, wie es ist. Achten Sie darauf, dass Sie solche Leute später nicht als Mitarbeiter bekommen, wenn Sie als Führungskraft der Linie Ihr Team aufbauen. Mit diesen Leuten wird jede Modernisierung, jede Umstellung, jede Einführung von Neuem zum „Steineklopfen".

Merken Sie sich die Namen der Teammitglieder, die sich selbstständig und engagiert in das Aufgabengebiet einarbeiten, die sich neue Wissensquellen und Infowege erschließen. Das sind die Leute, die Ihr Projekt aktiv zum Erfolg bringen. Das sind auch die Leute, deren Karrieren erfolgreich verlaufen. Bauen Sie jetzt mit ihnen die engen Beziehungen auf, die Ihnen noch nach Jahren nutzen werden!

Achten Sie bitte darauf, dass die Orientierungsphase nicht zu sehr in die Länge gezogen wird. Es macht großen Spaß, sich Wissen zu verschaffen. Man stellt ja auch erst mit zunehmendem Expertentum fest, was es noch alles an Wissen zur Aufgabe geben muss, was man noch gar nicht herausgefunden hat. „Je mehr man weiß, desto mehr weiß man, dass man nichts weiß."

Trotzdem muss zum vorher geplanten Termin Schluss sein mit der Wissensbeschaffung. Sie als Projektleiter müssen darauf achten, dass am Ende der Orientierungsphase Sie und Ihre Mitarbeiter ein echtes Profi-Team geworden sind. Aber dann gilt auch: Wir machen ab sofort weiter auf der Basis dessen, was wir bis jetzt herausgefunden haben. Der Spaß an der Wissensbeschaffung hat nun ein Ende. Jetzt wird das Projekt in Angriff genommen.

2. Lösungsvergleiche

Die Informationen und Erkenntnisse aus der Orientierungsphase verbinden sich mit kreativen Ideen, die Ihnen und Ihren Mitarbeitern mit zunehmendem Überblick über die Sachverhalte kommen. Ganz unweigerlich werden Sie feststellen, dass es verschiedene Möglichkeiten gibt, das Projekt zum Ziel zu führen.

Es gibt immer auch verschiedene Varianten von möglichen Ergebnissen. Auch das können Sie mit dem privaten Projekt zum Hausbau vergleichen.

> Wer sich in der Orientierungsphase schlau gemacht hat, kann sich schließlich verschiedene Varianten vorstellen: Selber bauen oder einen Auftrag für schlüsselfertige Lieferung vergeben? Oder sollte man gleich ein fertiges Haus kaufen und dieses den eigenen Wünschen anpassen? Man kann ein Doppelhaus bauen und die andere Hälfte vermieten. Man kann mit oder ohne Keller bauen, flach oder mehrstöckig, mit roten Steinen oder Fertigteilen ... Man kann in die Nähe der Innenstadt ziehen oder sich ein Grundstück ganz weit draußen kaufen.

Je gründlicher die Orientierung stattgefunden hat, desto besser erkennt man verschiedene Möglichkeiten jeweils mit ihren Vor- und Nachteilen.

Deshalb müssen Sie und Ihr Team in dieser Phase noch einmal ganz eng mit dem Auftraggeber zusammenarbeiten. Stellen Sie ihm nun die von Ihnen erarbeiteten möglichen Varianten vor. Lassen Sie sich von ihm die Kriterien, die für eine Entscheidung wichtig sind, geben.

> Kommt es wesentlich auf die Kosten an? Sind hohe Funktionalität wichtig? Muss es besonders schnell fertig werden? Soll das Ergebnis für spätere Weiterentwicklungen offen bleiben? Welches sind die Kriterien, die dem Auftraggeber wichtig sind?

Entwickeln Sie mit Ihrem Team modellhaft oder konzeptionell zwei bis vier denkbare Varianten. Vergleichen Sie jede von ihnen nach den Kriterien, die dem Auftraggeber wichtig sind. Untersuchen Sie auch, wie jede der Varianten den angestrebten Nutzen möglich macht.

Das Ergebnis Ihrer Phase der Lösungsvergleiche ist ein Gutachten mit Empfehlung für den Auftraggeber als Entscheidungsvorlage. Stellen Sie ihm darin vor:

- Welche Lösungsmöglichkeiten gibt es?
- Wie unterscheiden sich die Varianten?
- Nach welchen Kriterien haben Sie sie untersucht?
- Wie ist das Untersuchungsergebnis?
- Welche Entscheidung sollte Ihrer Empfehlung nach der Auftraggeber treffen?
- Bis wann brauchen Sie die Entscheidung?

Der Auftraggeber muss sich natürlich nicht an Ihre Empfehlung halten. Es ist sein gutes Recht, die Variante vorzuziehen, von der Sie ihm abraten würden. Achten Sie darauf, dass sich jedes Teammitglied mit der Entscheidung des Auftraggebers identifiziert. Sie können niemanden im Team gebrauchen, der ab sofort ständig darauf verweist, dass die Entscheidung falsch war. Solche Leute werden bewusst oder unbewusst alles daran setzen, ihre düsteren Prognosen zu bestätigen.

Die Entscheidung für eine bestimmte Variante muss für Sie und für den Auftraggeber ein „Point of no return" sein! Ist das Ihrem Auftraggeber bewusst?

Er darf nicht später den Erfolg des Projektes gefährden, weil ihm nachträglich eingefallen ist, dass er es doch lieber ganz anders hätte. Nach seiner Entscheidung auf der Basis Ihres Gutachtens mit Empfehlung rollt der Zug in Richtung der von ihm bevorzugten Lösungsvariante.

3. Modellbau

Wenn nun klar ist, welche Lösungsvariante Ihr Auftraggeber haben will, sollten Sie nun ein „Modell" bauen. Hierbei kommt es darauf an, dass sich der Auftraggeber und auch betroffene Personen eine klare Vorstellung von dem machen können, was durch Ihr Projekt auf sie zukommt.

> Bei Neubauten für Kirchen, Rathäuser, Wohnanlagen oder ähnliches werden häufig Pappmodelle gebaut und öffentlich ausgestellt.
> Wenn Sie ein Eigenheim bauen lassen, fertigt der Architekt jetzt eine Zeichnung für Sie an, in der Sie mit Symbolen bereits Ihre Schränke, Betten und Blumenkübel verteilen können. Moderne Architekten bieten Ihnen vielleicht auch schon Ihr Haus zum virtuellen Begehen am PC an. Autohersteller bauen in dieser Phase den ersten Prototypen.
> Für neue DV-Systeme werden jetzt die Masken der Benutzeroberfläche und oft auch schon Grobversionen des Handbuchs erstellt.
> In der Schneiderei bekommt die Modellpuppe den zugeschnittenen Stoff mit Nadeln umgesteckt.
> Wenn eine Reorganisation im Unternehmen zu leisten ist, werden jetzt Organigramme, Ablaufpläne und Stellenbeschreibungen entwickelt.

Sinn dieser Phase ist in erster Linie, dass sich der Auftraggeber und die vom Projekt Betroffenen ein ganz klares Bild machen können. Je weniger sie fachlich von der Sache verstehen, und je mehr sie in ihrem Leben und Arbeiten davon betroffen sind, desto wichtiger ist, dass das Modell genau und für sie verständlich ist.

Ein zweiter wichtiger Aspekt ist Ihre Möglichkeit, mit dem Team noch einmal genau zu überprüfen, ob es in der gedachten Weise technisch überhaupt machbar sein wird, ob es wirklich die beste Lösung ist. Der Modellbau ist das entscheidende Bindeglied zwischen den Theorien der ersten beiden Phasen und der Praxis der folgenden Projektphasen.

Jetzt muss wieder eine intensive Kommunikation mit dem Auftraggeber erfolgen. Entspricht das Modell wirklich dem, was er sich unter dem Projektergebnis vorgestellt hat? Kommen ihm jetzt, da er es vor Augen hat, noch weitere Ideen? Jetzt sollten die letzten Änderungswünsche angenommen werden. Machen Sie dem Auftraggeber klar, dass seine Abnahme dieses Modells wieder ein „Point of no return" ist. Danach ist für Ihr Projekt die Sache klar. Wenn das Modell akzeptiert ist, werden Sie und Ihr Team genau das in die Praxis umsetzen! Nachträgliche Änderungen würden zu großem Aufwand führen und für alle Beteiligten frustrierend sein.

Bei sehr vielen Projekten, die durch nachträgliche Änderungswünsche des Auftraggebers in Engpässe und Frust geraten sind, kann man feststellen, dass diese

Phase nicht ernst genug genommen wurde. Ganz oft wird schon überstürzt am Endergebnis gearbeitet, wenn der Auftraggeber eigentlich doch noch nicht so ganz begriffen hat, was nun wirklich durch das Projekt auf ihn zukommt.

4. Umsetzungsplanung

In dieser Phase machen Sie mit Ihrem Team möglichst gemeinsam zwei Pläne. Der eine ist der technische Plan des Projektergebnisses.

> Beim Hausbau wäre das der Plan, bei dem alle Kabel und Rohre und ähnliches aufgezeichnet sind. Bei DV-Projekten wird hier die endgültige Architektur des Modulsystems mit allen Masken und Datenzugriffen im Design festgeschrieben.

Der technische Plan muss denjenigen, die das Produkt bauen sollen, klare Anweisungen geben, was und wie zu bauen ist.

Der zweite Plan ist der Ablaufplan für die Realisierung. Wer macht wann was auf der „Baustelle". Wer muss was bis wann an wen abliefern? Welche Personen und Ressourcen müssen wann wo zur Verfügung stehen?

Planen Sie so, dass Sie sich danach getrost für sechs Wochen ins Krankenbett legen könnten. Ihr Team muss genau wissen, was läuft, wer wofür zuständig ist, wer was verantwortet. Nach dieser Phase müsste das Projekt eigentlich auch ohne Sie zum Ziel kommen können.

Sie sollten jetzt noch einmal die Schätzungen überprüfen. Sind durch die genauen Pläne und detaillierten Designs neue Kosten oder weitere Aufwände abzusehen? Haben sich irgendwo „Teufel im Detail" gezeigt? Sie müssen im Grunde nach dieser Phase fast auf den Euro und den Tag genau wissen, was es letztlich kosten wird und wie lange es noch dauert.

Überprüfen Sie auch noch einmal die Risikosituation. Gibt es dazu neue Erkenntnisse?

Da Ihr Team nun weitgehend selbstständig arbeiten kann, sollten Sie die Zeit nutzen, wichtige Kontakte zu knüpfen und für Ihr Projekt zu werben. Machen Sie Präsentationen, gehen Sie zu Meetings, sorgen Sie für Informationen für die Betroffenen, deren Wohlwollen dem zukünftigen Ergebnis gegenüber die Akzeptanz erhöht. Denken Sie jetzt auch wieder an Ihre Karriere. Versacken Sie nicht in der Projektarbeit! Verschaffen Sie sich mit Ihrem schönen Modell wirksame Auftritte. Publizieren Sie zum Thema in der Fachpresse.

5. Umsetzung

Wenn die Pläne fertig sind, werden die Arbeitsaufträge zur Umsetzung verteilt. Da Sie Ihr Team bis hierher durch Ihre zügige und konsequente Führung auf einen effizienten Arbeitsstil eingestellt haben, müsste jetzt die Arbeit wunderbar auch ohne Sie klappen.

Ziehen Sie sich trotzdem nicht zurück. Zeigen Sie Interesse, kontrollieren Sie den Fortschritt der Arbeit und den Verbrauch von Ressourcen. Seien Sie zur

Stelle, wenn Probleme auftreten. Pfuschen Sie jedoch nicht Ihren Fachleuten ins Handwerk. Lassen Sie jedem Teammitglied seinen eigenen Arbeitsstil. Für Sie ist wichtig, dass pünktlich und in der vereinbarten Qualität das erledigt wird, was delegiert wurde. Ihre Mitarbeiter sind in Lage, selbst zu wissen, wie sie es machen sollten.

In dieser Phase geht es um drei Aspekte:

1. Das Projektergebnis oder Projektprodukt ist laut Planung zu realisieren.
2. Die Dokumentation zu Projektverlauf und Produkt ist perfekt auf aktuellstem Stand zu halten. Produkt und Dokumentation müssen beide am Ende vollständig fertig sein.
3. Die Qualität der Arbeit ist regelmäßig abzusichern.

Man sagt auch, dass diese Phase durch die drei „t" gekennzeichnet ist: tun, texten, testen.

Ihre wichtigste Aufgabe ist die Koordination, die Vermarktung des Projektes und die Arbeit an Ihrer Karriere. Sie sollten sich jetzt auch Gedanken um Ihre Teammitglieder machen. Sie haben jetzt wunderbar Gelegenheit, sich anzuschauen, wer zuverlässig, fair, hilfsbereit, intelligent bei der Arbeit ist. Sie erkennen die Unselbstständigen, die Fiesen und die Faulen. Beobachten Sie Teamprozesse. Wie reagiert eine Gruppe auf positive Kollegen, und wie geht sie mit Quertreibern und Bremsern um? Sammeln Sie jetzt Führungserfahrung. Lesen Sie jetzt auch einmal ein Buch zum Thema „Psychologie für Manager".

Ist im Team ein Mitarbeiter, der von Ihnen Unterstützung für seine Karriere wünscht? Jetzt ist die beste Gelegenheit dazu, dass Sie mit der betreffenden Person gemeinsam überlegen, was Sie tun können.

Sie unterscheiden sich vor allem in dieser Phase wunderbar von der Mehrheit der Projektleiter, die zunächst am Anfang ihres Projektes viel Zeit mit endlosen Meetings vertrödelt haben, die schon zu Beginn einen lahmen Stil durchgehen ließen, die mit der Umsetzung loslegten, bevor der Auftraggeber richtig verstanden hat, was auf ihn zukommt, und die nun in Hektik gegen die Zeit und gegen lästige Änderungswünsche von Außen ackern müssen.

Sie kennen sicherlich noch den schönen alten und wahren Spruch: „Morgenstund hat Gold im Mund." Diese Weisheit gilt auch für die Projektarbeit. Wer die ersten drei Phasen zügig und gründlich hinter sich gebracht hat, der kann in den letzten drei Phasen souverän und stressfrei Qualität produzieren.

6. Einführung

Wenn das Projektergebnis oder -produkt mit seiner vollständigen Dokumentation fertig ist, kann es offiziell dem Auftraggeber übergeben werden. Bestehen Sie jetzt auf einer sorgfältigen Abnahme. Das muss Ihnen Ihre Arbeit wert sein! Jetzt muss Ihnen das Erreichen Ihres Zieles bestätigt werden.

Erarbeiten Sie vorher mit Ihrem Team ein Konzept, wie Sie dem Auftraggeber helfen wollen, seinen erwarteten Nutzen aus der Sache zu ziehen. Vielleicht müssen Schulungen für Anwender des Produktes durchgeführt werden. Vielleicht braucht man eine Hotline für Anfangsprobleme. Vielleicht muss das Neue in seiner Akzeptanz bei Traditionalisten durch professionelle Vermarktung gefördert werden. Entscheiden Sie gut, ob Sie den Auftraggeber mit Ihrem Produkt allein lassen können oder ob eine Unterstützung angeraten ist. Vergessen Sie nicht, die offizielle Beendigung des Projektes im Team zu feiern. Setzen Sie sich mit den Mitarbeitern zusammen. Genießen Sie gemeinsam den Erfolg. Tauschen Sie sich im Team auch noch einmal über die Erfahrungen mit dem Projekt aus. Lassen Sie sich Feedback zu Ihrem Projektmanagement geben. Seien Sie nicht eitel oder empfindlich. Wenn jemand Ihre Qualität als Projektleiter beurteilen kann, dann die Leute, die unter Ihrer Führung mitgearbeitet haben. Ihre Macken und Fehler hat man längst akzeptiert. Aber Tipps für nächste größere Aufgaben, die wird man Ihnen gerne geben, wenn Sie danach fragen und wenn Sie sich bisher als lernfähiger und fairer Boss bewiesen haben.

Da Sie so sorgfältig die ersten drei Phasen bearbeitet haben, konnten Sie sicherlich die letzten drei wie geplant managen. Deshalb wird Ihr Projekt – anders als die vieler Ihrer Kollegen und Karrierekonkurrenten – nun auch in einer weitgehend entspannten Atmosphäre ausklingen. Es sollte keine Hektik und keine Nacht-und-Nebel-Aktionen zum Schluss gegeben haben. Verlassen Sie sich darauf, die Mitarbeiter kennen es auch anders! Sie stehen als souveräner und erfolgreicher Leader da, wenn Sie eben nicht zum Schluss noch Stress verbreiten müssen. Ihrem weiteren Aufstieg dürfte nun nichts mehr im Wege liegen.

Planen Sie den Verlauf Ihres Projektes so, dass am Anfang zügig gestartet, im Verlauf effizient gearbeitet und zum Schluss stressfrei das Ziel erreicht wird. Bedenken Sie beim Planen bitte, dass niemand kontinuierlich und ständig in Höchstform leistungsfähig ist.

> Mehr Zeit, als man denkt geht mit Geplauder, Suchen nach Unterlagen, Lesen von Rundschreiben, vergeblichen Telefonaten mit unerreichbaren Leuten, komplizierten Terminabsprachen, unerwarteten Sonderaufgaben und Sonstigem verloren. Wenn dann auch noch Konflikte im Team oder mit Außenstehenden oder auch nur Missverständnisse hinzukommen, klappt schnell die schönste Zeitplanung in sich zusammen.

Planen Sie deshalb nicht zu knapp. Kalkulieren Sie lieber von Vornherein 20 Prozent mehr Zeit für „Soziales" mit ein. Planen Sie zusätzlich einen Puffer für unerwartete Sonderaufgaben. Wenn Sie klug sind, verraten Sie weder Ihren Mitarbeitern noch Ihrem Auftraggeber, dass Sie so großzügig planen. Vergessen Sie nicht, dass die meisten Menschen am liebsten „auf den letzten Drücker" tätig werden. Sobald die Mitarbeiter erfahren, dass Sie Puffer in Ihrer Planung haben, werden sie die Arbeit noch mehr vor sich herschieben. Der Auftraggeber wird die Puffer sowieso streichen. Ihm ist die Sache vom ersten

Tag an eilig. Die Puffer sollen Ihnen helfen, auch bei Pannen und Verzögerungen noch souveräne Ruhe auszustrahlen. Das macht Eindruck! Sie wirken dann wunderbar krisenfest und stressstabil.

3.8 Projektschätzung zwischen Mathematik und Psychologie

Es gibt keine Schätzmethode, die treffsichere Ergebnisse von Aufwand- und Kostenschätzungen garantiert. Obwohl beim Schätzen viel gerechnet wird, sind die „menschlichen Faktoren" beim Zustandekommen von Schätzergebnissen oft ausschlaggebend. Nicht selten sind Projektschätzungen ...

- politisch beeinflusst.
  Dahinter können unausgesprochene Ziele stecken, ein Projekt zu verhindern, zu verzögern, zu fördern, an bestimmte Bedingungen zu knüpfen oder sonst wie zu beeinflussen.

- verkäuferisch bestimmt.
  Man könnte bewusst ein niedriges Schätzergebnis präsentieren um den Projektauftrag erst einmal genehmigt zu bekommen und dann später, wenn das Vorhaben nicht mehr abgebrochen werden kann, durch Nachforderungen auf das tatsächlich erforderliche Budget zu kommen.

- durch Machtverhältnisse geprägt.
  Es kommt durchaus vor, dass ein „Mächtiger" auf einen schwachen Schätzer Druck ausübt, so dass dieser ihm eine Kosten- und Aufwandschätzung abgibt, die dem Mächtigen gefällt. Ähnlich können die offiziellen Schätzzahlen auch das Verhandlungsergebnis eines schwachen oder starken Rhetorikers sein.

- davon abhängig, ob Schätzer und Durchführender identisch sind.
  Wer später persönlich mit seiner Arbeit für die Richtigkeit der Schätzergebnisse einstehen muss, schätzt vermutlich sorgfältiger, als derjenige, der erst einmal mit einer guten Schätzung den Auftraggeber überzeugen will, später jedoch für die Projektdurchführung nicht mehr geradestehen muss.

- von Neigungen zu positivem Denken oder zu Pessimismus geprägt.
  Der Optimist geht bei seinen Schätzungen mit sonnigem Gemüt davon aus, dass alles wunderbar funktionieren wird. Weder Konflikte im Team, noch unerwartete Nebenaufgaben, noch technische Probleme könnten die Sache behindern. Seine Schätzung kommt natürlich zu anderen Zahlen als die des Pessimisten, der weder den beteiligten Mitarbeitern noch den externen Kontaktpersonen reibungslose Effizienz zutraut.

- von den Erfahrungen der Schätzer abhängig.
  Man kann nur dann realistisch Kosten und Zeit schätzen, wenn man so-

wohl mit ähnlichen Projekten Erfahrungen hat, als auch mit ähnlichen Umfeldbedingungen. Deshalb sind Serien-Projekte sehr viel leichter zu schätzen als Einmal-Projekte.

Empfehlungen:

- Lassen Sie sich nicht fertige Schätzungen von angeblich erfahrenen Personen vorgeben. Sie stehen nachher dafür gerade, wenn Sie die Sollzahlen nicht erreicht haben. Es kann einer Ihrer ersten Machtkämpfe werden, dass Sie noch einmal selbst schätzen und dann Ihre Ergebnisse durchsetzen. Sie brauchen nicht zu befürchten, dass Sie sich damit dauerhaft die Sympathien der Mächtigen verscherzen – im Gegenteil! Sie wirken schwach, wenn Sie erst brav vorgegebene Zahlen annehmen und später begründen müssen, wieso Sie sie nicht erreicht haben. Sie wirken professionell und durchsetzungsfähig, wenn Sie selbst noch einmal nachrechnen, ob die vorgegebenen Zahlen mit denen Ihrer eigenen Schätzung übereinstimmen.

- Wenn man Sie von Ihren Zahlen herunterhandeln will, müssen Sie sofort auch Abstriche bei den Leistungen durchsetzen. Wenn Sie das nicht tun, wirken Sie unglaubwürdig. Man unterstellt Ihnen entweder, dass Ihre Schätzzahlen gar keine waren, sondern reine Verhandlungsgrundlage für einen Prozess des Feilschens. Oder man unterstellt Ihnen, dass Sie so schwach sind, sich nicht einmal gegen Vorgaben wehren zu können, die Sie selbst für unrealistisch halten.

- Beziehen Sie Ihre Teammitglieder in die Schätzung mit ein. Sie werden sich dann motivierter daran machen, die gemeinsam erarbeiteten Sollzahlen zu erreichen.
  In erschreckend vielen Projekten sind sich bereits zu Beginn die Teammitglieder sicher, dass die Zielvereinbarungen mit dem Auftraggeber auf völlig unerreichbaren Zahlen beruhen.
  Man stelle sich die Motivation von Mitarbeitern vor, die innerlich davon ausgehen, dass sie ohnehin keine Chance haben, ein Projekt zum Erfolg zu führen! Ganz egal, ob das Projektergebnis brauchbar und nützlich ist, das Verfehlen der Sollzahlen gilt als Scheitern. Das nimmt doch schon gleich zu Beginn den sportlichen Ehrgeiz, die Ziele wie vereinbart zu erreichen.

Ihre Mitarbeiter werden es Ihnen verübeln, wenn Sie nicht in der Lage sind, bei den Entscheidern realistische Zahlen durchzusetzen.
Aber auch bei zunächst realistisch wirkenden Zahlen kann man sehr daneben liegen. Manches ist vor allem bei längeren Projekten auch dann nicht leicht abzuschätzen, wenn man Erfahrungen mit ähnlichen Vorhaben oder mit dem Umfeld hat und sich weder politisch noch sonst wie beeinflussen lässt:

- **Verfügbarkeit der Teammitglieder**
  Krankheiten, plötzlich vorrangige Aufgaben des Tagesgeschäftes bei Teilzeitmitarbeitern oder auch Kündigungen von Externen können letztlich doch wieder die Planungen durcheinander bringen.

- **Termintreue von Lieferanten**
  Dabei muss es sich nicht unbedingt um externe Lieferanten handeln. Mancher Projektleiter kennt auch das verzweifelte Warten auf Testdaten oder Produktproben oder Ähnliches von den Kollegen der Fachabteilungen.

- **Versionen von technischen Komponenten**

  Wenn zum Beispiel der Hersteller von Entwicklungssoftware eine neue Produktversion auf den Markt bringt, dann sollte man meinen, dass diese auf Anhieb wie zugesagt funktioniert. Die Praxis zeigt oft jedoch, dass neue Versionen dann doch nicht so reibungslos wie erwartet installiert werden können, dass sich plötzlich Inkompatibilitäten zwischen Komponenten verschiedener Hersteller zeigen ... Der Projektleiter möchte mit seinem Projekt im Plan bleiben, verliert jedoch ungeplant viel Zeit damit, erst einmal die Entwicklungsumgebung wieder stabil zu bekommen.

  Was für DV-Systeme gilt, gilt für alle anderen Techniken auch. Maschinen passen nicht zusammen, Papierformate können nicht richtig zugeschnitten werden, Stoffproben verheddern sich in Nähmaschinen ... Technik ist immer tückisch.

- **Änderungswünsche**
  An nachträglichen Änderungen ist schon mancher Projektleiter verzweifelt. Man glaubte, mit dem Auftraggeber genau abgesprochen zu haben, was gebaut werden soll. Man hat auf Basis dieser Absprachen Schätzungen abgeliefert, und nun soll „nur" noch diese oder jene Kleinigkeit geändert werden.
  Dem Auftraggeber, der von den technischen Zusammenhängen eines Projektes keine Ahnung hat, ist oft nicht bewusst, wie groß der Aufwand für scheinbar kleine Änderungen sein kann. Ihm ist auch nicht bewusst, dass die Sache zunehmend komplizierter wird, je später er mit seinen nachträglichen Wünschen kommt.

- **Konflikte im Team**
  Bei allem Willen zur teamorientierten Harmonie, kann es doch immer wieder zum Aufeinanderprallen von Temperamenten, zum Streit um Vorgehensweisen und Kompetenzen oder um Meinungsunterschiede kommen. Konflikte sind nicht nur während der Auseinadersetzungen ein Zeitfaktor für die Betroffenen, sie bremsen auch die Motivation und halten nicht selten unbeteiligte Zuschauer von der Arbeit ab. Menschen mit ihren emotionalen Höhen und Tiefen sind nie so verplanbar wie Maschinen.

- **Konflikte mit Betroffenen**
  Auch zwischen den Projektmitarbeitern einerseits und den zukünftigen Benutzern des Projektproduktes kann es zu zeitraubenden Konflikten kommen. Häufig prallen dann auch Welten unterschiedlicher Sprach- und Denkgewohnheiten mit allen Varianten an vermeintlicher und echter Arroganz, vermeintlicher und echter Sturheit aufeinander. Während laut Plan eigentlich das Projekt auf Hochtouren weiterlaufen soll, müssen statt dessen immer und immer wieder neue Meetings zwecks gemeinsamer Lösungsfindung abgehalten werden.

- **Unerwartete Nebenaufgaben**
  Für einzelne Teammitarbeiter können immer wieder Aufgaben neben der Projektarbeit hinzukommen. Manchmal ist es das Tagesgeschäft, das plötzlich vordringlich wird, manchmal sind es unerwartete Nachbesserungen zu einem bereits abgeschlossenen früheren Projekt.

- **Umfeldänderungen**
  Je länger ein Projekt dauert, desto größer die Gefahr, dass sich am Umfeld etwas ändert. Personaländerungen auf der Auftraggeberseite können zu neuen Erwartungen an das Projekt führen.

  > Neue Versionen von Maschinen oder DV-Komponenten müssen eventuell berücksichtigt werden. Manchmal wirken sich auch gesetzliche Änderungen auf laufende Projekte aus oder politische Entwicklungen in Partnerländern. Eine Fusion des Unternehmens kann die Projektvoraussetzungen auf den Kopf stellen. Neue Mitglieder in der Geschäftsleitung stellen neue Anforderungen.

- **Vergessene Aufgaben**
  Vielfach stimmen Projektschätzungen allein schon deshalb nicht, weil typischerweise bestimmte Aufgaben beim Planen und Schätzen immer wieder vergessen oder unterschätzt werden.

  > Dazu gehören die Aufwände für Dokumentationen, für Tests, für Fehlersuche, für Zwischenpräsentationen, für Einweisungen der Pilotbenutzer, für wiederholte Mahnungen an unzuverlässige Lieferanten, für Qualitätssicherungsmaßnahmen und Abnahmen von Meilensteinen ...

- **„Künstlertum"**
  In manchem Projektteam finden sich junge und begeisterte Mitarbeiter, die es noch nicht gelernt haben, sich strikt an die Zielvereinbarungen zu halten. Viele dieser jungen Leute sind beseelt von ihrer Lust am technisch Machbaren oder an dem, was ihnen selbst gefällt. Leider sind sie oft nicht ganz so beseelt vom Denken in wirtschaftlichen Kategorien. Während der Projektschätzer sich darauf konzentriert, mit welchem finanziellen und zeitlichen Aufwand das Projekt genau nach den Zielvereinbarungen abzuwickeln ist, konzentrieren die jungen „Künstler" sich darauf, was man noch alles machen oder aus der Technik herausholen kann.

Hier liegt eine wichtige Aufgabe für Sie als Projektleiter: Sie müssen im Verlaufe des Projektes immer wieder strikt darauf achten, dass sich jeder im Team stets an das hält, was mit dem Auftraggeber vereinbart wurde. Nicht weniger, aber auch nicht mehr! Das wird Ihnen besonders dann schwer fallen, wenn Sie selbst am liebsten auch mehr als das Vereinbarte tun würden.

Damit eine Projektschätzung überhaupt realistisch durchgeführt werden kann, müssen bekannt sein:

- **genau abgegrenzter Aufgabenumfang**

  Wenn Sie einen Unternehmensbereich reorganisieren sollen, gehört dann auch die Umschulung der Mitarbeiter dazu? Sind Sie mit Ihrem Team dann auch für die Änderungen in den technischen Ausstattungen zuständig? Machen Sie die neuen Stellenbeschreibungen?
  Wenn Sie die Chancen am asiatischen Markt ausloten sollen, gehören dann auch schon Vorgespräche mit potenziellen Geschäftspartnern dazu? Oder will sich die Geschäftsleitung das vorbehalten?
  Wenn Sie für den nächsten Messeauftritt verantwortlich sind, müssen Sie abklären, ob Sie dann auch die Zeitarbeitskräfte einstellen und trainieren, die Prospekte in Auftrag geben, den Text für den Messekatalog gestalten, die Spedition beauftragen, die Fragebögen für Standbesucher entwickeln ...
  Wenn Sie zum Beispiel die Entwicklung einer neuen Software verantworten, dann müssen Sie wissen, ob Sie und Ihr Team lediglich das Produkt entwickeln und installieren, oder ob auch die Einweisung der Anwender mit zum Aufgabenumfang gehört.

Es ist nicht zu unterschätzen, wie oft Missverständnisse allein dadurch zustande kommen, weil Projektleiter und Auftraggeber unterschiedlicher Ansicht waren, was eigentlich zum Projektauftrag gehört oder nicht. Entsprechend unterschiedlich werden dann auch die geschätzten Sollzahlen als sehr hoch oder erstaunlich niedrig betrachtet. Der spätere Konflikt ist dann unausweichlich.

- **genaue Vereinbarungen zu Qualität und Quantität**
  Hier steckt häufig der Teufel im Detail. Scheinbar kleine Funktionen können sehr zeitaufwendig sein. Manchmal stellt sich auch später erst heraus, dass Auftraggeber und Projektleiter nicht von denselben Details im Ergebnis ausgegangen sind. Vieles ergibt sich auch erst in der Phase der Feinplanung. Schon aus diesem Grunde kann eine Schätzung vor Projektstart nie ganz genau sein.

- **Mitarbeiter im Projektteam**
  Nur mit „NN-Listen" kann man kaum sicher schätzen. Jeder Projektleiter kennt das Phänomen, dass bestimmte Mitarbeiter recht zügig, fehlerfrei und teamorientiert arbeiten.

Es gibt jedoch auch die Mitarbeiter, die sich so tief in die Tüftelei vertiefen, dass sie immer wieder ihre Termine aus den Augen verlieren und mit liebevoller Hingabe Details optimieren, die keiner braucht und keiner will.

Es gibt auch diejenigen, deren Ergebnisse so fehlerhaft sind, dass man nur noch von „Flurschäden" reden mag.

Und dann gibt es auch noch die Leute, die im Team immer wieder durch konfliktträchtiges Verhalten als Bremser wirken.

- **Abhängigkeiten von Dritten**
  Man muss beim Schätzen wissen, was von bestimmten Lieferanten an Zuverlässigkeit zu erwarten ist. Man muss berücksichtigen, ob das Projekt zu bestimmten Meilensteinen zum Beispiel von Entscheidungen des Vorstands, des Betriebsrats oder anderen Gremien abhängig ist. Verzögerte Entscheidungen können kosten- und zeittreibend wirken.

- **Priorität des Projektes**
  Wie steht das Projekt im Vergleich zu anderen da? Wer hat bei personellen oder anderen Engpässen den Vorrang?

- **Umfeld**
  Hierbei kann es sich um das technische Umfeld handeln, um Sicherheitsbestimmungen, um kulturelle Besonderheiten, um Wetterbedingungen oder sonstiges.

- **Tipp:** Wenn Sie eine Projektschätzung abgeben, sollten Sie immer auch angeben, von welchen Annahmen Sie ausgegangen sind. Dann kann der Auftraggeber beurteilen, ob Ihre Annahmen mit seinen übereinstimmen.

Schätzungen werden genauer, wenn ...

- der Schätzer mit ähnlichen Projekten und mit dem Umfeld Erfahrungen hat.
- der Schätzer selbst an der Realisierung beteiligt ist.
- im Unternehmen immer nach derselben Schätzmethode vorgegangen wird. Dadurch lassen sich Erfahrungen aufbauen.
- unabhängig voneinander einmal vom Detail zum Ganzen und einmal vom Ganzen zum Detail des Ergebnisses und noch einmal nach Projektphasen geschätzt wird. In allen drei Fällen muss das gleiche Schätzergebnis herauskommen, sonst ist irgendwo etwas in den Annahmen unklar.
- der Auftraggeber ein Grundverständnis für den Verlauf von Projekten dieser Art hat. Er ist dann ganz anders bereit, sich frühzeitig genau in seinen Erwartungen festzulegen, als später immer wieder mit nachträglichen Änderungswünschen das Team zu frustrieren.
- nach dem 3-Experten-Konzept vorgegangen wird.

Das 3-Experten-Konzept

Drei Personen (oder Mini-Teams) schätzen unabhängig voneinander. Dabei sollen alle drei Experten jeweils ein optimistisches, ein realistisches und ein pessimistisches Schätzergebnis produzieren. Wenn jeweils die drei optimistischen, die drei realistischen und die drei pessimistischen Ergebnisse übereinstimmen, kann man – je nach Sachlage – ein abzulieferndes Schätzergebnis daraus ableiten.

Wenn sich jedoch jeweils bei den drei realistischen, den drei optimistischen oder den drei pessimistischen Ergebnissen Abweichungen zeigen, dann sind vermutlich die Schätzer von unterschiedlichen Annahmen beim Aufgabenumfang oder beim Umfeld ausgegangen. Klären Sie, welche unterschiedlichen Vorstellungen es dabei gibt!

Wenn die drei pessimistischen Ergebnisse voneinander abweichen, dann gehen die Experten eventuell auch von unterschiedlichen Risiken aus. Gehen auch Sie der Sache nach!

■ **Tipp:** Machen Sie es sich zur Regel, nach jedem Projekt in der Nachkalkulation nicht nur auszurechnen, wie viel letztlich tatsächlich an Zeit und Geld verbraucht wurden. Gehen Sie auch den Ursachen für Abweichungen von Ist- und Sollwerten auf den Grund. Das hilft Ihnen, von Projekt zu Projekt treffsicherer zu schätzen.

■ **Tipp:** Seien Sie beim Schätzen nicht zu knapp. Berücksichtigen Sie die typischen 20 Prozent „Sozialzeiten" mit ein, die Ihre Mitarbeiter in der Raucherecke, beim Kaffeetrinken und am Telefon verbringen. Planen Sie einen Puffer für Unberechenbares wie Krankheitsausfälle, Krisensitzungen etc. mit ein.
Schweigen Sie eisern über Ihre Puffer! Man wird sie Ihnen sonst schnell streitig machen, weil angeblich alles plötzlich sehr viel schneller fertig sein muss. Manchmal darf man sogar nicht einmal die Mitarbeiter in das „Puffergeheimnis" einweihen. Mitarbeiter mit Neigung zur Aufschieberitis könnten den Puffer dann gleich mit einplanen und durch zusätzliche Aufschieberei verbrauchen.

■ **Tipp:** Beteiligen Sie Ihre Projektmitarbeiter am Schätzungsprozess. Wenn Ihre Mitarbeiter selbst mitgeschätzt haben, halten sie die Schätzung für realistischer. Das motiviert sie am meisten, bei der Umsetzung eine „Punktlandung" zu schaffen.

■ **Tipp:** Setzen Sie sich zu jedem Phasenabschluss einmal mit Ihrem Team zusammen und gehen Sie – ohne Schuldzuweisungen! – den Ursachen für Soll-Ist-Abweichungen der abgeschlossenen Phase nach. Sie beeinflussen dadurch den Arbeits- und Vorgehensstil für die nächste Phase positiv. Gleichzeitig entwickeln Sie selbst ein sichereres Gefühl dafür, was Sie in Zukunft bei Schätzungen auch noch berücksichtigen sollten.

Als Projektleiter müssen Sie sich eventuell auch auf Schätzungen von Fachleuten verlassen. Dann ist es gut, wenn Sie über entsprechende Menschenkenntnis verfügen und abwägen können, wie Sie die Schätzergebnisse zu bewerten haben.

> Sehr robust und dynamisch auftretende Menschen neigen manchmal dazu, die Sache zu oberflächlich zu betrachten. Sie unterschätzen nicht nur den Teufel im Detail, sie gehen auch mit gesundem Selbstvertrauen davon aus, dass ihnen später bestimmt eine gute Ausrede einfällt, sollten sie mit ihrer Schätzung danebengelegen haben.
>
> Sehr technokratisch orientierte Tüftler schätzen zwar extrem pingelig bis ins tiefste Detail, bedenken jedoch oft zu wenig den „Faktor Mensch". Dass Konflikte, Missverständnisse, Plauderstündchen, Denkfehler und sonstige menschliche Schwächen das Projekt aufhalten könnten, vergessen sie.
>
> Sehr harmonieorientierte Menschen können zwar in der Regel sehr gut sowohl die technischen als auch die menschlichen Aspekte treffsicher einschätzen, sie neigen jedoch manchmal dazu, auf Anfrage nicht ihr tatsächliches Schätzergebnis zu nennen, sondern eine Antwort zu geben, die der Frager vermutlich hören will.

Wenn Sie sich von Ihren Fachleuten Schätzungen geben lassen, dann fragen Sie sich nicht nur, ob die Leute vermutlich ausreichend viel Erfahrung haben. Fragen Sie sich auch, welcher psychologische Faktor bei der betreffenden Person das Schätzergebnis möglicherweise beeinflusst hat.

Fragen Sie immer auch genau nach, von welchen Annahmen die Fachleute ausgegangen sind. Fragen Sie auch, mit welcher Wahrscheinlichkeit sie davon ausgehen, dass Sie schneller fertig werden oder billiger produzieren können und mit welcher Wahrscheinlichkeit mit Verzögerungen und Verteuerungen zu rechnen ist. Fragen Sie nach, was theoretisch passieren kann, wodurch die Erreichung der Sollzahlen verhindert werden. Und fragen Sie, auf welchen bisherigen Erfahrungen mit ähnlichen Projekten die Schätzungen Ihrer Fachleute beruhen und was ihrer Meinung nach bei Ihrem Projekt anders ist.

3.9   Definieren und delegieren Sie Arbeitspakete

Nehmen Sie diese Überschrift nicht zu wörtlich. Die Motivation Ihrer Fachleute im Team ist höher, wenn sie selbst an der Definition und Verteilung von Arbeitspaketen maßgeblich beteiligt sind. Sie als Projektleiter achten darauf, dass alle Aufgaben sinnvoll zusammengefasst und fair den richtigen Leuten zugeordnet sind. Sie vereinbaren die jeweiligen Termine, was bis wann in welcher Qualität fertiggestellt sein muss. Sie müssen auch darauf achten, dass zum jeweiligen Arbeitspaket immer auch die aktuelle Dokumentation gehört!

- ■ **Tipp:** Machen Sie immer eine einzelne Person verantwortlich. Auch wenn zwei oder drei Ihrer Mitarbeiter gemeinsam ein Arbeitspaket zu erledigen haben, sollten Sie einen Namen als Verantwortlichen in Ihre Delegationsliste eintragen. Dieser eine Mitarbeiter wird sich ganz anders zuständig fühlen, als wenn zwei oder drei Personen sich innerlich vielleicht doch jeweils auf den anderen verlassen.

Sie als Projektleiter können in den ersten Projektphasen sehr gut beobachten, wer zu den „Zugpferden" im Team gehört und wer zu Aufschieberitis neigt, wer sich nach Neigung und nicht nach Prioritäten richtet, wer sich auf das Engagement der anderen verlässt und wer immer wieder angetrieben, gezogen und erinnert werden muss.

No.	Arbeitspaket	Verantwortlicher	Termin	Ergebnis	Aufwand	Erledigt

Abbildung 12: Arbeitspakete-Übersicht

Ein Arbeitspaket ist ein in sich vollständiger Auftrag an einen oder mehrere Mitarbeiter. Ein Arbeitspaket wird beschrieben durch:

- eindeutiges Ergebnis
- Termin zur Fertigstellung
- Vereinbarungen zum Aufwand
- Vereinbarungen zum Ressourcenverbrauch
- Randbedingungen zur Durchführung

Damit muss der betreffende Mitarbeiter oder die Kleingruppe in der Lage sein, die Aufgabe selbstständig zu erfüllen.

Ein Arbeitspaket muss sich nicht nur auf die kleinste Einheit im Projekt beziehen. Sie können auch größere Pakete definieren und dazu sogar Teilprojektgruppen einrichten.

Wichtig ist für Sie:

- **Halten Sie schriftlich fest, wer für welches Arbeitspaket verantwortlich ist.** Halten Sie die Informationen dazu auf einer Delegationsliste fest.

- **Planen Sie die Abgabetermine nicht so eng, dass schon kleine Verzögerungen Ihre Projektplanung gefährden.** Lassen Sie vor allem zu Beginn des Projektes die Mitarbeiter nicht wissen, dass Sie Sicherheitspuffer in Ihren Terminvereinbarungen berücksichtigt haben. Warten Sie mit Offenheit diesbezüglich, bis Sie Ihre Mitarbeiter gut genug kennen, um beurteilen zu können, wer nicht zu denen gehört, die immer „auf den letzten Drücker" fleißig werden.

- **Kontrollieren Sie vor allem zu Beginn des Projektes den Fortschritt bei der Bewältigung der Arbeitspakete.**
  Diese Kontrollen können Sie sich im Laufe des Projektes vermutlich sparen. Zu Beginn sind es einige Ihrer Mitarbeiter jedoch vielleicht noch gewohnt, dass sie Aufgaben erst dann wirklich ernstlich in Angriff nehmen, wenn sie merken, dass der Chef nachschaut.

- **Sagen Sie den Mitarbeitern, dass sie sich sofort melden sollen, sobald sie auf Schwierigkeiten stoßen oder mögliche Verzögerungen absehen können.**
  Wenn Sie das nicht tun, müssen Sie sich darauf gefasst machen, dass Sie zum vereinbarten Termin womöglich nicht das vereinbarte Ergebnis bekommen, sondern eine ausführliche Erklärung, warum es nicht fertig wurde. Manche Mitarbeiter müssen es erst noch lernen, dass sie sich selbstinitiiert melden und nicht wortlos den Abgabetermin abwarten und dann alternativ das Ergebnis oder eine Entschuldigung abliefern.

- **Vereinbaren Sie mit Ihren Mitarbeitern gegebenenfalls auch selbstinitiierte Qualitätskontrollen.**
  Vielleicht können sich die Verantwortlichen verschiedener Arbeitspakete darüber abstimmen, wie sie sich gegenseitig die Qualität kontrollieren. Dann bekommen Sie zum Abgabetermin bereits abgesichert gute Ergebnisse und sparen dadurch Zeit.

- **Vereinbaren Sie mit dem gesamten Team regelmäßige Meetings zur Synchronisation.**
  Wichtig ist, dass die verschiedenen Arbeitspakete nahtlos und überlappungsfrei zusammenpassen. Etwa alle zwei Wochen sollte sich das gesamte Team treffen und die individuellen Ergebnisse zusammenführen, Probleme klären und eventuell neue Aufgabenverteilungen vornehmen.

Ihnen sollen die definierten und delegierten Arbeitspakete helfen, den Überblick über den Projektfortschritt und über den Verbrauch an Ressourcen und Aufwänden zu behalten.

Die Mitarbeiter bekommen dadurch eigenverantwortlich durchzuführende Aufgaben. Sie können sich die Zeit selbst einteilen. Das ist vor allem dann wichtig, wenn sie neben der Projektarbeit auch noch in ihren normalen Linienjobs tätig sind. Sie können selbst entscheiden, wie sie zu den vereinbarten Ergebnissen kommen wollen. Das steht ihnen als Fachleuten zu! Alles andere würde sie demotivieren.

Als Projektleiter können Sie Einzelgängern individuelle Arbeitspakete und Teambegeisterten größere gemeinsame Aufgaben zuordnen. Sie können bei den Kleingruppen wunderbar feststellen, wer sich von Ihren Mitarbeitern vermutlich auf die Dauer als Teilprojektleiter oder sogar als Ihr Nachfolger in der

Projektleitung qualifizieren wird, wenn Sie Ihren Karrieresprung machen und das Projekt verlassen.

3.10 Behalten Sie den Überblick über Ihre Teilprojekte

Bei großen Projekten ist es oft sinnvoll, Teilprojekte einzurichten. Wenn es zum Beispiel um ein neues Produkt geht, könnte das eine Teilprojekt die Produktion, das andere die Vermarktung und das dritte die Eingliederung ins Logistiksystem übernehmen. Bei einem umfassenden Reorganisationsprojekt ließen sich zum Beispiel die Aufgaben rund um die Personalarbeit in einem eigenen Teilprojekt zusammenfassen.

Sie sorgen dafür, dass ...

* jedes Teilprojekt von einem verantwortlichen Teilprojektleiter geleitet wird.
* jedes Teilprojekt eigene Meilensteine definiert.
* jedes Teilprojekt sein eigenes Budget verwaltet.
* saubere Absprachen zwischen den Teilprojekten Doppelarbeiten und Lücken verhindern.
* durch regelmäßige Synchronisationen immer wieder alle Teilprojekte in ihrer Marschrichtung und ihrer jeweiligen Fortschrittsgeschwindigkeit auf dem richtigen Weg zum gemeinsamen Ziel bleiben.

Sie als Leiter des gesamten Projektes bleiben immer für die Gesamtaufgabe verantwortlich. Sie dürfen jedoch nicht den Teilprojektleitern in deren Verantwortungsbereich eingreifen.

Das bedeutet für Sie, dass Sie zum Beispiel nicht mehr die Arbeiten der einzelnen Mitarbeiter kontrollieren, sondern sich über den jeweiligen Teilprojektleiter informieren, wie es um sein Team steht. Wenn Sie feststellen, dass ein Teilprojektleiter seine Aufgabe nicht im Griff hat, müssen Sie ihn durch einen anderen ersetzen. An ihm vorbei selbst einzugreifen verursacht Chaos.

> Vergleichen Sie es mit einem Busfahrer: Es darf niemals vorkommen, dass ein Fuhrunternehmer einem unfähigen Fahrer während der Fahrt ins Steuer greifen muss. Der unfähige Fahrer muss gegen einen fähigen ausgetauscht werden.

Dokumentieren Sie in einer Gesamtübersicht, wie Ihre Teilprojekte jeweils stehen. Legen Sie dazu vorab mit Ihren Teilprojektleitern bestimmte Grenzen fest, in denen das jeweilige Teilprojekt im grünen, gelben oder roten Bereich ist. Grün steht für einen sauberen Entwicklungsstand. Gelb ist die Warnfarbe. Eventuell werden Eingriffe durch Sie erforderlich. Das muss im Einzelfall geklärt werden. Rot steht für Krise. Jetzt muss unbedingt eingegriffen werden. Eventuell werden jetzt auch Krisenbesprechungen mit dem Auftraggeber erforderlich.

Teilprojekte							
No.	Teilprojekt	Verantwortlicher	Ziele	Datum	Grün	Gelb	Rot

Abbildung 13: Teilprojekte-Übersicht

Wenn eine Krise im Teilprojekt überwunden ist, muss unbedingt noch einmal gründlich – und offen – der Ursache nachgegangen werden. Lag es an bestimmten Personen? Waren bestimmte Entscheidungen falsch? Standen wichtige Informationen oder Ressourcen nicht rechtzeitig zur Verfügung? Gab es Probleme mit den Absprachen zwischen den verschiedenen Teilprojekten? Müssen aus der überwundenen Krise Konsequenzen gezogen werden, damit sich ähnliches nicht wiederholt?

Spätestens beim Abschluss einer Projektphase müssen Sie als Gesamtprojektleiter immer wieder dafür sorgen, dass alle Teilprojekte zusammen einen gemeinsamen Stand erreicht haben. Dieser muss vom Auftraggeber abgenommen werden.

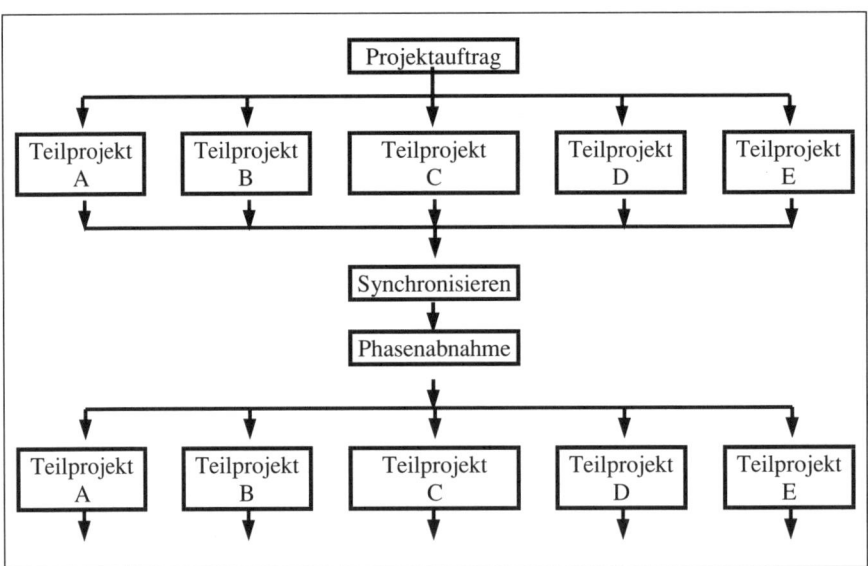

Abbildung 14: Synchronisation der Teilprojekte zum Phasenwechsel

Bei jedem Phasenübergang muss neu über die Budgets und Ressourcen der Teilprojekte entschieden werden.

Beobachten Sie auch genau, ob einzelne Teilprojektleiter zu einzelgängerisch arbeiten. Es kommt immer wieder vor, dass rein rational die Notwendigkeit der lateralen Zusammenarbeit begriffen wird. Emotional kommt es dann doch wieder zu Auswüchsen der Kleingärtnermentalität. Es gibt immer wieder Teilprojektleiter, die sich gegen ihre Kollegen oder auch gegen Sie abschotten und Kommunikationsversuche als Einmischung empfinden.

Denken Sie als Leiter eines solchen großen Projektes auch an Ihre Karriere! Stellen Sie zum Beispiel bei Projektpräsentationen Ihre Rolle als „Führungskraft von Führungskräften" heraus. Sie können zum Beispiel kurz den großen Überblick über das ganze Projekt geben. Danach lassen Sie Ihre Teilprojektleiter ausführlicher präsentieren. Sie dürfen sich auf keinen Fall in deren Ausführungen einmischen. Beweisen Sie, dass Sie souverän über dem Kleinkram stehen und souverän an fähige Leute delegieren können.

3.11 Projekt-Controlling ist Ihre zentrale Aufgabe

Ihre auf realistischen Schätzungen beruhende Planung ist wichtig. Ihr Controlling im Verlaufe des Projektes entscheidet über den Erfolg.

Das Projekt-Controlling ist ein laufender Soll/Ist-Abgleich, ob alles „nach Plan" verläuft. Abweichungen müssen so früh wie möglich festgestellt werden, damit korrigierende Maßnahmen sofort eingeleitet werden können.

Sie überwachen während des gesamten Projektverlaufs:

* den Fortschritt der Arbeiten inklusive der vereinbarten Qualitätskriterien
* den Verbrauch an Ressourcen und den Aufwand
* die Kosten
* die Termine

Dazu müssen Sie sinnvolle „Kontrollpunkte" festgelegt haben. Das machen Sie am besten mit Ihren Teammitgliedern gemeinsam. Legen Sie fest, welchen Status das Projekt, ein Teilprojekt und eventuell auch ein Arbeitspaket bis wann erreicht haben muss. Verlassen Sie sich nicht auf Meilensteine oder Phasenabnahmen. Wöchentliche oder vierzehntägige Abstände zwischen den einzelnen Kontrollen sind besser. Sollte es Abweichungen geben, sind Sie dann viel näher am Problem dran.

Überwinden Sie notfalls innere Barrieren, mit denen harmoniesüchtige Projektleiter sich selbst fesseln. Fürchten Sie, die Mitarbeiter könnten sich kontrolliert fühlen und dadurch an Motivation verlieren? Das ist Unsinn. Sie stehen als Projektleiter für den Erfolg des Projektes gerade. Die Mitarbeiter leisten während ihrer bezahlten Arbeitszeit ihren Beitrag zum Gelingen. Und dann sollen vorgeschobene Empfindlichkeiten das Controlling verhindern?

Es ist Ihre Pflicht im Interesse Ihres Auftraggebers und Kostenträgers, dass Sie durch Controlling das Projekt auf Erfolgskurs halten. Es ist auch Ihre Pflicht den Mitarbeitern gegenüber. Keiner will am Ende bei einem gescheiterten Projekt beteiligt gewesen sein. Auch Ihre Mitarbeiter haben Anspruch darauf, dass Sie das tun, was für den Erfolg notwendig ist. Und dazu gehört Controlling.

Meilensteine						
No.	Beschreibung	Soll-Termin	Ist-Termin	Soll-Kosten	Ist-Kosten	Bemerkungen

Abbildung 15: Meilenstein-Übersicht

Controlling bedeutet, dass Sie durch Schätzung und Planung zu verbindlichen Soll-Werten gekommen sind. Sie haben das Projekt in überschaubare Phasen mit jeweils eigenen Meilensteinen und Budgets eingeteilt. Sie haben innerhalb der Phasen die Aufgaben vernünftig zu Teilprojekten und/oder Arbeitspaketen zusammengefasst. Sie haben die Verantwortung für Teilprojekte und Arbeitspakete bestimmten Personen übertragen. Nun ist es an Ihnen, den Verlauf zu kontrollieren.

• Sie gleichen Ist- mit Soll-Werten ab.
• Sie greifen ein, wenn das Projekt oder einzelne Aufgabengebiete vom Kurs abzukommen droht.
• Sie analysieren die Ursachen für Abweichungen und ziehen daraus Konsequenzen um weitere Abweichungen vorbeugend zu begegnen.
• Sie erstellen Trendanalysen bezüglich des zu erwartenden weiteren Projektverlaufs.
• Sie halten die Pläne aktuell.
• Sie entscheiden, ob und wann bezüglich aufgetretener Abweichungen der Auftraggeber zu benachrichtigen ist.

Bedenken Sie bitte, dass Ihre Projektmitarbeiter wissen wollen und müssen, wie es jeweils aktuell um das Projekt steht. Sie interessieren sich dabei nicht nur für ihren eigenen Arbeitsbereich, sondern stets auch für das gesamte Vorhaben. Das bedeutet, dass Ihre Controlling-Dokumentation innerhalb des Teams zur Einsicht offen sein muss. Außenstehenden gegenüber kann es oft sinnvoll sein, im Einzelfall zu entscheiden, was eingesehen werden darf und von wem.

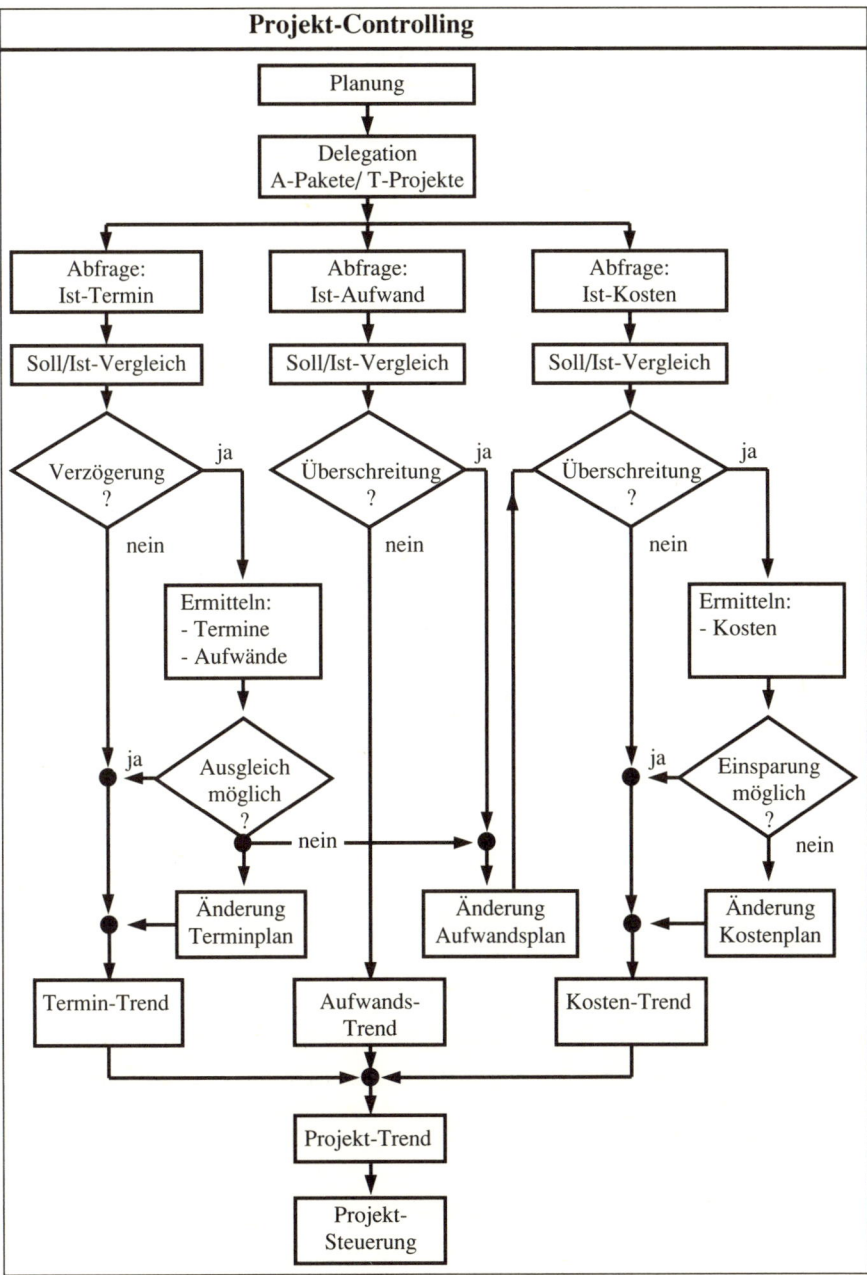

Abbildung 16: Ablauf des Projekt-Controlling

Projekt-Trend									
Meilensteine Teilprojekte Arbeitspakete	Soll-Termin zu Projektstart	Aktuelle Soll-Termine zu den Kontroll-Zeitpunkten							
		1.2.	1.3.	1.4.	1.5.	1.6.	1.7.	1.8.	1.9.
1. Pflichtenheft erstellt	10.4.	10.4.	10.4.	30.4.	•				
2. Modell abgenommen	12.5.	12.5.	12.5.	20.5.	20.5.	•			
3. Design erstellt	4.6.	4.6.	4.6.	15.6.	15.6.	15.6.	10.7.	•	
4. •••	•••								
5. •••	•••								

Abbildung 17: Projekt-Trend nach Meilensteinen/Teilprojekten/Arbeitspaketen

Ursachen für Abweichungen			
Meilenstein / Teilprojekt / Arbeitspaket	Soll / Ist Abweichung	Ursache	Konsequenzen

Abbildung 18: Ursachen und Konsequenzen bei Abweichungen

Wenn korrigierende Maßnahmen notwendig sind, sollten Sie diese möglichst mit dem Team gemeinsam abstimmen. Ihre Fachleute können an manchen Stellen vielleicht besser als Sie beurteilen, welche Maßnahme vermutlich erfolgreich sein wird und welche nicht.

Vergessen Sie nicht, Ihre Controlling-Dokumentation im Projektordner abzulegen. Es kann sich später als sehr wichtig erweisen, dass sich rekonstruieren lässt, welchen Stand das Projekt wann hatte und welche Maßnahmen bezüglich welcher Abweichungen entschieden und eingeleitet wurden.

3.12 Sichern Sie die Qualität

Betrachten Sie das Thema Qualität bitte unter drei Blickwinkeln:

1. Qualität des Produktes oder Projektergebnisses
2. Qualität in der Arbeitsweise
3. Qualität im Umgang mit Auftraggeber und Betroffenen

1. Qualität des Produktes

Die Qualitätsansprüche des Auftraggebers haben immer Vorrang vor denen der Fachleute im Projektteam. Daran müssen Sie vor allem bei sehr technischen Projekten wie Software-Entwicklungen denken. Rechnen Sie mit einer gewissen Arroganz Ihrer Mitarbeiter, die sich auf den Standpunkt stellen könnten, dass der Auftraggeber oder gar die zukünftigen Benutzer des Produktes keine Ahnung haben und sich deshalb fügen müssen. Dieser Ansatz ist falsch.

Erinnern Sie Ihre Mitarbeiter an ihren eigenen Alltag. Wenn sie in ein Restaurant zum Essen gehen, dann bestimmen sie selbst, ob das Essen ihnen geschmeckt hat und ihren Qualitätsansprüchen entsprach oder nicht. Sie würden sich auch nicht von einem arroganten Koch darüber belehren lassen, was ihnen hätte schmecken müssen. Wenn es ihnen dort nicht geschmeckt hat, gehen sie da nicht mehr essen. Basta!

Auf der anderen Seite hat ein guter Koch aber auch seine Berufsehre und Qualitätsansprüche an sich selbst. Als Profi könnte er minderwertiges Fleisch in raffiniert verarbeiteten Klöpsen schmackhaft zubereiten und seine Gäste damit täuschen. Er könnte die Vitamine im Gemüse gnadenlos verkochen und angeblich frische Waren durch Geschmacksverstärker aufpeppen. Auch wenn er weiß, dass ahnungslose Esser das nie bemerken würden, wird er darauf verzichten. Es widerspricht seiner Berufsehre.

So sollten Sie und Ihr Team die Sache auch betrachten! Zunächst gilt es, die Ansprüche Ihrer Kunden - Auftraggeber und Betroffene - zu befriedigen. Hinzu kommen die Ansprüche an Sie selbst als Profis. Sie wollen keinen Pfusch nach dem Motto „Außen hui, innen pfui" produzieren. Sie unterscheiden zwischen der äußeren Qualität und der inneren Qualität. Die Äußere wird vom Auftraggeber und von den Benutzern oder Betroffenen betrachtet und bewertet. Die Innere kann von Nichtfachleuten oft gar nicht beurteilt werden. Sie definiert aber oft den tatsächlichen Qualitätsstandard.

Zum Beispiel zeigt sich bei Software-Projekten die äußere Qualität in der Oberfläche des Produktes. Sind die Eingabemöglichkeiten sinnvoll gestaltet? Reagiert das System verständlich auf Eingabefehler? Sind die Antwortzeiten wie erwartet? Beinhaltet das Produkt alle notwendigen Funktionen? Lässt es sich leicht bedienen? Kann man zwischen wichtigen Funktionen schnell hin- und herschalten? Die Kernfrage lautet: Ist das Produkt so, dass es für die Anwender seinen Zweck erfüllt und in seiner Handhabung ihren Wünschen entspricht? Hinzu kommt die Qualität der Dokumentation! Ist die Anleitung aus Sicht der Anwender verständlich? Lässt sich schnell finden, was man sucht? Gibt es Schnell-Lese-Strecken für geübte Anwender und ausführlichere Beschreibungen für Einsteiger?

Die innere Qualität von Software meint die Art der Programmierung. Sind hier Standards eingehalten? Werden Datenzugriffe sinnvoll gestaltet? Lässt sich das System aufgrund seiner sauberen inneren Struktur bei

Bedarf leicht erweitern, mit anderen Systemen kombinieren oder grundlegend modernisieren? Auch zur inneren Qualität gehört die Dokumentation! Kann sich ein Profi, der nicht an der Entwicklung beteiligt war, schnell in der inneren Architektur zurechtfinden? Erkennt er die Schnittstellen zwischen einzelnen Komponenten des Systems? Kann er vergleichsweise leicht neue Produkte anschließen, Datenströme umleiten oder sonstige interne Arbeiten verrichten?

Ähnlich ist es mit der Qualität von Autos. Der Fahrer kann feststellen, ob er bequem sitzt, sich die Temperatur akkurat einstellen kann, ob die Beschleunigung funktioniert und das Reserverad leicht zugänglich ist und ähnliches. Der Profi erkennt, ob der Motor sinnvoll so gebaut ist, dass man bei Bedarf bestimmte Teile leicht erreichen kann. Der Profi sieht auch, ob die Inneneinrichtung gefährlich leicht brennbar ist oder nicht. Der Profi kann die innere Qualität beurteilen.

Bei jedem Projekt lassen sich innere und äußere Qualität unterscheiden. Die äußere Qualität fördert die Akzeptanz des Produktes beim Auftraggeber und bei Betroffenen. Sie darf auf keinen Fall gegenüber der inneren Qualität, die den Profis oft näher am Herzen liegt, vernachlässigt werden.

Gehen Sie bei der Definition der Produktqualität in folgenden Schritten vor:

1. Stellen Sie die Erwartungen des Auftraggebers und der vom Projektprodukt Betroffenen an die äußere Qualität fest.
2. Vereinbaren Sie mit Ihren Profis, welche inneren Qualitätskriterien zu gelten haben.
3. Formulieren Sie die inneren und äußeren Qualitätskriterien in messbarer Form.
4. Legen Sie Test- oder Nachweisverfahren fest.
5. Legen Sie fest, zu welchen Zwischenzeiten im Laufe des Projektes wie und von wem der jeweils aktuell erreichte Qualitätsstand des Produktes geprüft werden soll.
6. Vereinbaren Sie mit dem Auftraggeber die Zwischenabnahmen des Produktes.
7. Vereinbaren Sie mit dem Auftraggeber, wie nach Abschluss des Projektes die Endabnahme in qualitativer Hinsicht zu gestalten ist.
8. Achten Sie während des Projektverlaufs darauf, dass sich jeder Mitarbeiter genau an die Qualitätsvereinbarungen hält. Es darf nicht weniger, aber auch nicht mehr an Qualität produziert werden, als vereinbart wurde!
9. Dokumentieren Sie im Verlauf des Projektes, welche Komponenten wann, wie und von wem in der Qualität geprüft wurden. Dokumentieren Sie auch die Zwischenabnahmen durch den Auftraggeber – das kann bei späteren Reklamationen einmal sehr wichtig werden!

Qualitätssicherung	
Projekt: Phase: Datum:	
Produkt / Teilergebnis / Meilenstein:	
Teilnehmer:	Untersuchte Objekte:
Fehler / Qualitätsmängel:	Geplante Maßnahmen: Nächster Termin:
Bemerkungen:	Anlagen:
Unterschrift – Projektleiter:	Unterschrift – Auftraggeber (-Vertreter):

Abbildung 19: Dokumentation der Qualitätssicherung

2. Qualität in der Arbeitsweise

Die Qualität der Arbeitsweise soll die Qualität des zu erstellenden Produktes unterstützen. Vielleicht gibt es in Ihrem Unternehmen ein Handbuch mit Vorschriften zur Projektabwicklung. Ansonsten gilt grundsätzlich Ihr Phasenmodell. Es gelten Ihre Spielregeln für die Arbeit. Sie müssen sich vergewissern, dass Regeln, Richtlinien und Vorschriften eingehalten werden. Auch die Richtlinien zu Datenschutz oder Unfallverhütung gehören dazu.
Zur Qualität der Arbeitsweise gehört alles, was mit dem Wie zusammenhängt. Wie kommen Sie und Ihr Team zu dem vereinbarten Projektergebnis? Am besten erarbeiten Sie gemeinsam mit Ihren Mitarbeitern die Richtlinien für einen qualitativ hochwertigen Arbeitsprozess. Dazu gehört die Klärung von Fragen wie:

- Nach welchem Vorgehensmodell gehen wir vor?
- Wer ist wofür verantwortlich zuständig?

- Wie laufen die Informationswege?
- Wie dokumentieren wir was?
- Wo werden Dokumente abgelegt?
- Wie halten wir unsere Dokumentation vollständig und aktuell?
- Wie regeln wir Zugriffe und Einblicke?
- Was tun wir zum Schutz von internen Informationen?
- Wie kommen wir zu realistischen Schätzungen und Planungen?
- Wie sichern wir die Einhaltung von Plänen ab?
- Was tun wir, wenn sich mögliche Abweichungen abzeichnen?
- Wie reagieren wir auf unerwartete Ereignisse?
- Wie stellen wir sicher, dass die vereinbarte Produktqualität erreicht wird?
- Wie binden wir den Auftraggeber und Betroffene in den Prozess mit ein?
- Wie soll die Kommunikation mit Gremien im Unternehmen gestaltet sein?
- Wie sichern wir ab, dass sich Externe und Lieferanten an Vereinbartes halten?
- Wie dokumentieren wir, was von Externen zum Produkt beigetragen wurde?
- Was tun wir zur Vermeidung von Krisen?
- Wie vermindern wir Risiken?
- Wie reagieren wir auf Krisen oder veränderte Risikosituationen?

Bei aller Teamorientierung und Freude an kooperativem Führungsstil sollten Sie sich der Tatsache bewusst bleiben, dass Sie als Projektleiter letztlich die Verantwortung tragen. Sie sollen und wollen sich von Ihren Fachleuten im Team beraten lassen. Im Zweifel muss jedoch Ihr Wort gelten. Ihre Mitarbeiter mögen unterschiedliche Ansichten haben.

> Der eine mag sich als Kreativer in seiner Gestaltungsfreiheit eingeschränkt sehen, wenn er sich an Regeln halten soll.
> Der andere verlangt in seiner Bürokratenmentalität womöglich pingelig genaue Regeln und wird unsicher, wenn etwas nicht verbindlich festgelegt ist.
> Der eine hält sich bei der Arbeit an vereinbarte Regeln auch dann, wenn er sie für sich lieber anders definiert hätte. Er kennt es zum Beispiel von seinem Freizeitsport, dass Regeln halt sein müssen.
> Der andere legt seinen Ehrgeiz darein, möglichst oft und möglichst unentdeckt gegen Regeln zu verstoßen. Den Spaß hat er sich vielleicht schon als Schüler gemacht.
> Der Dritte hält sich stur an Regeln, auch wenn sie am aktuellen Fall sinnlos oder sogar schädlich sind. Er hat vielleicht beim Bund gelernt: „Befehl ist Befehl."

Sie werden staunen, was sich an Individualität zeigen kann, wenn Menschen mit unterschiedlichen Mentalitäten sich auf ein Konzept zu Qualitätsarbeit zusammentun sollen. Das kann für Sie zur wahren Führungsherausforderung werden!

3. Qualität im Umgang mit Auftraggeber und Betroffenen

Dieser Aspekt wird vor allem bei sehr technischen Projekten oft zu wenig berücksichtigt. Aber genau hier setzt das ein, was Sie bezüglich Ihres Projektes unter Kundenorientierung zu verstehen haben.

Hier sind ganz bestimmte Aspekte zu berücksichtigen:

Der Auftraggeber ist nicht nur Besteller, Bezahler und Empfänger eines Projektproduktes. Er kommt auch bezüglich des Umgangs mit Ihnen und Ihrem Team zu eigenen Schlüssen.

> Fühlte er sich von Ihnen in seinen Anliegen verstanden? Hat er sich gut beraten gefühlt? Hat er gespürt, dass man sich alle Mühe gegeben hat, ihm das zu liefern, was er will und was für ihn gut ist?
>
> Oder musste er zu dem Eindruck kommen, dass der Projektleiter und sein Team ihn als Störenfried betrachteten? Hat man überlegenes Fachwissen gegen ihn ausgespielt? War ihm unverständlich, wieso der Projektleiter stur auf nachträgliche Änderungswünsche reagierte? Konnte er den Eindruck gewinnen, dass man im Projekt zu großzügig mit seinem Geld umging?

Bedenken Sie die Rolle, die Ihr Auftraggeber im Unternehmen spielt! Über welche offizielle Macht im Management verfügt er? Über welche Hausmacht und inoffiziellen Beziehungen verfügt er? Ein mit Ihrer Projektleitung zufriedener Auftraggeber ist der beste Karrierehebel für Sie! Ihre tatsächliche Projektleitung kann der Auftraggeber oft gar nicht so genau beurteilen. Aber er kann sich aus Ihrem Verhalten und dem Ihres Teams ihm gegenüber seinen Reim darauf machen.

Zur Kundenorientierung gehört auch die Art Ihres Umgangs mit Steuerungsgremien, an die Sie zu berichten haben. Auch dort macht man sich ein Bild davon, ob die Zusammenarbeit mit Ihnen angenehm ist oder eher mühselig.

Zur Kundenorientierung gehört auch, dass Sie an die Menschen denken, die von Ihrem Projektprodukt betroffen sind. Verlassen Sie sich dabei nicht auf den Auftraggeber. Denken Sie lieber selbst darüber nach, ob zum Beispiel Schulungen notwendig werden oder ob Stand-by geleistet werden muss.

Drei Kernthemen bezüglich der Qualität im Umgang mit Auftraggeber und Betroffenen sind zu berücksichtigen:

- Wie binden wir unsere Kunden in die Projektarbeit mit ein? Mit welchen Informationen versorgen wir sie? Wie halten wir den ständigen Kontakt? Wie sorgen wir dafür, dass sie mit dem von uns erstellten Produkt zufrieden sein werden? Wie unterstützen wir den Auftraggeber und Betroffene nach Projektende bei der Übernahme des Produktes?
- Wie treten wird den Kunden gegenüber auf? Wer aus dem Team ist besonders gut geeignet, den richtigen Ton zu finden, wenn es um Fragen und Erklärungen geht? Wem von den Fachleuten fehlt eventuell die Geduld, sich auf Kunden einzulassen, die sich mit der Materie nicht auskennen?

- Wie gehen wir in schwierigen Situationen mit unseren Kunden um? Wie nehmen wir Reklamationen an? Wie bearbeiten wir Fehler, die bei unserem Produkt aufgetreten sind? Wie führen wir die Menschen, denen die Umstellung auf das Neue schwer fällt, an unser Produkt heran?

Die Qualität im Umgang mit Auftraggeber und Betroffenen basiert wesentlich auf der eigenen inneren Einstellung.

> Wer sich als arroganter Fachprofi auf den Standpunkt stellt, dass die Nicht-Fachleute dumm sind, wird das auch in der Art seiner Kommunikation zum Ausdruck bringen. Sie als Projektleiter erkennen solche abfälligen Einstellungen an der Art, wie Ihre Mitarbeiter in Abwesenheit über den Auftraggeber oder die Betroffenen sprechen.

Überlegen Sie sehr gut, wer von Ihren Teammitgliedern kundenfähig ist und wer nicht. Halten Sie diejenigen, die es nicht sind, möglichst aus dem Blickfeld von Auftraggeber und Betroffenen. Dass diese Leute sich damit selbst in der Karriere schaden, können Sie ihnen zu vermitteln versuchen. Aber missionieren Sie nicht. Man kann Arroganten nicht gegen deren innere Überzeugung wertschätzendes Verhalten nahe legen.

> Zu den Personen, die nicht kundenfähig sind, gehören auch diejenigen, die sich nur noch in ihrer Fachsprache äußern können. Sie mögen in ihrem Sachgebiet tolle Profis sein. Sie mögen eine hohe Wertschätzung für die Kunden aufbringen und sich mit ganzer Leidenschaft darum bemühen, die Kunden mit guten Produkten zufrieden zu machen. Sie können sich leider nur nicht so ausdrücken, dass die Kunden auch verstehen, was gemeint ist.

Leben Sie die Qualität im Umgang mit Auftraggebern und Betroffenen vor. Als Projektleiter sind Sie für Ihr Team ein wichtiges Verhaltensmodell. Vielleicht können Sie mit Ihren Mitarbeitern auch Qualitätsstandards zur Kundenorientierung schriftlich vereinbaren? In vielen Projekten hat sich das bewährt.

Beispiel aus einem Unternehmen im Bereich Neue Technologie:

- ■ Unsere Qualitätspolitik im Projekt

1. **Unter Partnerschaft mit Auftraggeber und Betroffenen verstehen wir Zuverlässigkeit, Kompetenz und Fairness.**
   Das bedeutet, dass wir ...
   ... Anfragen so schnell wie möglich, spätestens nach vierundzwanzig Stunden, beantworten.
   ... alle Verträge und Absprachen vollständig erfüllen.
   ... Änderungswünsche im Rahmen des Möglichen erfüllen.

2. **Unseren Ansprechpartnern auf Auftraggeber- und Betroffenenseite kommen wir stets aufmerksam, freundlich und hilfsbereit entgegen.**

Das bedeutet, dass wir ...

... Informationen stets unaufgefordert weitergeben und unverzüglich bereitstellen.

... von uns aus den Kontakt suchen und den aktiven Austausch durch den gesamten Projektverlauf hindurch halten.

... Zusatzleistungen aktiv anbieten.

... in schwierigen Situationen Verständnis für unsere Ansprechpartner aufbringen und stets von uns aus den ersten Schritt zur Bereinigung einer schwierigen Situation gehen werden.

... unserem Auftraggeber und den Betroffenen beim Einsatz oder bei der Anwendung des Produktes so helfen werden, dass sich deren Nutzenerwartungen voll erfüllen.

3. **Wir erstellen in unserem Projekt unter Einhaltung von Qualitätsstandards ein hochwertiges Produkt mit Dokumentation.**

Das bedeutet, dass wir ...

... gründlich mit dem Auftraggeber über Einsatzziele und Nutzenerwartungen sprechen und ihn dann als Fachleute bezüglich der Projektziele fair beraten.

... mit unserem Auftraggeber zu verbindlichen Vereinbarungen bezüglich der Funktionalität und der Qualität des Produktes kommen.

... unsere Fachkenntnisse stets auf neuestem Stand halten und uns in der Projektarbeit am aktuellen „State of the Art" orientieren.

... uns im Verlauf des Projektes an die Regeln zur Qualitätssicherung halten.

... bei der Einführung des Projektproduktes in die Praxis Stand-by-Service anbieten um möglichen Umstellungsproblemen vorbeugend zu begegnen.

4. **Wir sind ein motiviertes, kompetentes und freundliches Team, das sich durch respektvolle und kooperative Beziehungen auszeichnet.**

Das bedeutet, dass wir ...

... uns untereinander offen mit Informationen versorgen und stets absprechen.

... uns gegenseitig bei Problemen sofort helfen und gemeinsam negative Auswirkungen auf das Projekt verhindern.

... jedes Teammitglied ungeachtet sonstiger hierarchischer Zuordnungen als gleichwertiges Gruppenmitglied respektieren.

... neuen Teammitgliedern bei der schnellen Einarbeitung helfen.

... Personen, die temporär bei uns mitarbeiten, ein freundliches und kollegiales Klima schaffen.

... uns in unserer Individualität achten, großzügig auf menschliche Schwächen reagieren und aufeinander Rücksicht nehmen.

... unser gutes Teamklima ausstrahlen lassen in den Kontakt mit Personen außerhalb des Projektes.

5. **Unser Preis-/Leistungsverhältnis ist qualitäts- und marktgerecht.**
   Das bedeutet, dass wir ...
   ... uns bei Schätzungen und Planungen um realistische Soll-Zahlen bemühen.
   ... uns konsequent an Pläne halten und alles tun, damit Ist- und Soll-Zahlen zur Deckungsgleichheit kommen.
   ... sorgfältig mit den Ressourcen und auch mit unserer eigenen Arbeitszeit umgehen.
   ... dem Auftraggeber jederzeit Einblick über den Verbrauch von Ressourcen geben können und wollen.

6. **Wir wollen, dass unser Auftraggeber und die Betroffenen gerne mit uns arbeiten und uns als erfolgreiches Team empfehlen.**
   Das bedeutet, dass wir ...
   ... offen sind für Feedback bezüglich unseres Verhaltens und Kommunikationsstils.
   ... offen sind für Feedback bezüglich unserer Produkte und Zwischenergebnisse.
   ... uns bei Kritik sofort aktiv darum bemühen, die volle Zufriedenheit wieder herzustellen.

7. **Wir fördern umweltbewusstes Denken und Verhalten.**
   Das bedeutet, dass wir ...
   ... bevorzugt umweltfreundliche Materialien einsetzen.
   ... sparsam mit Energie umgehen.
   ... sparsam mit Materialien umgehen.

Vielleicht zweifeln Sie an der Wirksamkeit solcher schriftlichen Festlegungen zur Qualitätspolitik im Projekt. Sie sollten es aber trotzdem einmal versuchen. Sie können damit zwar kaum innere Einstellungen von den Teammitgliedern verändern, die kein positives Verhältnis zu dem Thema haben. Sie können damit jedoch klar zum Ausdruck bringen, welches Verhalten und welche innere Einstellung in Ihrem Projekt erwünscht ist. Sie unterbinden damit auf jeden Fall, dass Negative einen unguten Einfluss auf die Mitarbeiter nehmen, die eigentlich zu einer positiven Haltung bereit sind, sich jedoch beeinflussen lassen würden.

3.13 Projektdokumentation – Denken Sie an den Aufwand!

Zwei Dinge sind wichtig, wenn Sie in Ihrem Projekt eine professionelle Dokumentation sicherstellen wollen:

1. Sie müssen von Anfang an mit dem Team den dafür erforderlichen Aufwand einplanen. Zum Aufwand gehört nicht nur das Erstellen der Unterlagen, sondern auch deren Qualitätskontrolle.
2. Sie müssen von Anfang an Ihren Mitarbeitern den Stellenwert der Dokumentation deutlich machen. Sie darf nicht zum Schluss mal eben schnell auch noch gemacht werden. Sie muss vom ersten Arbeitstag an konsequent mit der anderen Projektarbeit mit erledigt werden.

Sie als Projektleiter müssen bei Ihrer Kontrolle immer auch die Dokumente kontrollieren. Sie müssen auch unbedingt bei Zwischenabnahmen durch den Auftraggeber darauf bestehen, dass er die Dokumentation mit abnimmt. Unterscheiden Sie folgende Arten von Dokumentationen:

1. Unterlagen zum Projektverlauf

Hierzu gehören alle Verträge, Vereinbarungen mit Außenstehenden, das Pflichtenheft, die Pläne, Schätzungen, Delegationslisten, Statusberichte, Meeting-Protokolle, Test-Protokolle und Unterlagen zum Controlling. Aus diesen Dokumenten müssen sich notfalls bestimmte Abläufe und Entscheidungen im Projekt rekonstruieren lassen. Diese Dokumente gehören in den Projektordner. Die Verantwortung für den stets gepflegten Projektordner liegt ausschließlich bei Ihnen.

Sie müssen sich auch ein geeignetes System zur Ablage von überholten Plänen oder veralteten Versionen ausdenken. Lassen Sie sich dazu von einer erfahrenen Sekretärin beraten. Die Damen wissen, wie man das macht. Und Sie lernen für die Zukunft ein kluges System auch für einen wichtigen Teil Ihres eigenen Wissensmanagements.

Klären Sie mit dem Auftraggeber, welche Unterlagen er regelmäßig vorgelegt haben will. Klären Sie auch, wer Zugriff auf diese Informationen haben darf und was geheim bleiben muss.

■ **Tipp:** Verwöhnen Sie zu Beginn der Projektarbeit Ihren Auftraggeber nicht mit zu schön aufbereiteten Unterlagen und Informationen. Am Anfang stehen Sie und Ihre Mitarbeiter noch nicht unter Termindruck.
Das könnte Sie verlocken, übertrieben viel Aufwand in perfektionistische Protokolle und Berichte zu stecken. Ihr Auftraggeber gewöhnt sich an den hohen Standard in der Aufmachung. Wenn Sie später im Projektverlauf einfach nicht mehr die Zeit für „Papierkosmetik" haben und dabei etwas nachlassen, schließt der Auftraggeber unweigerlich auf nachlassende Sorgfalt in der eigentlichen Projektarbeit.

Eine mögliche Gliederung Ihres Projektordners:
0. Allgemeines
1. Verträge und Vereinbarungen
2. Korrespondenz
3. Pläne
4. Teilprojekte und Arbeitspakete
5. Controlling
6. Diverses
7. Anlagen

2. Unterlagen zum Produkt oder Projektergebnis

Hier unterscheiden Sie bitte zwischen den technischen Unterlagen und den Gebrauchsunterlagen.

Die technischen Unterlagen sind für Profis bestimmt. Die sollen sich vielleicht später mit Reparaturen, Erweiterungen oder Ähnliches befassen. Sie brauchen Unterlagen von Fachleuten für Fachleute. Hier ist Fachsprache angebracht.

Die Gebrauchsunterlagen sind für Laien bestimmt. Es kann sich um Gebrauchsanleitungen, Benutzerhandbücher oder ähnliches handeln.

Die Erstellung der Dokumentation für Laien dürfen Sie nicht allein Ihren Fachleuten im Team überlassen. Sorgen Sie dafür, dass Ihnen der Auftraggeber geeignete Personen aus dem Kreis zukünftiger Benutzer oder Betroffenen nennt, die sich regelmäßig mit den Zwischenabnahmen der Teilprodukte um die Zwischenabnahmen der Teildokumente kümmern.

Vergessen Sie nicht, dass die Dokumentation zum Projektprodukt immer auch „Werbeträger" für Sie und Ihre erfolgreiche Projektarbeit sind. Machen Sie auch Ihren Mitarbeitern klar, welche Bedeutung diese Unterlagen im Hinblick auf die Akzeptanz des Projektergebnisses haben.

3. Unterlagen für die aktuelle Projektarbeit

In jedem Projekt entstehen Dokumentationen, die nur innerhalb des Projektes ihre Bedeutung haben. Das können Arbeitsskizzen sein oder Entwürfe mit unreifen Ideen.

Erinnern Sie Ihr Team unbedingt daran, dass solche Unterlagen niemals in die Hände Außenstehender gelangen dürfen!

> Das ist besonders wichtig, wenn Ihr Projekt ohnehin zum Beispiel vom Betriebsrat mit Misstrauen beobachtet wird. Schon mancher Projektleiter ist in arge Bedrängnis gekommen, weil irgendwer durch Zufall an ein Papier mit unreifen Ideen oder Gedankenspielereien gekommen ist und dieses als „gelüftetes Projektgeheimnis" an Feinde des Vorhabens weitergeleitet hat. Wenn dann der Sturm im Wasserglas ausbricht, wird alles, was Sie an Erklärungen vorzubringen versuchen, als faule Ausrede eines Ertappten gewertet. Ihr Auftraggeber wird es Ihnen sehr verübeln, wenn Sie ihn auf diese Art ebenfalls in Erklärungsnot bringen.

Achten Sie und Ihre Mitarbeiter immer darauf, was an Papier neben dem Kopierer, dem Fax oder dem Drucker liegen bleiben könnte. Achten Sie auf das, was sich Unbefugte im Intranet zusammensuchen könnten. Vereinbaren Sie auch mit Ihrem Auftraggeber die gemeinsame Politik zur Veröffentlichung und Zugangsberechtigung von Projektdokumentation.

■ **Tipp:** Machen Sie es sich und Ihrem Team zur Gewohnheit, bei jedem Phasenabschluss auch gleich die Unterlagen zu bereinigen. Alles, was nur noch als Altpapier oder Datenmüll nutzlos herumliegt, muss weg.

3.14 Review: Ist das Projekt auf Erfolgskurs?

Kein Unternehmen kann es sich erlauben, ein Projekt zu initiieren und dann auf regelmäßige Reviews zu verzichten. Trotzdem kommt das immer wieder vor. Man beschränkt sich lediglich auf die Kontrolle bezüglich des Controllings durch den Projektleiter und auf regelmäßige Zwischenabnahmen. Das reicht nicht! Damit kann man gegebenenfalls lediglich im Nachhinein feststellen, dass die Zahlen nicht stimmen, dass die Qualität nicht stimmt, und dass schließlich das Projekt auf Misserfolgskurs ist.

Ein Review soll – über die Zahlen hinaus – untersuchen, wie es um die Gesundheit und somit Erfolgsaussichten eines Projektes steht. Auch wenn Sie nicht mit einem offiziellen Review von außen zu rechnen haben, sollten Sie mit Ihrem Team den Fragen nachgehen, die man im Review stellt. Seien Sie über Ihr Controlling hinaus wachsam, schon die ersten Anzeichen von möglichen Erfolgshindernissen zu erkennen. Betrachten Sie Ihr Projekt aus dem Blickwinkel eines kritischen Außenstehenden.

1. Fragen zur Projektorganisation und zu den Fundamenten

* Ist das Projekt im Sinne der Unternehmensziele notwendig und nützlich?
* Gibt es einen Auftraggeber und eindeutigen Abnehmer des Projektproduktes?
* Sind allen Beteiligten und Betroffenen die Ziele, das Aufgabengebiet und die Konsequenzen aus dem Projekt klar?
* Sind Auftraggeber und Betroffene in die Projektarbeit integriert?
* Stehen die Beteiligten zu den Zielen des Projektes?
* Sind die notwendigen Kompetenzen und Kapazitäten im Team vorhanden?
* Hat das Team ein angemessenes Arbeitsumfeld?
* Stehen die notwendigen Ressourcen zur Verfügung?
* Gibt es innerhalb des Projektteams und innerhalb des Unternehmens sauber definierte Organisationsformen? Sind Hierarchien, Kompetenzen und Berichtswege klar?
* Gibt es nachvollziehbare und aktualisierte Pläne, Schätzungen und Entscheidungsgrundlagen?

- Ist das Projekt sinnvoll in Phasen, Teilprojekte und Arbeitseinheiten gegliedert?
- Gibt es ein Änderungsverfahren für nachträgliche Änderungen an Zielen oder wesentlichen Bedingungen?
- Sind Dokumentationskonzept und Berichtswesen klar definiert?
- Gibt es aktualisierte Krisenpläne? Sind diese den Betroffenen bekannt?

2. Fragen zur Projektdurchführung

- Halten sich Projektleiter und Team an das Vorgehensmodell und die Pläne?
- Werden Arbeitspakete, Teilprodukte und Meilensteine erfolgreich abgenommen?
- Sind Entscheidungen nachvollziehbar dokumentiert?
- Sind die Unterlagen zu Soll- und Ist-Daten schlüssig?
- Werden Soll-Abweichungen mit ihren Ursachen sauber analysiert?
- Gab es nachträgliche Änderungen an Zielen oder wesentlichen Bedingungen? Warum erst nachträglich? Wurde das Änderungsverfahren eingehalten?
- Werden regelmäßig Risikoanalysen durchgeführt? Greifen Maßnahmen zur Risikominimierung? Greifen Maßnahmen zur Krisenbewältigung?
- Ist die Zusammenarbeit mit externen Lieferanten und solchen aus dem eigenen Unternehmen erfolgreich?
- Sind Dokumentationen zum Produkt und der Projektordner auf aktuellem Stand?
- Werden die Regeln zum Berichtswesen eingehalten?

3. Fragen zur Zusammenarbeit

- Wird der Projektleiter von den Teammitgliedern und von Außenstehenden in seiner Rolle akzeptiert?
- Arbeitet das Team harmonisch zusammen?
- Ist die Zusammenarbeit zwischen Team und Betroffenen harmonisch?
- Wird das Projekt vom Management aktiv unterstützt?
- Ist die Stimmung im Team von Erfolgserwartung geprägt?

4. Fragen zu möglichen Widerständen gegen das Projekt

- Wer wird durch das Projekt Änderungen in seinem bisherigen Arbeitsumfeld erfahren?
- Wer sind Gewinner oder Verlierer durch das Projekt?
- Wie bewerten Betroffene das Projekt?
- Was tun sie für oder gegen den Projektfortschritt?
- Wie ist die Zusammenarbeit mit der Mitarbeitervertretung?
- Wer sind die Multiplikatoren für Widerstände gegen das Projekt?
- Wer kann Multiplikator für das Projekt sein?

5. Fragen zu Trends

- Welche Frühindikatoren lassen auf einen erfolgreichen Projektabschluss schließen?
- Welche Frühindikatoren lassen darauf schließen, dass der erwartete Nutzen eintreten wird?
- Welche Frühindikatoren könnten auf drohende Probleme hinweisen?

Gehen Sie diesen Fragen mit Ihren Mitarbeitern nach. Überlegen Sie gemeinsam, was Sie eventuell an Maßnahmen ergreifen sollten, um Ihr Projekt auf jeden Fall in sicheres Fahrwasser in Richtung Erfolg zu bringen. Sprechen Sie gegebenenfalls frühzeitig mit Ihrem Auftraggeber. Er würde völlig verständnislos vor plötzlich auftretenden Problemen stehen, die sich unter Ihren Augen seit einiger Zeit langsam aufgebaut haben.

3.15 Rückschau: Reflexion und Ausblick

Sie sollten sich mit Ihrem Team möglichst nach jeder abgeschlossenen Projektphase, zumindest jedoch zum Ende des Projektes die Zeit nehmen, einmal zurückzuschauen und aus den Erfahrungen für die Zukunft zu lernen. Sammeln Sie im Brainstorming-Verfahren Ideen zu folgenden Fragen:

- Was ist uns im Projekt besonders gut gelungen?
  Woran lag das?
- Was ist uns nicht so gut gelungen?
  Woran lag das?
- Was ist an Unerwartetem auf uns zugekommen?
  Wieso haben wir damit nicht gerechnet?
- Wie war die Zusammenarbeit/Kommunikation im Projekt?
- Wie war sie mit Personen außerhalb unseres Projektteams?

Wenn Sie zu diesen Fragen Ideen und Ansichten zusammengestellt haben, sollten im zweiten Schritt Lehren für die Weiterarbeit oder für zukünftige Projekte abgeleitet werden.

Lassen Sie jeweils in kleinen Gruppen von zwei bis vier Personen fünf „Lessons learned" erarbeiten. Die Gruppen gehen etwa eine halbe Stunde der Frage nach:

- *„Was würden wir mit dem Wissen von heute anders machen oder entscheiden, wenn wir noch einmal anfangen könnten?"*
  Daraus leitet die Gruppe fünf „Lessons" ab:
  „Für die Weiterarbeit oder für neue Projekte empfehlen wir:
  1. ...
  2. ...
  3. ...
  4. ...
  5. ..."

Die Empfehlungen können lauten:

1. Dem Betriebsrat sollten keine Unterlagen, über die noch nicht entschieden wurden, zur Einsicht gegeben werden.
2. Bezüglich der Wartung des Betriebssystems sollte der Vertrag mit Firma XY gekündigt werden. Sie sind unzuverlässig. Die Firma ABC hat gute Referenzen und sollte deshalb Vertragspartner sein.

Gemeinsam mit Ihrem Team erarbeiten Sie solche Empfehlungen, die einerseits auf konkreten Erfahrungen basieren und andererseits für zukünftige Aufgaben und/oder für andere Projektleiter hilfreich sein können.

Gehen Sie – eventuell ohne Ihr Team – noch einmal gründlich den Ursachen für Abweichungen zwischen Soll- und Ist-Werten nach:

- Wo haben Sie sich in Aufwand oder Kosten verschätzt? Und wieso?
- Wen haben Sie vielleicht in seiner Leistungsfähigkeit falsch eingeschätzt?
- Wem im Team haben Sie Verzögerungen zu verdanken?
- Wer im Team hat das Projekt besonders gut vorangebracht?

Überlegen Sie, mit wem Sie gegebenenfalls ein unmissverständliches Gespräch führen sollten. Und sagen Sie Ihren Leistungsträgern, dass Ihnen bewusst ist, was Sie an ihnen haben!

Solche klaren Gespräche nutzen Ihnen mehr als Kritikgespräche mit den Mitarbeitern, denen Sie Verzögerungen zu verdanken haben. Bedenken Sie, dass Sie nicht Linienvorgesetzter Ihrer Mitarbeiter sind. Sie können es sich vielleicht gar nicht leisten, Teammitglieder durch Kritik zu verärgern. Aber Sie können dafür sorgen, dass Ihre Leistungsträger durch klare Anerkennung noch motivierter bei der Stange bleiben und die schwächeren Kollegen mitziehen.

Vielleicht steht Ihnen aufgrund von Vereinbarungen mit dem Betriebsrat eine offizielle Beurteilung Ihrer Mitarbeiter nicht zu. Vielleicht möchten Sie das auch gar nicht tun, weil Sie sich damit Sympathien verscherzen könnten.

Dennoch sollten Sie zumindest für sich allein jede Person einmal gezielt unter die Lupe nehmen. Das ist ein Teil Ihrer Übung im Hinblick auf zukünftige Führungsfunktionen in der Linie. Machen Sie sich fit in der realistischen Beurteilung von Mitarbeitern. Füllen Sie pro Person nach jeder Phase das folgende Formular aus. Achten Sie gegebenenfalls darauf, die Unterlagen zu Hause zu lassen und mit Codes statt mit Namen zu versehen.

Aber auch sich selbst sollten Sie einer kritischen und ehrlichen Analyse unterziehen:

- Welche Fehler oder Nachlässigkeiten sind Ihnen selbst passiert?
- Wo und wie sollten Sie sich selbst konsequenter disziplinieren?
- Wie steht es um Ihr Zeit- und Selbstmanagement?
- Ist Ihr Arbeitsstil und Ihre Form der Kommunikation den Teammitgliedern ein positives Vorbild?
- Werden Sie von Außenstehenden in Ihrer Rolle als Projektleiter anerkannt?

Beurteilung der Projektarbeit			

Name: _____

Aufgabe im Projekt: _____

Einsatzzeitraum von: _____ bis: _____

Tätigkeit nach Plan ausgeführt: _____

Wenn nein, warum nicht: _____

Beurteilung	Schlecht	Mittel	Gut
• Fachliche Leistung			
– Problemverständnis	☐	☐	☐
– Wissen, Methoden	☐	☐	☐
– Qualität der Ergebnisse	☐	☐	☐
• Formale Qualität			
– Termintreue	☐	☐	☐
– Effizienz	☐	☐	☐
– Darstellung	☐	☐	☐
– Ressourceneinsatz	☐	☐	☐
• Zusammenarbeit			
– im Team	☐	☐	☐
– mit Außenstehenden	☐	☐	☐
– mit Projektleiter	☐	☐	☐

Sonstiges:

Abbildung 20: Beurteilung eines Projektmitarbeiters

Mancher Projektleiter kommt allein dadurch zu Abweichungen zwischen Soll- und Ist-Zahlen, weil Außenstehende ihn und sein Projekt nicht ernst genug nehmen. Man liefert ihm entsprechend die zugesagten Ressourcen nicht pünktlich oder nicht in der vereinbarten Qualität. Man lässt ihn auf Entscheidungen warten. Man nimmt ihm die Zwischenergebnisse nicht ab und kommt dann nachträglich womöglich mit Änderungswünschen, die das Projekt weit zurückwerfen. Man zieht ihm Mitarbeiter für plötzlich viel dringendere Linienaufgaben aus dem Team ab und schiebt ihm dafür die Nieten zu, die der Vorgesetzte loswerden will.

Projektleiter, die mit solchen Problemen zu kämpfen haben, beklagen sich gerne über das Management oder die anderen Führungskräfte. Das ist die falsche Einstellung. Es ist immer Ihre eigene Schuld, wenn andere Sie schlecht behandeln oder übergehen! Ihnen ist es dann nicht gelungen, sich im Machtgefüge des Unternehmens die notwendige Autorität zu verschaffen. Wie soll man Ihnen jemals eine Führungsfunktion in der Linienorganisation zutrauen, wenn Sie sich schon als Projektleiter nicht den notwendigen Respekt verschaffen können?

Zu Ihrer Rückschau gehört demnach immer auch die Frage: Wie ist es mir gelungen, mit meinem bisher erfolgreichen Projekt mein Ansehen im Unternehmen zu fördern? Dazu müssen als Erstes die Zahlen stimmen und als Zweites die doch noch vorhandenen Abweichungen zu Konsequenzen führen. Nie dürfen Sie sich vor irgendwem über mangelnde Unterstützung oder über schlechte Zusammenarbeit beklagen! Damit outen Sie sich auf der Stelle als ein Projektleiter, der seine Probleme nicht in den Griff bekommt und Hilfe von Mächtigen braucht.

Zur Rückschau gehört auch immer die Frage nach aufgetretenen Krisen und deren Bewältigung. Dem Thema ist ein eigenes Kapitel gewidmet. In der Rückschau fragen Sie sich selbstkritisch:

* Haben wir die Risiken richtig eingeschätzt?
* Haben sich unsere Abwehrmechanismen bewährt?
* War mein Krisenmanagement erfolgreich?
* Was lernen wir daraus für die Zukunft?

3.16 Risiko- und Krisenmanagement im Projekt

Risikomanagement betreiben Sie, damit Ihnen möglichst keine Krisen passieren. *Krisenmanagement* haben Sie zu bewältigen, wenn „es" passiert ist. In der Krise geht es um Schadensbegrenzung und darum, möglichst schnell wieder das Projekt in ruhiges Fahrwasser zu bringen. Es kann natürlich auch vorkommen, dass nach Abschluss Ihres Projektes Ihre Erfahrungen als Krisenmanager gefragt sind, wenn in der Folge Probleme mit dem auftreten, was durch Ihr Projekt entstanden ist oder verändert wurde.

Ein gutes Risikomanagement verhindert nicht nur manche Krise, es bereitet Sie und Ihr Team auch auf den Ernstfall vor. Auch bei Projekten gilt die alte Weisheit: „Gefahr erkannt – Gefahr gebannt."

Unterscheiden Sie bitte zwischen Risiken *für* das Projekt und Risiken *durch* das Projekt oder sein Produkt. Für Letztere ist eigentlich der Auftraggeber verantwortlich. Verlassen Sie sich nicht darauf. Betrachten Sie sich auch über das Projektende hinaus als Risiko- und Krisenberater.

■ **Tipp:** Prüfen Sie, ob sich Ihr Auftraggeber um eine gründliche Risikoanalyse bemüht, und beraten Sie ihn gegebenenfalls fachlich in der Hinsicht. Sollten sich nämlich später Probleme durch das von Ihnen erstellte Produkt ergeben, dann könnte das auch Ihren guten Ruf gefährden.

- Hat Ihr Auftraggeber wirklich durchdacht und verstanden, was durch Ihr Projekt auf ihn, auf seine Mitarbeiter, Kunden oder andere Personen zukommt?
- Sorgt der Auftraggeber seinerseits dafür, dass die Neuerungen, die Sie im Projekt erarbeiten, bei ihm ausreichend vorbereitet werden?
- Gibt es beim Auftraggeber Krisenpläne für den Fall, dass sich bei oder nach der Übernahme des Projektproduktes Probleme einstellen?

Risiken für das Projekt sind Ihr Verantwortungsbereich. Das sind die Risiken, die Ihren erfolgreichen Abschluss des Projektes ver- oder behindern könnten.

- Was kann Sie hindern, mit Ihrem Team pünktlich zum vereinbarten Termin fertig zu werden?
- Was kann für ungeplante Kosten und damit Budgetüberschreitungen sorgen?
- Was könnte Qualitätsmängel oder Einschränkungen bei den vereinbarten Funktionen des Produktes verursachen?

Zum Risikomanagement gehört, dass Sie und Ihr Team ...

- potenzielle Gefahren für Ihren Projekterfolg rechtzeitig erkennen.
- die Risiken, die Wahrscheinlichkeit des Eintreffens und die möglichen Schäden richtig beurteilen.
- über saubere Absprachen und/oder Krisenpläne für den Eintrittsfall verfügen.
- die richtigen Maßnahmen ergreifen, vermeidbare Risiken zu vermeiden und bei unvermeidbaren zumindest die Gefahr des Eintreffens zu reduzieren und das Ausmaß der möglichen Schäden gering zu halten.
- unvermeidbare Risiken bewusst und vernünftig eingehen.

Erarbeiten Sie in einem Workshop mit Ihrem Team:

- Was kann uns hindern, pünktlich, innerhalb des Budgets und mit den vereinbarten Funktionen und Qualitätsmerkmalen das Projekt abzuschließen?
- Von welcher Seite müssen wir mit Behinderungen oder Verzögerungen rechnen?
- Woran können wir herannahende Gefahren erkennen?
- Wie können wir die Risiken vermindern?
- Was können wir tun, wenn „es" passiert ist?
- Wer muss gegebenenfalls sofort oder bereits jetzt informiert werden?

Oft ist es gut, sich auch einmal vergangene Projekte anzuschauen: Wer oder was hat dort Schwierigkeiten verursacht?
Sie werden vielleicht erleben, dass der „Geist des positiven Denkens" Ihre Risikoanalyse behindern könnte. Man wird Ihnen vielleicht raten, doch nicht so negativ zu sein und über Probleme nachzudenken, die es doch noch gar nicht gibt. Man wird Sie zu ermutigen versuchen: „Ach, das hat doch immer geklappt. Irgendwie kriegen wir das schon hin!" Lassen Sie sich nicht beirren.

Ein guter Projektleiter tappt nicht blauäugig in vermeidbare Erfolgsfallen. Risikoanalysen zeugen nicht von Mangel an positivem Denken, sondern von Vernunft.

Gehen Sie mit Ihrem Team folgende Themenbereiche durch und überlegen Sie, wo sich mögliche Risiken abzeichnen könnten:

- **Abhängigkeiten von Außenstehenden**
  - Lieferanten von Ressourcen
  - Linienvorgesetzte von Teammitarbeitern
  - Betriebsrat
  - Entscheidungen des Auftraggebers

- **Politik und Umfeld**
  - Welche Priorität hat dieses Projekt im Unternehmen?
  - Wer ist Unterstützer oder Gegner des Projektes?
  - Wie sind die Machtverhältnisse?
  - Sind Änderungen im Machtverhältnis absehbar?
  - Können andere Change-Projekte auf dieses Projekt Auswirkungen haben?
  - Welchen Status/Einfluss habe ich als Projektleiter innerhalb der Führungsriege?
  - Welche wirtschaftlichen/gesetzlichen Änderungen sind zu erwarten?
  - Wie abhängig ist das Projekt von Umfeldbedingungen, die ich nicht beeinflussen kann?

- **Technik**
  - Werden neue/unbekannte Maschinen, PCs oder andere Geräte eingesetzt?
  - Sind alle Materialien getestet? Von wem?
  - Werden Produkte unterschiedlicher Hersteller kombiniert?
  - Haben die Hersteller Erfahrungen mit den bei uns eingesetzten Kombinationen?
  - Haben wir es mit uns bisher unbekannten Herstellern zu tun?
  - Haben wir mit Herstellern bereits früher gute/schlechte Erfahrungen gemacht?
  - Welche Wichtigkeit haben wir/unser Unternehmen beim Hersteller?
  - Habe ich Mitarbeiter im Team, die bestimmte Komponenten ablehnen?
  - Setzen wir Techniken ein, die bei Mitarbeitern einen gesteigerten Spieltrieb anregen könnten?
  - Sind Analysen, Design u. ä. von uns selbst?
  - Sind die Erwartungen von Auftraggeber und Benutzern an die technischen Möglichkeiten realistisch?

- **Ressourcen**
  - Welche Ressourcen brauchen wir? Wann? In welcher Form?
  - Wer kann/muss uns die Ressourcen zur Verfügung stellen?

– Welche anderen Projekte erheben konkurrierende Ansprüche?
– Stehen auf Benutzerseite die richtigen Ansprechpartner zur Verfügung?

• **Team**
– Sind alle Mitglieder des Teams für dieses Projekt motiviert?
– Gibt es mögliche Rivalitäten/verdeckte Konflikte im Team?
– Wie sicher ist die Verfügbarkeit der Mitarbeiter?
– Welche Aufgaben haben die Mitarbeiter neben dem Projekt zu erfüllen?
– Verfügen die Mitarbeiter über die notwendigen fachlichen Kompetenzen?
– Haben die Mitarbeiter Erfahrungen mit ähnlichen Projekten?
– Wie steht es um die Teamfähigkeit der Mitarbeiter?
– Ist das Team bereits aufeinander eingespielt?
– Gehören externe Berater/Entwickler zum Team?
– Können/wollen die Mitarbeiter positiv mit den zukünftigen Benutzern des Produkts kommunizieren?
– Gibt es für die Zusammenarbeit klare Verhaltensrichtlinien (z.B. Informationsverhalten, Berichtswesen, Delegationsregeln, Konfliktregelungen, Kooperation von Teilprojekten ...)
– Werde ich von allen Mitarbeitern in meiner Rolle als Projektleiter anerkannt?
– Verfüge ich über die notwendigen fachlichen Kompetenzen?
– Verfüge ich über den notwendigen Entscheidungsspielraum?

• **Besprechen Sie mit Ihrem Team auch:**
– Wie hoch ist die Gefahr von nachträglichen Änderungswünschen?
– Wie könnte dem vorgebeugt werden?
– Welche besonderen Risiken könnten sich aus der Dauer des Projektverlaufs ergeben?
– Personalwechsel? Neue Versionen von Technikkomponenten? Politische Änderungen?
– Welche Phasen des Projektes sind besonders risikoreich?
– Wo könnten Fehler angelegt werden, die erst später „hochgehen"?
– Wie sind Schätzungen, Vereinbarungen und Zielformulierungen zustande gekommen?
– Sind sie realistisch?

• **Grundsätzlich erarbeiten Sie bitte mit Ihrem Team mögliche Antworten auf Ihre Fragen:**
– Was könnte schief gehen?
– Woran merken wir das so früh wie möglich?
– Was tun wir gegebenenfalls?
– Was tun wir jetzt, damit „es" möglichst nicht passiert?

3.17 Qualifizieren Sie sich als Krisenmanager

Krisenmanagement muss dann einsetzen, wenn trotz Risikomanagement ein akutes Problem aufgetreten ist. Da Sie als Projektleiter sehr viel mehr Erfahrungen mit den Neuerungen und Änderungen haben, die sich aus Ihrem Projekt ergeben, als der Auftraggeber oder Ihre Unternehmensleitung, sollten Sie sich auch um deren Krisenmanagement in Zusammenhang mit Ihrem Projektergebnis bemühen. Sie sichern damit Ihrem Projektprodukt einen guten Start in die Praxis und schaffen sich selbst einen Ruf als strategisch denkender Profi.

Zum Krisenmanagement gehören folgende sechs Schritte:

*   **Schritt 1: Vorbeugende Maßnahmen (Risikomanagement)**
    Setzen Sie sich mit Ihren Fachleuten und denen des Auftraggebers zusammen und erarbeiten Sie gemeinsam:
    – Was könnte an Pannen oder Unfällen passieren?
    – Welcher materielle oder immaterielle Schaden könnte dabei entstehen?
    – Wo und wem könnte etwas passieren? Uns? Unseren Kunden? Der Umwelt?
    – Wie hoch ist die Wahrscheinlichkeit, dass „es“ passiert?
    – Wie können wir vorbeugend das Problem verhindern?
    – Wie würden wir möglichst früh erste Anzeichen einer drohenden Krise feststellen?
    – Was werden wir tun, wenn es trotz Vorbeugung doch passiert ist?
    – Wie sollen sofort schadensbegrenzende Maßnahmen eingeleitet werden?
    – Wer muss sofort informiert werden?
    – Wer ist die einzige Person, die nach außen Auskunft geben darf?
    – Auf welche Sprachregelung gegenüber Außenstehenden einigen wir uns?
    Ergebnis:
    – Krisenpläne für verschiedene denkbare Krisen
    – Maßnahmen und Vorschriften zur Vermeidung, dass es passiert
    – Einrichtung eines Frühmeldesystems (ggf. Info-Ketten: Wer ruft wen an?)
    – Information an Mitarbeiter bezüglich ihres Verhaltens (ggf. auch Übungen)
    – Rücklagen oder Versicherungen für mögliche Schadensforderungen

*   **Schritt 2: Wachsame Aufmerksamkeit**
    Es wird regelmäßig geprüft, ob ...
    – alle sich an die Vorschriften zur Krisenvermeidung halten.
    – noch allen bewusst ist, wie sie sich im Krisenfall zu verhalten haben.
    – sich mögliche Hinweise auf drohende Krisen am Horizont zeigen.
    – ob die Krisenpläne noch brauchbar sind oder technischen, gesetzlichen oder sonstigen Änderungen anzupassen sind.

- **Schritt 3: Krisenbewältigung**
  Im Falle einer Krise muss laut Krisenplan blitzschnell entschieden werden zwischen dem, was sofort zu tun ist, damit die Arbeit überhaupt weitergehen kann und dass die Schäden begrenzt bleiben, und dem, was zur Sicherung einer möglichen späteren Schuldfrage getan werden muss.

  > Das ist dem Verhalten nach einem Verkehrsunfall ähnlich. Zuerst sind Verletzte zu bergen, Personen aus der Gefahrenzone zu bringen und der Verkehr umzuleiten. Erst im zweiten Schritt werden Daten aufgenommen, Zeichnungen angefertigt, Bremsspuren gemessen etc.

- **Schritt 4: Nacharbeit der Krise**
  - Wo lag die Ursache des Problems? Muss Technik in Frage gestellt werden? Haben Personen sich falsch verhalten? Haben wir bestimmte Dinge falsch beurteilt?
  - Gibt es Schuldige? Wer ist für die Schäden haftbar zu machen? Sind personelle oder organisatorische Konsequenzen zu ziehen?
  - Gibt es Opfer oder Sach-Beschädigungen? Wer hat Anspruch auf Wiedergutmachung?
  - Was muss repariert oder restauriert werden? Dabei werden materielle und immaterielle Schäden berücksichtigt. Sind Zahlungen notwendig? Braucht man eine Imagekampagne um den schlechten Ruf aufzufangen?

Zur Nacharbeit gehört auch „**Lessons learned**": Erarbeiten Sie mit Ihren Fachleuten Ideen zur Frage: „Mit dem Wissen von heute, was würden wir anders machen, könnten wir die Uhr zurückdrehen auf die Zeit vor der Krise?" Und: „Was werden wir in Zukunft anders regeln?"
„Lessons learned" soll verhindern, dass sich solche oder ähnliche Krisen wiederholen.

- **Schritt 5: Überarbeitung des Krisenmanagements**
  Zum Krisenmanagement selbst gehört eine „**Manöverkritik**".
  - Wie haben sich unsere Krisenpläne bewährt?
  - Waren unsere Einschätzungen bezüglich möglicher Schäden und des zu erwartenden Verhaltens Dritter richtig?
  - Hat die Info-Kette funktioniert?
  - Hat sich in der Krise jeder von uns richtig verhalten?
  - Haben unsere Sofort-Maßnahmen zur Schadensbegrenzung und Sicherung der Weiterarbeit gegriffen?
  - Haben unsere Maßnahmen zur Ursachen- und Schuldfeststellung gegriffen?
  - War unsere Öffentlichkeitsarbeit wirkungsvoll?
  Die Manöverkritik dient der Optimierung des Krisenmanagements, falls es doch noch einmal passiert.

- **Schritt 6: Lernen von anderen**
  Häufig wird nach großen Krisen bewusst der Kontakt zu Außenstehenden und sogar zu Konkurrenten gesucht. Man lässt sich beraten:
  - Wie haben Sie unser Krisenmanagement wahrgenommen?
  - Wie gehen Sie mit ähnlichen Problemen um?
  - Was schlagen Sie uns vor?

Beweisen Sie der Unternehmensleitung, dass Sie genau wissen, wie man mit kritischen Situationen umzugehen hat, wie man die Risikosituation günstig beeinflusst und wie man im akuten Fall souverän reagiert.

Erfolgreiches Krisenmanagement ist häufig ein ideales Sprungbrett für die Karriere. Die Politiker machen es uns immer wieder vor.

4 Teamführung im Projekt

4.1 Teamwork – das Geheimnis des Erfolgs?

Der inzwischen mehr als neunzig Jahre alte Peter F. Drucker gilt als Guru der Teamwork-Euphorie. Der emeritierte Professor für Management der Claremont Graduate University in Kalifornien appellierte vor fünfundzwanzig Jahren an die Führungskräfte, Teamarbeit einzuführen. Damit sollten die Potenziale der Mitarbeiter viel besser genutzt werden. Hohe Motivation, mehr Kreativität, Synergien zwischen unterschiedlichen Fachrichtungen und Erfahrungshorizonten sollten bei mehr Freude an der Arbeit zu mehr und besseren Leistungen führen.

Fasst man Teamarbeit als Gegensatz zu sturer Befolgung von Befehlen auf oder als Gegensatz zu unkommunikativer Einzeltüftelei, dann mag etwas daran sein. Es ist sicherlich sinnvoll, wenn Fachleute sich austauschen, gemeinsam Ideen entwickeln und sich in der Arbeit koordinieren. Es ist unbedingt notwendig, dass Experten sich mit ihrem Wissen an Entscheidungsprozessen beteiligen – dass sie nicht nur abarbeiten, was Chefs ihnen delegieren.

Die Euphorie zum Teamgedanken ist inzwischen jedoch vorbei. Auch Peter Drucker relativiert seine Ideen von damals. Sie waren nicht falsch. Sie wurden jedoch vielfach zu simpel und zu fanatisch befolgt. Es stimmt einfach nicht, dass Teamarbeit automatisch zu besseren Ergebnissen führt als Einzelleistungen. Peter Drucker sagt heute ganz klar, dass Teamwork an der Spitze eines Unternehmens nichts zu suchen hat.

> Es sind Einzelpersonen, die Unternehmen zum Erfolg – oder auch zum Misserfolg – führen. Bill Gates ist eine Einzelperson und kein Pseudonym für ein namenloses Team! Das gleiche gilt für Jil Sander, Ferdinand Piëch, Mutter Teresa, Jürgen Schrempp und wie sie alle heißen. Das waren oder sind die Einzelpersönlichkeiten an der Spitze und keine Teams.

Selbstverständlich haben sich diese Einzelpersonen beraten lassen, und sie haben Aufgaben an Fachleute wegdelegiert. Sie haben um sich herum Fähige und Begeisterte gesammelt. Tatsache ist jedoch auch, dass die Fähigen und Begeisterten zu ihrer Führung die markante Spitzenpersönlichkeit – die eben *nicht* Teil des Teams war – brauchten.

> Umgekehrt waren die Einzelpersönlichkeiten an der Spitze nicht auf die Teammitglieder angewiesen, um erfolgreich zu sein – im Gegenteil! Typisch für solche erfolgreichen Einzelpersönlichkeiten ist immer, dass sie sich recht gnadenlos sofort von Personen in ihrem Umfeld trennen, die sie nicht (mehr) gebrauchen können, die nicht „spuren". Das gilt für knallharte Manager genauso wie für die barmherzig auftretende Ordensgründerin oder die feinsinnige Modekünstlerin. Es waren immer

deren Visionen, die allen anderen die Richtung vorgaben. Es hing auch immer von deren Urteil ab, wer in die Erfolgsrichtung weiter mitgehen kann und darf und wer aussteigen muss. Niemals haben die Einzelpersonen an der Spitze ihren Führungsanspruch aufgegeben und sich irgendwelchen Teambeschlüssen gebeugt oder sich mit mehrheitsfähigen Konsenslösungen zufrieden gegeben.

Daran sollten Sie sich als Projektleiter ein Beispiel nehmen. Sie sind im Projekt die zentrale Figur. Um Sie herum arbeiten die Mitarbeiter an der gemeinsamen Sache auf das Projektziel hin. Sie als Projektleiter sind *nicht* Mitglied des Teams! Ihre offizielle Position hebt Sie über die anderen hinaus. Das hat mit Überheblichkeit nichts zu tun, sondern mit mehr Verantwortung.

Von Ihnen erwartet Ihr Auftraggeber, dass Sie als Einzelpersönlichkeit das Projektergebnis vertreten. Entsprechend werden Sie auch als Einzelpersönlichkeit mit Ihrer Qualifikation für weiteren Aufstieg beurteilt.

Auch Ihre Mitarbeiter im Projektteam sehen Sie anders als sich untereinander. Sie werden viel kritischer wahrgenommen. Dem Kollegen sieht man Schwächen eher nach als Ihnen. Von Ihnen verlangen die Mitarbeiter Orientierung und Führung. Von Ihnen verlangen sie die Schaffung eines leistungsorientierten und motivierenden Umfelds. Sie sollen eingreifen, wenn Mitarbeiter untereinander Probleme haben. Sie sollen sich schützend vor Ihre Mitarbeiter stellen, wenn es von außen Kritik gibt. Sie müssen sich kümmern, wenn die Ressourcen nicht bereit stehen. Das ist die Rolle, die Sie als Spitzenpersönlichkeit des Projektes zu spielen haben.

Projektarbeit wird gerne als prädestiniert für Teamwork angesehen. Die Zusammenstellung der Mitglieder ist strikt aufgabenbezogen. Alle arbeiten gemeinsam auf ein Ziel hin. Experten unterschiedlicher Fachrichtungen und Personen mit unterschiedlichen Wissensständen kombinieren sich zum Optimum. Innerhalb der Gruppe werden Ideen hierarchiefrei ausgetauscht und von allen immer wieder neu befruchtet und verbessert.

Das ist durchaus richtig. Nutzen Sie die Qualitäten, die jedes einzelne Mitglied Ihres Teams mitbringt. Lassen Sie sich jedoch nicht von den typischen „Teamillusionen" blenden.

Teamillusionen

„Teamergebnisse sind immer mehr als die Summe der Einzelergebnisse."

Das ist oft falsch. Mit der Teameuphorie entstand im Laufe der Jahre auch der moralische Druck, man müsse immer schön kooperativ und harmonisch miteinander umgehen. Man dürfe sich zwar in fairer Streitkultur auseinandersetzen, müsse am Ende jedoch zu einem Ergebnis finden, das alle vertreten können.

Diese Haltung führt sehr oft dazu, dass Eliten und Spitzenleister gedeckelt werden. Ihnen wird Egoismus oder gar – schrecklicher Charaktermangel! –

Teamunfähigkeit vorgeworfen. Da niemand sich als fieser Einzelkämpfer outen will, einigen sich schließlich alle auf den kleinsten gemeinsamen Nenner. Und schon ist das Teamergebnis von zehn Personen schlechter als das, was zwei Einzeldenker hervorgebracht hätten – hätte man sie gelassen.

- **Empfehlung:** Wenn Sie als Projektleiter die Verantwortung für ein Projekt übernommen haben, sollten Sie sich bewusst auch als Elite des Projektes verstehen. Rufen Sie Ihre Mitarbeiter zu kreativen Prozessen und Besprechungen zusammen. Lassen Sie den Streit unterschiedlicher Meinungen zu. Hören Sie an, wer was wie begründet, und treffen Sie schließlich selbst die Entscheidung.

Vermitteln Sie Ihren Mitarbeitern, dass es ist nicht notwendig ist, dass immer alle gleicher Meinung sind. Es ist auch nicht notwendig, dass die Mehrheit Ihrer Entscheidung zustimmt. Sie sind als Projektleiter in diesem Projekt „Kapitän an Bord". Das bedeutet, dass Sie das Recht und die Pflicht haben, eigene Entscheidungen zu treffen und persönlich zu verantworten.

- **Empfehlung:** Wenn Sie Teilprojekte einrichten oder Arbeitsgruppen beauftragen, dann bestimmen Sie immer eine einzelne Person als Teilprojektleiter oder Sprecher der Arbeitsgruppe. Tun Sie das auch, wenn die Gruppe nur aus zwei Personen besteht! Machen Sie Ihren Mitarbeitern klar, dass auch in den Gruppen kein Konsenszwang besteht. Im Zweifel entscheidet und verantwortet die von Ihnen beauftragte Einzelperson. Wenn dabei etwas schief geht, lassen Sie auch nicht zu, dass die betreffenden Person mit dem Finger auf die Kollegen weist: „Die wollten das so. Ich war immer dagegen."

„Teamwork motiviert die Mitarbeiter."

Das stimmt nur teilweise. Ja, es macht Spaß, sich mit anderen auszutauschen, sich mit anderen zusammen einer Aufgabe zu widmen. Es ist schön, zu einer Gruppe zu gehören, in der man sich die Arbeit einteilt, in der man sich hilft und in der man Erfolge gemeinsam feiert und Misserfolge gemeinsam aufarbeitet.

- **Empfehlung:** Achten Sie bitte darauf, dass es Menschen gibt, die im Grunde ihres Herzens doch lieber allein arbeiten. Sie können sich dann besser konzentrieren, sind stolzer auf ihre Ergebnisse und betrachten sie als „eigenes Baby". Wenn dieses Bedürfnis unbefriedigt bleibt, werden solche Mitarbeiter frustriert. Sie arbeiten vielleicht gewissenhaft, aber kaum noch begeistert im Projekt mit. Ihnen als Projektleiter fehlt dann das, was diese Mitarbeiter an individuellen Spitzenleistungen bringen könnten.
Scheren Sie also nicht alle über einen Kamm, sondern nehmen Sie sensibel zur Kenntnis, wer gerne mit anderen an gemeinsamen Ergebnissen arbeitet und wer lieber allein etwas produziert.

■ **Empfehlung:** Da Sie ja auch für Ihre Lebens- und Berufsplanung ganz individuelle Ziele verfolgen, sollten Sie Verständnis für die Mitarbeiter im Projekt haben, deren Berufsziel ebenfalls nicht nur die nahtlose Eingliederung in ein Team, sondern die Verwirklichung einer eigenen Karriere ist. Diese Leute sind hochmotiviert, wenn Sie ihnen die Chance geben, sich über das Team hinauszuheben. Sie sind auf der Stelle demotiviert bis zerstörerisch, wenn man sie gegen ihren Willen in der Einheitlichkeit des Teams gefangen hält. Geben Sie solchen Aufstiegswilligen die Möglichkeit, sich durch Übernahme von Teilprojektverantwortung oder durch Präsentationen auch über die Grenzen Ihres Projektes hinaus im Unternehmen einen Namen zu machen.

Reagieren Sie auch nicht eifersüchtig auf deren Erfolge! Genau diese Erfolgsorientierten werden auf die Dauer mit höherer Wahrscheinlichkeit aufsteigen als die Kollegen, die sich in der Geborgenheit der Teamarbeit am wohlsten fühlen. Deshalb sind diese Leute auch auf Dauer für Ihr eigenes Beziehungsnetz irgendwann einmal sehr viel nützlicher.

„Teamwork aktiviert alle Mitarbeiter.“

Das stimmt auf keinen Fall. In jeder Personengruppe entwickeln sich schon aufgrund von unterschiedlichen Temperamenten, unterschiedlichem Selbstbewusstsein und unterschiedlichem Arbeitseifer ganz bestimmte Strukturen. Auch Sie werden unweigerlich feststellen, dass sich bestimmte starke und extravertierte Persönlichkeiten sehr schnell zu Wortführern und Meinungsbildnern entwickeln.

Daneben gibt es dann ebenso unweigerlich die manchmal etwas trägere Masse der Mitläufer. Wenn Sie Pech haben, verstecken sich auch noch ein paar Drückeberger hinter dem Team.

> Psychologen sind dem Phänomen nachgegangen, dass zum Beispiel bei Unfällen oder bei Bedrohungen einer Person die Chance, dass jemand hilft, sofort sinkt, wenn mehrere Beobachter zugegen sind. Ein Beobachter allein fühlt sich zuständig und versucht zu helfen. Wenn viele anwesend sind, geht jeder instinktiv davon aus, dass ganz bestimmt ein anderer etwas tun wird oder zuständig ist. Das gilt auch für Teamwork. Die Anonymität in der Gruppe verführt dazu, erst mal abzuwarten.

■ **Empfehlungen:**
 – Bilden Sie kleine Arbeitseinheiten mit jeweils einer verantwortlichen Person.
 – Definieren Sie für jede Aufgabe und Delegation klare Zuständigkeiten.
 – Sprechen Sie Drückeberger an. Nehmen Sie ihnen die trügerische Sicherheit, dass ihr mangelndes Engagement im Teamzusammenhang nicht bemerkt wird.
 – Geben Sie jedem Mitarbeiter einzeln Feedbacks, wie Sie deren Leistungen einschätzen. Loben und kritisieren Sie individuell.

„Teamwork steigert die Qualität von Arbeitsergebnissen."

Das stimmt manchmal, aber nicht immer. Man könnte auch sagen: „Viele Köche verderben den Brei."

> Goethe hat seine Werke allein den jeweiligen Schreibern diktiert. Das heißt nicht, dass er sich nicht mit anderen Geistesgrößen ausgetauscht hat. Wenn man jedoch eine Theateraufführung von seinem Faust macht, dann ist Teamwork mit Schauspielern, Beleuchtern und weiteren Fachleuten notwendig. Und auch dann steht über allem noch die Einzelperson, die die gesamte Produktion umsetzt. Und auf der Bühne unterscheiden die Zuschauer sehr wohl, ob bestimmte Schauspieler das Stück zur Spitzenveranstaltung geführt oder mit schlechtem Spiel verdorben haben.

So ähnlich ist es auch mit Ihrem Projekt. Verlassen Sie sich nicht auf den vermeintlichen Qualitätsgaranten Teamwork.

■ **Empfehlungen:**
- Vereinbaren Sie zu Beginn sehr genau die Qualitätskriterien mit dem Auftraggeber des Projektes.
- Vermitteln Sie Ihren Mitarbeitern, nach welchen Kriterien die Qualität ihrer Arbeit bewertet wird.
- Entwickeln Sie gemeinsam mit Ihren Mitarbeitern ein Konzept zur internen Qualitätssicherung.
- Vereinbaren Sie mit dem Auftraggeber wann, von wem und wie von außen regelmäßige Qualitätskontrollen und Zwischenabnahmen durchgeführt werden sollen.

Wenn Sie die Leitung eines Projektes übernehmen, dann dürfen Sie sich nicht nur als Moderator oder Koordinator eines Teams verstehen. Sie sind die Person an der Spitze! An Ihnen als Einzelpersönlichkeit orientieren sich die Mitglieder des Projektteams. Sie persönlich werden für Erfolg oder Misserfolg des Projektes verantwortlich gemacht. Über Sie persönlich fällt man anschließend das Urteil, ob Sie zur Führungslaufbahn geeignet sind oder nicht. Sie müssen als Individuum aus der namenlose Gesamtgruppe herausragen.
Wenn Sie das nicht tun, wird mit hoher Wahrscheinlichkeit ein markantes Mitglied Ihres Teams kraft natürlicher Autorität und charismatischer Ausstrahlung als treibende Kraft und entscheidende Persönlichkeit ins Blickfeld der Mächtigen geraten. Sie würden daneben verblassen und hätten eine wunderbare Karrierechance verpasst.

4.2 Das Team und seine Denker

Ein wesentliches Element der Zusammenarbeit im Team ist die gemeinsame Kreativität. Die Mitarbeiter tragen nicht nur jeweils individuell ihre Ideen und Lösungsvorschläge in die Gruppe, sie regen sich auch gegenseitig an. Mancher kommt überhaupt erst deshalb auf eine gute Problemlösung, weil er zuvor eine schlechte oder noch unvollständige vom Kollegen gehört hat. Die Kritik an der schlechten Lösung kann sich zur Grundidee für eine bessere Lösung entwickeln. Eine unvollständige Lösung wird in der Gruppe aufgegriffen und von verschiedenen Kollegen unterschiedlich weiterentwickelt, und schon hat man mehrere Lösungsvarianten zur Auswahl.

Die Art, wie Menschen kreativ sind, kann sehr unterschiedlich sein. Verlassen Sie sich nicht nur auf die viel gelobten Kreativtechniken, die mit der ganzen Gruppe durchgeführt werden. Die haben sicherlich – vor allem in den ersten Arbeitstreffen – ihre Berechtigung.

> Berücksichtigen Sie jedoch unbedingt auch die Ideen jener Mitarbeiter, die viel besser allein und konzentriert tüftelnd zu Erkenntnissen kommen. Diese Mitarbeiter können innerhalb einer Kreativsitzung unter Anwendung von Mind Mapping oder Brain Storming oft kaum zu einem vernünftigen Gedanken kommen. Sie lehnen solche Spielchen oft sogar ab und schalten auf stur, wenn man sie dazu zwingt. Geben Sie diesen Mitarbeitern jedoch eine „Nuss zu knacken" und lassen Sie sie dann in Ruhe, kommen sie schließlich mit so wertvollen Problemlösungen, wie kein Teamwork mit Kreativtechniken sie jemals hätte hervorbringen können.

Es ist nicht wahr, dass das, was ein Team erarbeitet hat, immer besser ist, als das, was ein Einzelner leistet. Aber das Gegenteil ist auch nicht wahr! Sie brauchen in Ihrem Projekt beides.

Es ist in Ihrem eigenen Interesse als Projektleiter, die unterschiedlichen „Denktypen" Ihres Teams zu erkennen und in deren Begabungen zu nutzen. Es steigert auch die Motivation Ihrer Mitarbeiter, wenn jeder Einzelne die Chance bekommt, sich kreativ so einbringen zu können, wie es den eigenen Denkvorlieben entspricht.

- ■ **Empfehlung:** Setzen Sie Kreativitätstechniken mit dem gesamten Team ein, üben Sie jedoch keinen Druck aus, dass bei jedem die Gedanken nur so sprudeln müssen. Die gemeinsame Findung von Grundgedanken und Kernideen fördert den gedanklichen Zusammenhalt des Teams. Es soll schließlich nicht so enden, dass überall im Projekt Einzelideen entstehen, die Sie dann im zweiten Schritt unter einen Hut zu bringen haben.

  Nach dem gemeinsamen Prozess mit Brain Storming, Mind Mapping und anderen Techniken sollte die Feinarbeit bei Einzelpersonen oder Kleingruppen, die sich freiwillig zusammenfinden, geschehen. Instinktiv oder aus Erfahrung wissen Ihre Mitarbeiter, mit wem sie sich gedanklich am besten kombinieren können.

  Erst danach im dritten Schritt sollten Sie wieder die individuell erarbeiteten Ergebnisse im gesamten Team zu einem gemeinsamen Ergebnis zusammenführen.

Verabschieden Sie sich also von der Illusion, dass die besten Ideen dann entstehen, wenn das Team sie gemeinsam mit den üblichen Kreativitätstechniken entwickelt. Tatsächlich entwickelt sich die höchste Kreativität dann, wenn jeder einzelne Mitarbeiter die Chance bekommt, sich an seine „Denkvorlieben" halten zu dürfen.

Sie können acht „Denktypen" unterscheiden, die hier kurz vorgestellt werden sollen. Es ist allerdings nicht so, dass eine Person ausschließlich zu einem bestimmten Denktyp gehört. Üblicherweise vereinigt eine Person in sich zwei bis vier solcher Denkweisen.

> Das werden Sie auch für sich feststellen, wenn Sie die folgenden Beschreibungen lesen. Bei einigen werden Sie sich sagen: „Das geht mir auch so." Bei anderen sagen Sie sich: „So käme ich nie auf einen sinnvollen Einfall." Wichtig ist, dass Sie nicht von sich auf andere schließen und sagen: „So kommt man nicht auf gute Ideen". Bei manchen Projekten kommt allein deshalb nur Mittelmäßigkeit heraus, weil ein Projektleiter, angeregt durch teameuphorische Lektüre, nur die Techniken zulässt, die ihm selbst liegen, oder die angeblich optimal für Teamarbeit sind.

- **Achtung!** Die Tatsache, dass Sie überhaupt Projektleiter sind und eine Führungsposition anstreben, hat auch damit zu tun, dass Sie ganz anders denken als die Einzelkämpfer und Tüftler! Deren Ideen brauchen Sie aber auch!

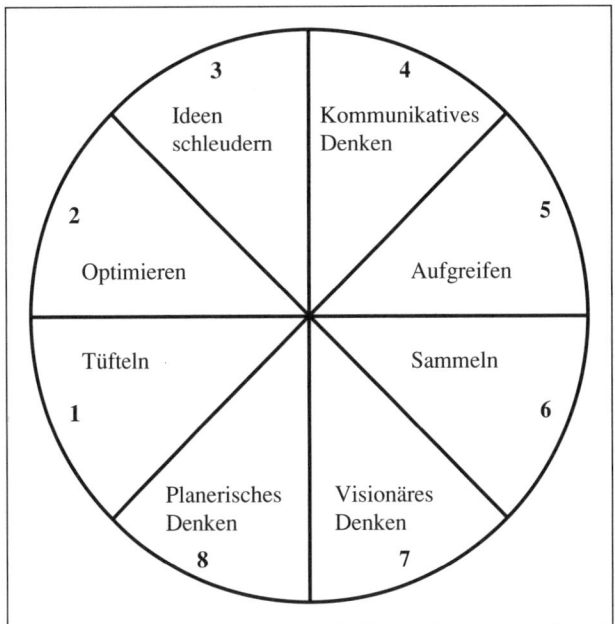

Abbildung 21: Acht unterschiedliche „Denktypen"

Die acht „Denktypen" sind im folgenden in vereinfachter Beschreibung dargestellt.

1. Tüfteln

Der Spaß des Tüftelns liegt darin, sich ganz in ein möglichst verzwicktes Problem zu vertiefen und konzentriert nach einer Lösung zu suchen. Beim Tüfteln
braucht man Ruhe.

> Jede persönliche Ansprache des Tüftlers reißt diesen aus seiner Konzen-
> tration und macht ihn ärgerlich. Manche Leute können überall in die
> notwendige Konzentration sinken, andere brauchen einen abgeschiede-
> nen Raum, bestimmtes Schreibwerkzeug oder bestimmte Rituale bis sie
> den Zustand erreichen, der von Kreativitätsforschern als „Flow" be-
> zeichnet wird. Im „Flow" vergisst der Betreffende Zeit und Raum. Er ist
> ganz in das versunken, was er tut.

Wenn Sie einen Tüftler in Ihrem Team haben, sollten Sie ihn möglichst dabei
unterstützen, für sich das Umfeld zu finden, in dem er am besten denken
kann. Das kann nachts sein oder im Café, allein im Konferenzraum oder auch
zu Hause. Fragen Sie, und er wird es Ihnen sagen. Das heißt aber nicht, dass
dann ab sofort das gesamte Team Freigang ins Café oder nach Hause hat!
Verlangen Sie von Ihrem Tüftler zum Projekt konkrete Ergebnisse zu festen
Terminen. Tüftler neigen gerne dazu, sich irgendwann von ihrer eigentlichen
Aufgabe zu entfernen und sich statt dessen lustvoll den verzwickten Problemen
zu widmen, die ihnen ganz zufällig auch noch über den Weg gekommen sind.
Auch der Tüftler muss akzeptieren, dass er keinen Status als „freier Geistes-
künstler", sondern während seiner immerhin bezahlten Arbeitszeit eine klare
Aufgabe in Ihrem Projekt hat. Lassen Sie ihm die Freiheit, sich die Tüftelecke
zu suchen, die er braucht, aber kontrollieren Sie genau, ob das, was dabei he-
rauskommt, in Menge und Qualität Ihren Projektanforderungen entspricht.

2. Optimieren

Das Optimieren ist dem Tüfteln verwandt. Wo das Tüfteln sich in die Bearbei-
tung eines komplizierten Problems versenkt, neigt das Optimieren eher zu
ständigen Verbesserung und Korrektur von bereits gelösten Problemen.

> Der innere Antrieb ist immer: „Das kann man noch besser machen."
> Und schon geht das Grübeln los: „Wenn man nun hier ..." „Man könn-
> te doch auch ..."
> Ganz egal, ob der Optimierer einen Kochlöffel in die Hand nimmt, sich
> einmal den Projektplan anschaut, die Zielbeschreibung durchliest oder
> einer Projektpräsentation zuhört. Es wird ihm auf keinen Fall, so wie es
> ist, gefallen.

Auf den ersten Eindruck kann ein Optimierer wie ein Nörgler wirken. Wenn
Sie Ihr Team jedoch besser kennen, werden Sie die beiden sehr wohl unterscheiden können. Der Nörgler hat an allem etwas auszusetzen. Der Optimie-

rer hat zu allem einen Verbesserungsvorschlag. Der Optimierer ist kreativ – der Nörgler schleppt Frust mit sich herum.

Bedenken Sie jedoch, dass die ständigen Vorschläge des Optimierers zu Teamkonflikten führen können. Nicht jeder findet es wunderbar, wenn ihm ständig jemand seinen Senf hinzugibt. Optimierer werden als Besserwisser oder „Reinquatscher" oft von Kollegen abgelehnt. Aber es wäre falsch, dem Optimierer seine kreativen Verbesserungsvorschläge verbieten zu wollen – er kann nicht anders! Er sieht nun einmal tatsächlich, wie man das, was es bereits gibt, doch noch steigern könnte. Wenn Sie ihm seine Besserwisserei verbieten, wird er hinter Ihrem Rücken damit fortfahren und sein kritisches Auge womöglich gezielt auf Sie und Ihre Arbeit richten. Verlassen Sie sich darauf, dass dann niemandem in Ihrem Umfeld verborgen bleibt, was bei Ihnen nicht perfekt läuft.

> Optimierer sind oft große Theoretiker der Philosophie, dass Kritik etwas überaus Hilfreiches ist, dass der Mensch durch Kritik nur wachsen kann, dass jeder dankbar sein sollte für die Kritik, die er erfährt. So kann der Optimierer das auch sehen! Er ist fast immer in der Rolle des Kritisierers und nur selten in der des Kritisierten!

■ **Tipp:** Machen Sie dem Optimierer vielleicht auch unter vier Augen klar, dass Sie seine Vorschläge schätzen, dass er jedoch in der Art, wie er sie vorbringt, bitte immer auch die Gefühle der anderen berücksichtigen möge.

Optimierer sind oft nur wenig hilfreich oder sogar hinderlich in gemeinsamen Kreativveranstaltungen. Ihnen geht es dort oft viel zu schnell mit dem Hin und Her von Vorschlägen. Außerdem kommen sie schlecht mit Halbfertigem klar. Wenn sie mit ihren Verbesserungsvorschlägen loslegen, prallen sie ständig auf die Abwehr der anderen: „Das war ja auch noch nicht fertig!" „Das war ja auch nur so eine Idee!" Irgendwann hat keiner mehr Lust, einen spontanen Gedanken zu äußern, weil der Optimierer sofort die Schwäche daran erkennt.

Sprechen Sie den Optimierer darauf an, wenn er mit seinen Beiträgen die anderen bremst oder gar einschüchtert. Notfalls müssen Sie „zufällig" Ihre Kreativworkshops zu Terminen abhalten, an denen der Optimierer leider verhindert ist.

3. Ideen schleudern

Das spontane Schleudern von Ideen passiert wohl jedem von uns gelegentlich. Dem einen kommt der Geistesblitz unter der Dusche, dem anderen an der Bushaltestelle. Der eine braucht gar keinen Anlass, um plötzlich einen begnadeten Einfall zu haben, der andere braucht als Auslöser ein Problem oder eine Schwierigkeit.

Manche Menschen sprudeln nur so vor lauter Ideen, die ihnen ständig in den Kopf kommen. Anderen gelingt nur selten ein Geistesblitz. Die Menschen, die wie wahre Quellen der Kreativität herumlaufen, sind besonders gut für Workshops mit Kreativitätstechniken geeignet. Von ihnen kommt der meiste und der verblüffendste Input. Typisch für diese Leute ist jedoch sehr oft, dass sie anschließend keine Lust oder Konzentration aufbringen können, aus der Vielzahl ihrer Gedanken einen herauszugreifen und den dann auch bis zur Reife zu verfolgen.

Es wäre demnach falsch, wenn Sie ausgerechnet der Ideenschleuder in Ihrem Team nach der Kreativitätsveranstaltung die Aufgabe geben würden, sich nun weiterhin und vertiefend mit der Idee zu befassen, die sie spontan im Meeting in die Welt gesetzt hat. Wenn Sie Pech haben, kommt die betreffende Person zur nächsten Kreativveranstaltung mit einer Vielzahl an weiteren Ideen zur Sache wieder, aber nichts ist bis zu Ende fertig durchdacht.

- ■ **Tipp:** Geben Sie der Ideenschleuder nach einer Kreativitätsveranstaltung lieber die *ungelösten* Probleme, zu denen bisher noch niemandem etwas eingefallen ist, zur weiteren Überlegung mit.

4. *Kommunikatives Denken*

Das kommunikative Denken ist sowohl dem Ideenschleudern, als auch dem Optimieren verwandt. Die Menschen, die gerne kommunikativ denken, lieben den geistigen Austausch mit anderen. Sie sind die ideale Besetzung für Kreativitätsveranstaltungen und Workshops. Sie hören anderen aufmerksam zu, greifen deren Gedanken auf und kommen spontan zu einer Verbesserung oder einer Alternative oder einem ähnlichen Einfall – oder zu dessen Gegenteil ...

> Wenn Sie Ideenschleudern und kommunikativ Denkende einmal beobachten, dann schwirrt Ihnen bald der Kopf. Es ist unglaublich, wie sie sich blitzschnell die Bälle zuwerfen. Sie werden auch feststellen, dass zwischen den Beteiligten an diesem Austausch eine Art gemeinsamen „Flows" entsteht. Die betreffenden zwei oder drei Personen scheinen die anderen Mitglieder der Gruppe um sich herum völlig zu vergessen. Sie haben sich aufeinander eingespielt und sprudeln gemeinsam nur so los, mit immer neuen Ideen.

Lassen Sie das ruhig eine Weile zu. Reißen Sie die Beteiligten nicht zu früh aus der gemeinsamen Konzentration. Belehren Sie sie auf keinen Fall darüber, dass „man sich nicht unterbrechen" darf. Es ist typisch für kommunikativ Denkende, dass sie sich ständig ins Wort fallen und oft auch gleichzeitig reden. Keine Bange, die verstehen sich trotzdem ganz wunderbar.

Dass dem Tüftler solches Chaos auf die Nerven geht, ist klar. Wenn der sich in einer solchen Runde befindet, schaltet er sich ganz aus dem gemeinsamen Prozess raus.

Reißen Sie deshalb nach einiger Zeit die Kommunikativen aus ihrer Diskussion. Sorgen Sie dann sehr schnell für die Unterteilung in Kleingruppen. Lähmen Sie die Ideenschleudern und Kommunikativen nicht durch langwierige

Besprechungen, in welcher Kleingruppe nun welches Teilproblem gründlicher zu bearbeiten ist. Geben Sie ihnen Material mit und schicken Sie sie in einen anderen Raum, solange sie noch darauf brennen, sich in ihren gemeinsamen „Flow" zu steigern. Bleiben Sie bei den anderen und bringen Sie dort wieder Ruhe ins Team.

5. Aufgreifen

Das Aufgreifen ist dem kommunikativen Denken verwandt. Auch hierbei sind die Ideen und Vorschläge der anderen Auslöser für eigene Ideen. Ein wesentlicher Unterschied ist jedoch, dass der Aufgreifer nicht spontan und noch innerhalb des gemeinsamen Prozesses mit seinen Ideen kommt. Der Aufgreifer hört gut zu, macht sich oft Notizen und kommt erst Tage später mit eigenen Ideen. Bei ihm muss sich erst einmal das „setzen", was er von anderen aufgenommen hat.

Aufgreifende Denker müssen an gemeinsamen Kreativveranstaltungen unbedingt teilnehmen! Für Sie mag es frustrierend sein, wenn die betreffende Person scheinbar nur dabeisitzt und nichts zum Ergebnis beiträgt. Es ist für einen Aufgreifer nicht unüblich, völlig wortlos an gemeinsamen Prozessen oder an Besprechungen teilzunehmen. Das muss nicht Schüchternheit oder Mangel an Wissen zum Thema sein. Es kann sich um eine Person handeln, die intensiv zuhört und erst später das Gehörte zu neuen Ideen verarbeitet.

■ **Tipp:** Wenn Sie solche Aufgreifer im Team haben, geben Sie ihnen die Chance, nach einem Kreativworkshop die Verantwortung für bestimmte Aufträge zu übernehmen. Machen Sie diese Leute zu Verantwortlichen kleiner Arbeitsgruppen und lassen Sie sie beim nächsten Termin die Ergebnisse präsentieren. Das hilft diesen oft sehr unterschätzten Personen, sich im Team einen Namen zu machen und sich gegenüber den Lebhafteren zu behaupten.

6. Sammeln

Sammeln ist auch eine Form der Kreativität! Es gibt Menschen, die nichts wegwerfen können und alles aufbewahren, weil man schließlich nie weiß, wozu man es noch gebrauchen kann. Solche Leute heben uralte Gebrauchsanleitungen, nutzlose Prospekte, verfallene Garantiezettel aber auch Büroklammern und Gummiringe auf. Oft stellt sich heraus, dass man wider Erwarten tatsächlich etwas mit diesen Dingen anfangen kann. Dennoch ist diese Form des Aufbewahrens nicht mit dem Sammeln identisch, wie es hier gemeint ist.

Im Sinne der Kreativität sind Sammler jene Kollegen, die einerseits Archive mit wertvollen Unterlagen oder Modellen anlegen, andererseits aber auch als "Jäger" gezielt nach Informationen suchen. Wenn ein Sammler eine Zeitschrift durchliest, reißt er interessante Artikel heraus und heftet die dort ab, wo er sie bei Bedarf irgendwann einmal suchen und auf Anhieb (!) finden wird.

> Damit unterscheidet er sich von dem Sammler, der gleich die ganze Zei-
> tung hortet und auf den Stapel legt, wo er schon viele andere Zeitungen
> voller wichtiger Artikel abgelegt hat. Der „kreative" Sammler schafft
> sich eine eigene Wissensdatenbank. Der „hortende" Sammler sorgt für
> Berge unbrauchbaren Altpapiers. Niemand hat je die Zeit, sie einmal
> nach bestimmten Dingen zu durchforsten.

Mit dem kreativen Sammler in Ihrem Team werden Sie an vielen Stellen des
Projektes unerwartet schnell weiterkommen. Zu fast allem, was Sie und Ihr
Team zu entwickeln und zu tun haben, sucht Ihnen Ihr Sammler ein Modell,
wie andere es schon einmal gemacht haben, oder Material, auf das man
zurückgreifen kann heraus. Der Sammler setzt sich auch hin und forscht im
Internet. Da surft er auch nicht ziellos herum, sondern greift sofort auf die
richtigen Links zu. Welche das sind, weiß er, weil er schon früher dort mal
was zu diesem Thema gefunden hat oder weil ihm das mal jemand gesagt hat
oder weil er in seinem Archiv eine Liste interessanter Links besitzt.
Wenn Sie den Sammler damit beauftragen, Infos zu beschaffen, dann bringt
der mit hoher Sicherheit auch noch tausend andere Sachen mit, die er später
mal gebrauchen kann. Das ist das Phänomen dieser Menschen: eine Kombination von Zielstrebigkeit bezüglich dessen, was gerade gebraucht wird, und einem gleichzeitig wachem Blick für „Info-Schätze" rechts und links am Wege
und dazu eine beeindruckende Systematik in der Ablage und Wiederauffind-
barkeit.
Ein guter Sammler ersetzt in Ihrem Projekt drei gute Ideenschleudern und drei
gute Tüftler! Dank des Sammlers brauchen Sie vieles gar nicht zu machen. Er
liefert es Ihnen als Kopie aus einem anderen Projekt schon fertig auf den
Tisch, und Sie müssen es dann nur noch Ihrem Bedarf anpassen.
Wenn sich ein Sammler und ein Optimierer zusammentun, ist der Erfolg fast
unvermeidlich. Man sagt ja auch: „Gut geklaut ist schon der halbe Projekterfolg." Nur Dummköpfe erfinden das Rad neu.

7. *Visionäres Denken*

Visionäres Denken hebt sich über die „Niederungen" von Machbarkeit, Be-
zahlbarkeit, Mehrheitsfähigkeit und sonstigen Kreativitätsbremsen. Visionäre
denken weit in die Zukunft und können sich Entwicklungen vorstellen, die
andere (noch) als Blödsinn oder Träumerei bezeichnen.

> Visionäre haben schon in den siebziger Jahren des vergangenen Jahr-
> hunderts vorausgesehen, dass ein Computer bei Privatleuten zu Hause
> eines Tages durchaus üblich sein wird. Visionäre haben auch erkannt,
> dass irgendwann vom Einkauf über Bankgeschäfte bis zur ärztlichen Be-
> ratung alles Mögliche vom heimischen Computer aus machbar sein
> wird. Visionären kommen auf Ideen, wie in Zukunft Arbeit geregelt sein
> wird, wie man internationale Prozesse verknüpfen und individuelle Be-
> findlichkeiten berücksichtigen kann ...

Die Tragik eines Visionärs kann sein, dass er mit seinen Ideen immer wieder auf eine Umwelt prallt, die einfach noch nicht reif ist für das, was er zu bieten hat.

Sie können mit einem Visionär in Ihrem Projekt nur wenig anfangen. Vielleicht haben Sie es einem Visionär im Unternehmen zu verdanken, dass Ihr Projekt überhaupt in Auftrag gegeben wurde, bei der Zielerreichung selbst, brauchen Sie jedoch Menschen, die im vereinbarten Rahmen das umsetzen, was im Projektauftrag geregelt ist.

Es ist jedoch auf jeden Fall sinnvoll, wenn Sie dem Visionär in Ihrem Team immer gut zuhören! Er hat häufig eine fast instinkthafte Witterung für Trends und sich langsam anbahnende Veränderungen. Vielleicht nutzt Ihnen das im aktuellen Projekt nur wenig, aber für zukünftige Berufschancen sind die Einschätzungen des Visionärs höchst wertvoll.

8. Planerisches Denken

Das planerische Denken entsteht häufig, wenn ein Visionär auch noch mit einer guten Portion Pragmatismus ausgestattet ist. Grundsätzlich geht das Denken in Richtung Zukunft. Planerisches Denken greift jedoch auch auf Erfahrungen in der Vergangenheit zurück.

> Diese Kombination macht realistische Einschätzungen möglich: Wie viel Zeit und welche Ressourcen braucht man? Bis wann kann was fertig sein? Wo sollte man Meilensteine setzen? Mit welchen Engpässen ist zu rechnen? Wann muss welches Personal zur Verfügung stehen? Wie lange brauchen wir die Ressourcen? Wie koordinieren wir konkurrierende Projekte? Wie regeln wir die Finanzierung, damit das Geld nicht nur reicht, sondern auch noch möglichst lange möglichst gut angelegt ist?

Das sind die Gedanken, die zum planerischen Denken gehören.

Achtung! Solche Gedanken machen sich viele Leute liebend gerne, aber sie führen nicht bei allen zu sinnvollen Ergebnissen.

Wenn Sie Ihre Projektplanung machen, holen Sie sich am besten die Person dazu, die Ihrer Ansicht nach visionäres und planerisches Denken in sich vereinigt. Diese Person kann sich geistig über die Niederungen des Kleinkrams heben und mit Ihnen (und dem Optimierer) einen stimmigen Plan entwickeln. Halten Sie Ihre planerisch denkenden Tüftler und die planungsfreudigen Ideenschleudern möglichst aus den Planungsprozessen raus.

> Ideenschleudern fällt pausenlos ein, was man sonst noch bedenken könnte, aber sie konzentrieren sich nicht darauf, vor allem einen komplexen Plan auch einmal genau zu durchdenken. Später wird Sie dann der „Teufel im Detail" holen! Dann wird der Ideenschleuder zwar zu jedem Problem blitzartig eine (Flickschuster-)Lösung einfallen, aber Ihr Projekt hangelt sich von einer Krisensituation zur nächsten.
> Planende Tüftler sehen die möglichen Tücken im Detail. Das Problem bei ihnen kann jedoch sein, dass sie sich zu tief in den Plan versenken, alles bis ins Kleinste absichern wollen und dabei den Überblick verlie-

ren. Pläne sind nun einmal nie wirklich ganz genau. Irgendwas kommt später in der Realität doch wieder anders. Ein zu pingelig ausgearbeiteter Plan wirkt sich dann wie eine lähmende Fessel aus.

Planerisches Denken ist einerseits realistische Berücksichtigung von harten Fakten und andererseits grobe Berechnung nach der Formel „Pi mal Daumen". Pragmatische Visionäre können das.

Wie gesagt, wir vereinigen alle mehrere dieser „Denktypen" in uns. Im Team ergänzen sich die Mitarbeiter oft auch ganz automatisch. So kann es sein, dass eine Person, die bisher immer als Tüftler gewirkt hat, sich plötzlich in der Zusammenarbeit mit einem anderen Tüftler als wunderbarer Optimierer oder Sammler entpuppt. Man kann auch erleben, dass zwei bisher sehr stille Aufgreifer plötzlich zu Ideenschleudern werden, wenn man sie allein lässt. Sie stehen dann nicht mehr unter dem Druck, in der Geschwindigkeit mit mehr extravertierten und schlagfertigeren Kollegen mithalten zu müssen.

■ **Wichtig:** Schließen Sie nicht von Ihrem Denkverhalten auf das der anderen. Was Sie auf gute Ideen bringt, kann andere in ihrer Kreativität blockieren – und umgekehrt. Wichtig ist auch ganz besonders, dass Sie sich nicht von den Lebhaften und den schnellen Denkern blenden lassen. Die Ruhigen und die Langsamen sind nicht weniger kreativ! Lassen Sie sich auch nicht – wenn Sie selbst zu den langsamen Denkern gehören – dazu hinreißen, den schnellen Denkern Oberflächlichkeit zu unterstellen. Langsamkeit ist keine Garantie für tiefschürfende Gründlichkeit oder perfekte Qualität.

Als Führungskraft ist es Ihr Job, die Unterschiede bei den Mitarbeitern zu erkennen, sie adäquat zu berücksichtigen und für die Ziele des Projektes nutzbar zu machen. Seien Sie dabei jedem einzelnen Teammitglied gegenüber fair und nicht für alle „gleichmacherisch" in falsch verstandener Teamorientierung.

4.3   Personalführung im Projekt

Vielleicht werden Sie, wie viele andere Projektleiter auch, feststellen, dass die Personalführung fast noch das Schwierigste an der Projektleitung ist. Es fängt damit an, dass Sie etliche der Mitarbeiter nicht ausschließlich für das Projekt bekommen, sondern nur als „Teilzeitkräfte". Die Mitarbeiter werden weiterhin wie gehabt in ihre Linienaufgaben eingespannt und sollen „nur nebenbei" auch noch im Projekt mitmachen. Das führt sehr leicht zu einer Überlastung der Betreffenden. Dann ist selbstverständlich klar, dass Ihre Projektarbeit hinter den Linienaufgaben zurücksteht.

Und schon sitzen Sie in der Zwickmühle: Sie haben feste Termine im Nacken, aber nicht die dafür notwendig fest verplanbaren Leute. Sie können auch keinen Druck machen, weil das die Motivation der Mitarbeiter völlig vernichten würde. Am Ende finden Sie sich in der peinlichen Situation wieder, flehentlich die Mitarbeiter und/oder deren Vorgesetzte bitten zu müssen.

■ **Tipp:** Halten Sie bereits zu Beginn in den Vereinbarungen mit dem Auftraggeber schriftlich fest, welche Zwischentermine und Meilensteine Sie unter welchen Bedingungen halten können. Welche Mitarbeiter und welche Ressourcen brauchen Sie, um bestimmte Meilensteine pünktlich zu erreichen? Wenn Sie die nicht haben, stehen Sie auch nicht für Ihre Termine gerade.

Man wird sich sonst wunderbar an Ihre Zusagen erinnern und Sie darauf festnageln, aber nicht an mündliche Absprachen, wen oder was Sie dafür brauchten. Man wird Ihnen höchstens noch vorwerfen: „Aber das wussten Sie doch vorher, dass Mitarbeiter XY auch noch in der Linie weiterarbeitet!"

Das nächste Problem ist die richtige Auswahl der Mitglieder Ihres Teams. Was Sie brauchen, sind Mitarbeiter, die ...

• fachlich zur Aufgabe und von ihrer Sozialkompetenz her ins Team passen.
• bereit sind, sich schnell und selbstinitiiert in Neues einzuarbeiten und auch damit leben können, dass im Projekt manches erst einmal als Experiment beginnt. Eine Person, die zu allem eine klare Arbeitsanweisung braucht, kann man in Routinejobs der Linie beschäftigen, aber nicht in einem Projekt.
• nicht mit ihrer Stellenbeschreibung unter dem Arm herumlaufen. Wer erst einmal überlegt, ob die von Ihnen gestellten Anforderungen der eigenen Würde und den Klauseln von Arbeitsvertrag und Stellenbeschreibung entsprechen, der ist für Sie ein ständiges Problem.
• gerne im Projekt mitarbeiten und sich für die Ziele begeistern. Lassen Sie sich nicht Leute ins Team setzen, die eigentlich keine Lust haben, aber notgedrungen irgendwo mitarbeiten müssen. Ihr Projekt ist nicht Abstellgleis für Demotivierte!
• sich in ihren individuellen „Denktypen", Erfahrungen und Wissensständen ergänzen und gegenseitig respektieren. Sie brauchen demnach tolerante Mitarbeiter mit der Bereitschaft, auch mit solchen Kollegen eng zusammenzuarbeiten, die ihnen von ihrer Art her eher fremd sind.

Sie können keine Mitarbeiter gebrauchen, die ...

• nicht das notwendige Grundwissen mitbringen und sich nicht ausreichend schnell selbstständig einarbeiten können oder wollen.
• sich nicht in ein Team eingliedern können. Auch von einem leidenschaftlichen Tüftler ist zu erwarten, dass er sich regelmäßig mit den anderen kurzschließt und abspricht. Auch von der feurigsten Ideenschleuder ist zu erwarten, dass sie sich an Abmachungen hält und ihre Aufgaben zuverlässig erledigt. Auch vom klügsten Optimierer ist zu erwarten, dass er seine Verbesserungsvorschläge in einer sozial verträglichen Weise vorbringt.
• sich mit getroffenen Entscheidungen nicht abfinden können. Hier liegt in vielen Projekten ein großes Konfliktpotenzial. In jedem Projekt kommt man von Zeit zu Zeit an Wendepunkte, wo zu entscheiden ist, ob man nun

so oder anders weiter vorgehen will, ob bestimmte Dinge so oder anders zu regeln sind, ob man sich auf dieses oder jenes Verfahren einlassen soll. Sie als Projektleiter werden sich mit Ihrem Team beraten und die Argumente für oder wider austauschen. Wenn sich dann nicht offensichtlich ergibt, was die bessere Variante ist, werden Sie notgedrungen so entscheiden, wie Sie es für richtig halten. Diese Entscheidung gilt dann verbindlich für alle im Team! Wer anderer Meinung ist, muss sich Ihrer Entscheidung beugen oder gehen. Aber als Quertreiber im Projekt können Sie Leute, die Ihre Entscheidung nicht mittragen, nicht gebrauchen.

Sie werden nicht immer genau die Crew bekommen, die Sie sich vorstellen. Auch Sie müssen sich notgedrungen zu Beginn entscheiden, ob Sie sich mit dem Team, bei dessen Zusammenstellung Sie zwar mitgewirkt aber nicht allein entschieden haben, das Projekt zutrauen.

Notfalls treten Sie erst gar nicht als Projektleiter an: „Mit diesem Team sehe ich keine Chance, zum Erfolg zu kommen." Das muss allerdings zu Beginn des Projektes passieren. Sie dürfen natürlich nicht am Ende Ihr Scheitern damit erklären: „Mit den Leuten ging das nicht."

Gehen Sie am besten so vor:

1. Klären Sie die Aufgaben, die Ziele und die Umstände des Projektes.
2. Stellen Sie mit dem Auftraggeber und Linienvorgesetzten zusammen, wer als Mitglied des Teams zur Verfügung stehen kann.
3. Klären Sie mit den Betreffenden, ob sie bereit sind, sich für das Projekt zu engagieren.
4. Entscheiden Sie dann noch einmal bewusst: „Ja, diese Aufgabe mit diesen Mitarbeitern kann ich bewältigen." Oder: „Nein, mit diesen Leuten schaffe ich das nicht." Sorgen Sie dafür, dass man Ihnen mehr oder andere Mitarbeiter gibt, oder lehnen Sie die Projektleitung ab.
5. Vereinbaren Sie schriftlich, dass im Laufe des Projektes kein Mitarbeiter ohne Absprache mit Ihnen abgezogen oder gegen einen anderen ausgetauscht werden darf. Vereinbaren Sie ebenfalls, dass Sie das Recht haben, Mitarbeiter gegebenenfalls aus dem Projekt zu entfernen.

   Man darf Sie nicht auf Leuten sitzen lassen, die sich nachträglich als unbrauchbar oder gar störend entpuppt haben. Sie haben dann allerdings nicht das Recht, einfach einen anderen Mitarbeiter des Linienvorgesetzten zu verlangen!

Zu Ihrer Personalarbeit gehört auch die Zuordnung der Aufgaben und Verantwortungen zu den einzelnen Personen. Je weniger autoritär Sie dabei vorgehen, desto höher die Motivation und desto engagierter das Team.

Erarbeiten Sie mit dem Team gemeinsam, wie vorzugehen und was zu machen ist. Stellen Sie gemeinsam alle Aufgaben zusammen. Teilen Sie gemeinsam ein, welche Aufgaben sinnvoll zusammengehören und welche man unbedingt sauber trennen muss. Und dann stellen Sie es Ihren Mitarbeitern weitgehend frei, selbst zu entscheiden, wer was übernehmen will, wer sich zu welchem Job mit wem zusammentut.

> Es wird dann kein „Hauen und Stechen" um die besten Jobs geben. Es wird auch nichts an Unangenehmem liegen bleiben. Das sieht vielleicht nur am Anfang so aus. Die Mitarbeiter sehen selbst, dass noch nicht alle Aufgaben verteilt sind, dass jemand im Vergleich zu den anderen noch zu wenig hat und deshalb dieses oder jenes auch noch übernehmen sollte. Dann geht automatisch die Eigendynamik des Teams los: „Elke, du kannst doch noch ...." „Okay, das mache ich dann auch."

Probleme bekommen Sie mit der Aufgabenverteilung nur, wenn Sie allein oder in engem Kreis beschließen, wer was machen soll und dann einzeln delegieren. Dann fühlt sich jeder Zweite schlecht behandelt. Dann hat auch jeder Zweite nach kurzer Zeit das Gefühl, dass die Projektarbeit leider hinter den Aufgaben vom Linienchef zurückstehen muss.

Wenn sich die Leute in offenem Verfahren die Jobs selbst einteilen, stehen sie ganz anders dahinter, sich an ihre Zusagen zu halten. Als Projektleiter können Sie dann sogar feststellen, dass Engpässe und Probleme von den Mitarbeitern im Rahmen der teamorientierter Hilfsbereitschaft selbst geregelt werden.

Was Sie dann noch zu tun haben:

- Halten Sie nach der Aufgabenverteilung schriftlich fest, wer was verantwortlich übernommen hat und wer bis wann welche Ergebnisse bringen wird. Halten Sie auch schriftlich fest, wer sich für welche Teilgruppen entschieden hat und wer als Sprecher oder Teilprojektleiter die Verantwortung für welche Gruppe übernommen hat.
  Dabei dürfen Sie sich nicht auf mündliche Absprachen verlassen! Mitarbeiter sind in der Regel motiviert und engagiert. Aber das Gedächtnis kann sich manchmal im Nachhinein als porös erweisen. Schriftliches wirkt verbindlicher.
- Besprechen Sie bei jedem Projektmeeting, ob die bisherige Verteilung so fortbestehen kann oder geändert werden sollte. Was ist an weiteren Aufgaben hinzugekommen? Was ist erledigt? Was hat sich doch als schwieriger oder aufwändiger erwiesen?
  Auch dann werden Sie feststellen, wie wunderbar das Team sich die Arbeit neu einteilt.
- Sie als Projektleiter haben die Aufgabe, Zwischenergebnisse abzunehmen, Fortschritte zu kontrollieren und zwischen den einzelnen Gruppen oder Personen zu synchronisieren. Projektkontrolle ist Ihr Job. Wenn Sie darauf verzichten, läuft die Sache auseinander. Außerdem frustriert es die Mitarbeiter, wenn der Projektleiter nicht von sich aus nachschaut. Mitarbeiter empfinden Kontrolle nicht als negativ oder Beweis von Misstrauen. Mangel an Kontrolle sieht vielmehr wie Mangel an Interesse aus!

- Zu Ihrer Personalarbeit gehören dann natürlich auch Eingriffe bei Konflikten und seelische Wiederaufbauhilfen bei Niederlagen.

Eines gehört auf keinen Fall dazu: Pfuschen Sie Ihren Fachleuten nicht ins Handwerk! Halten Sie Ihre Finger aus delegierten Aufgaben heraus. Sollte ein Mitarbeiter es nicht schaffen, kann notfalls umdelegiert werden. Aber demotivieren Sie nicht durch Unfähigkeit, überhaupt zu delegieren.

4.4   Kick Off – der beste Start für Ihr Projekt

Das so genannte Kick Off-Meeting ist der Startschuss für Ihr Projekt. Hier werden die Weichen gestellt, die für die weitere Arbeit und vor allem für die Hürden des Anfangs entscheidend sind. Ziele des Kick Off sind:

Ein gutes Klima für die Teamarbeit ist zu schaffen.

- Die Teammitglieder lernen sich kennen.
- Der Projektleiter lernt das Team kennen und bekommt ein „Feeling" für die einzelnen Persönlichkeiten.
- Das Team erkennt den Projektleiter in seiner Rolle als „Leader" an.

Wegen dieses Ziels sollte das Kick Off nicht eine rein sachliche Informationsveranstaltung zum Projekt sein. Planen Sie Zeit für ausführliche Diskussionen ein. Lassen Sie die Mitarbeiter sich auch persönlich näher kommen. Sie können durch Gruppenarbeiten und Kreativitätstechniken die Mitarbeiter aktivieren und den Austausch untereinander fördern. Sie können durch eine Einladung zum Essen oder durch gemeinsames Kochen eine freundliche Atmosphäre schaffen.

Jeder muss das Projekt als Ganzes verstehen.

- Jedem Beteiligten muss klar sein, welchen Nutzen der Auftraggeber vom Projektergebnis erwartet.
- Das Projektteam muss verstanden haben, wie sich das von ihnen zu erarbeitende Produkt für die zukünftigen Benutzer oder Betroffenen auswirken wird und was der Auftraggeber an Nutzenerwartungen daran knüpft.
- Alle müssen genau verstanden haben, welches im Detail die Kriterien sind, an denen am Ende der Erfolg des Projektes gemessen wird. Die Ziele beschreiben: Vereinbarte Qualität und Quantität, Abgabetermin und Budget.
- Jeder muss das geplante Vorgehen mit Zwischenterminen, Meilensteinen und Zwischenabnahmen kennen und bejahen.

Wegen dieses Ziels ist das Kick Off auch eine Informationsveranstaltung. Sie als Projektleiter sind dafür verantwortlich, Ihre Mitarbeiter unmissverständlich darüber aufzuklären, was genau mit dem Auftraggeber vereinbart wurde. Es darf nicht passieren, dass sich später im Projekt einzelne Mitarbeiter vom Vereinbarten entfernen und etwas produzieren, was sie selbst für richtig und wichtig halten, was jedoch über das Vereinbarte hinausgeht und Zeit- und Kostenrahmen sprengt.

Achten Sie darauf, dass das Kick Off bei aller Offenheit und teamfreundlicher Lockerheit immer auch geschäftsmäßig bleibt – oder zumindest beginnt –, bis dieses Ziel erreicht ist.

> Vielleicht müssen Sie sogar an bestimmten Stellen autoritär auftreten und Ihren Mitarbeitern klar machen, dass Vereinbarungen nicht mehr zur Disposition stehen und in dieser Runde nicht noch einmal ausdiskutiert werden können. Wer mit den Vereinbarungen, die mit dem Auftraggeber getroffen wurden, nicht leben kann, kann nun einmal nicht beim Projekt mitmachen. So einfach ist das.

Was Sie jetzt unmissverständlich klären, wird Ihnen in späteren Projektmeetings endloses Diskutieren und mühselige Überzeugungsarbeit ersparen.

Jeder muss die eigene Rolle und die der Kollegen im Projekt kennen.

* Aufgaben und Verantwortungen werden gemeinsam individuell zugeordnet.
* Teilprojekte werden definiert und personell besetzt.

Sorgen Sie auf jeden Fall dafür, dass am Ende schriftlich festgehalten wird, wer ab sofort wofür zuständig ist und wer was bis wann wie und bei wem abzuliefern hat.

Jeder muss das Projekt mit seinem Umfeld im Unternehmen kennen.

* In welcher Priorität steht das Projekt im Vergleich zu anderen Projekten und/oder zum Tagesgeschäft?
* Welches Ansehen hat das Projekt?
* Womit steht das Projekt eventuell in Konkurrenz, wenn es um knappe Ressourcen geht?
* Welche äußeren Faktoren könnten sich störend oder fördernd auf das Projekt auswirken?

> Erarbeiten Sie mit dem Team auch Möglichkeiten, wie man dem Projekt eine „gute Presse" im Unternehmen verschaffen kann. Sollte man dazu etwas in der Mitarbeiterzeitung veröffentlichen? Kann man zu bestimmten Meilensteinen professionelle Präsentationen einplanen?

Als Projektleiter sollten Sie die PR-Arbeit für Ihr Projekt wichtig nehmen. Zum einen motiviert es die Mitarbeiter, wenn sie an einem Projekt mit hohem Prestige beteiligt sind, zum anderen können Sie durch PR-Maßnahmen Einzelnen immer wieder die Chance geben, sich im Unternehmen zu profilieren. Ein guter Projektleiter erreicht nämlich nicht nur gute Projektergebnisse; er oder sie fördert immer auch die Karrieren der Mitarbeiter – und Ihre eigene entwickelt sich dabei von ganz alleine mit!

Machen Sie jetzt im Kick Off schon klar, dass Sie niemals die Leistungen der Teammitglieder als Ihre eigenen an sich reißen werden. Machen Sie klar, dass

Sie jeden unterstützen werden, der Lust hat, sich über dieses Projekt im Unternehmen zu profilieren.

Spielregeln für die konkrete Zusammenarbeit sind zu vereinbaren.

Nutzen Sie die Erfahrungen Ihrer Teammitglieder. Fragen Sie, welche Regeln und Vereinbarungen sich in anderen Projekten bewährt haben. Die Spielregeln beziehen sich auf ...

- **Informations- und Kommunikationsverhalten**
  Es darf nie im Projekt zu Diskussionen darüber kommen, wer wen hätte informieren oder fragen müssen. Die Grundregel kann lauten: „Informationen, die man hat, sind Bringschuld. Informationen, die man braucht, sind Holschuld."

- **Berichtswesen**
  Wann und in welcher Form sind Statusberichte abzugeben? Wie soll an Gremien berichtet werden?

- **Problemmeldungen**
  Es darf nie vorkommen, dass Sie Aufgaben delegieren und zum Abgabetermin statt der Ergebnisse nur endlose Erklärungen bekommen, warum etwas nicht fertig ist. Die Grundregel lautet: „Wer im Job Probleme hat, meldet sich, sobald klar wird, dass der Termin nicht gehalten werden kann."
  Wer das wiederholt nicht rechtzeitig erkennt, ist möglicherweise noch nicht zu selbstständiger Arbeit fähig.

- **Kontakte zu Auftraggeber und Betroffenen**
  Vor allem Änderungswünsche dürfen niemals über „den kleinen Dienstweg" an Ihnen vorbei von Teammitgliedern angenommen werden.

- **Kommunikation über das Projekt nach außen**
  Es ist ja wohl klar, dass auch bei Ärger niemand vom Team sich woanders beklagt. „Keep it in the family." Überlegen Sie auch mit dem Team, ob es an bestimmten Stellen oder zu bestimmten Themen gelegentlich eine „Schweigepflicht" in fachlicher Hinsicht geben sollte.

- **Pünktlichkeit**
  Legen Sie gleich zu Anfang fest, dass Sie es nicht dulden werden, dass Trödler zu spät bei Meetings erscheinen und damit den Pünktlichen die Zeit stehlen. Das gilt auch für termingerechte Abgabe von Ergebnissen, Protokollen etc.

- **Konflikte**
  Man fängt natürlich ein Projekt nicht schon mit dem Gedanken an mögliche Teamkonflikte an. Trotzdem wird es hin und wieder Ärger geben. Regeln hierzu könnten sein:

– Wünsche sind rechtzeitig zu äußern.
– Ärger über einen Kollegen oder den Projektleiter sollte möglichst früh zur Sprache gebracht werden.
– Wortwahl und Ton in Stresssituationen sollten nicht auf die Goldwaage gelegt werden.
– Wo die Chemie nicht stimmt, setzt man sich notfalls in getrennte Büros und wahrt zumindest die Regeln geschäftsmäßiger Höflichkeit.

Vielleicht sind auch schon bestimmte Konflikte abzusehen. Das können Rivalitäten um Ressourcen oder Meinungsverschiedenheiten über Vorgehensweisen sein. Setzen Sie einen Schlichter ein, lassen Sie das Los entscheiden oder sprechen Sie ein Machtwort. Zwingen Sie auf keinen Fall die Betroffenen, sich zu einigen. Das führt immer zu einem Kampf mit Sieger und Verlierer, danach zu Rache und danach zu ... So schafft man sich unnötige Dauerkonflikte!
Wahrscheinlich haben Sie wenigstens einige Mitglieder im Team, die schon Erfahrungen mit allen Höhen und Tiefen der Projektarbeit sammeln konnten. Lassen Sie sie zum Beispiel sieben oder maximal zehn Spielregeln entwickeln. Die bekommt dann jeder in die Hand oder sie werden zur Erinnerung im Projektbüro an die Wand gehängt.
Auf keinen Fall wollen Sie später von einem Mitarbeiter hören: „Wusste ich nicht. Hat mir keiner gesagt!"
Nach dem Kick Off kann die Arbeit losgehen. Jeder kennt die Richtung und den Weg dahin. Jeder kennt die eigene Rolle und die Spielregeln.

4.5 Prägen Sie die Projektkultur

Sie können die Kultur des Projektes nicht bestimmen, aber Sie tragen durch Ihr Verhalten und Ihre Kommunikation wesentlich dazu bei, wie sich die Kultur des Projektes entwickelt.
Jedes Projekt hat seine eigene Kultur. Manchmal wird es auch mit Begriffen wie Arbeitsklima, Atmosphäre oder „ungeschriebene Gesetze" umschrieben. Die Projektkultur definiert, wie ...

- man im Team miteinander umgeht.
- die Aufgabe und deren Bedeutung für Betroffene und Auftraggeber gesehen wird.
- man mit Außenstehenden umgeht und sich mit anderen Bereichen im Unternehmen koordiniert.
- man sich in Konflikten und bei Stress verhält.
- man die Erfolgschancen des Projektes wirklich einschätzt.
- Tabus wirken und welche Themen man lieber in Ruhe lässt.

Von Ihnen als Projektleiter wird erwartet, dass Sie eine positive Kultur mit Teamgeist, Engagement und Begeisterung für die Ziele schaffen.

Unfähige Führungskräfte erkennt man oft daran, dass sie an ihre Mitarbeiter appellieren: „Verhaltet Euch teamorientiert!" „Zeigt Begeisterung!" So geht das nicht. Wenn die Führungskraft über keine ausreichende Autorität verfügt, können die Mitarbeiter über solche hilflosen Appelle nur müde lächeln.

Übt die Führungskraft Druck aus, entsteht sehr leicht eine „Doppelkultur". Offiziell geben die Mitarbeiter sich wie befohlen engagiert, begeistert und teamorientiert. Tatsächlich wird durch Galgenhumor, Intrigen, Mobbing, schlampige Arbeit, häufiges Krankfeiern, künstliches Verlängern nutzloser Diskussionen, Ressourcenvergeudung und unfreundliches Verhalten gegenüber Außenstehenden der eigene Frust abgebaut.

Unfähige Projektleiter erkennt man manchmal auch daran, dass sie durch einen aufdringlichen „Schmusekurs" die Kultur zum Positiven beeinflussen wollen. Sie bieten das angeblich freundschaftsfördernde Du an, laden das Team ungewöhnlich oft zum Bier ein und geben sich betont locker, als wären sie nicht Projektleiter, sondern ganz normale Mitarbeiter.

Unterlassen Sie solche Versuche der Anbiederei. Die Mitarbeiter erkennen es als hilflose Versuche, ein gutes Klima zu schaffen. Sie lehnen es ab oder machen aus Mitleid mit dem netten, aber schwachen Projektleiter mit. Beim ersten Konflikt bekommen Sie die Quittung: Man nimmt Sie nicht ernst.

Den meisten Erfolg haben Sie als Projektleiter mit einer motivierenden Projektkultur, wenn Sie zum Einen gleich zu Beginn im Kick Off Spiel- oder Verhaltensregeln erarbeiten lassen und zum Anderen selbst konsequent vorleben, wie Sie sich an den Regeln orientieren, wie Sie sich teamorientiert, engagiert und begeistert verhalten. Da Sie im Projekt die Führungsrolle haben, wird man sich von Ihrem Vorbild beeinflussen lassen.

Fragen Sie sich doch einmal selbstkritisch:

* Wie sprechen Sie über den Auftraggeber? Lassen Sie Ihrem Frust nach schwierigen Verhandlungen freien Lauf? Machen Sie spitze Bemerkungen über dessen fachliche Wissenslücken?
* Wie sprechen Sie über Personen außerhalb des Projektteams? Können sich Ihre Mitarbeiter feindselige Verhaltensweisen gegenüber Führungskräften der Linienorganisation anschauen? Machen Sie abfällige Bemerkungen über Kollegen der Buchhaltung oder des Controlling? Wie reden Sie über externe Berater oder Lieferanten?
* Wie sprechen und denken Sie über Ihre Mitarbeiter? Lassen Sie es einzelne Personen fühlen, dass Sie sie vielleicht nicht so gerne im Projekt gehabt hätten wie andere? Beklagen Sie sich bei Dritten über Ihr Team?
* Was tun Sie konkret für ein gutes Teamklima? Wie sorgen Sie dafür, dass Ihre Mitarbeiter gerne bei Ihnen im Projekt tätig sind? Wie fördern Sie den fairen und verständnisvollen Umgang auch mit schwierigen Mitgliedern des Teams? Wie helfen Sie denen, die Gefahr laufen, Außenseiter oder gar

Mobbing-Opfer zu werden? Wie helfen Sie denen, die Ihr Projekt auch für sich als Karrieresprungbrett nutzen möchten?

- Wie sieht Ihr Arbeitsplatz aus? Wie ist Ihr Arbeitsstil? Kann man den sorgfältigen Umgang mit Ressourcen erkennen? Zeigt Ihr Schreibtisch die Ordnung, die auf Ihren Durchblick schließen lässt? Rufen Sie wie vereinbart zurück? Liefern Sie Ihre Ergebnisse pünktlich ab? Sind Ihre Unterlagen sauber geführt? Oder leisten Sie sich etwa ein kreatives Chaos? Leben Sie Nachlässigkeit vor?

Wie verhalten sich Ihre Mitarbeiter? Als Projektleiter achten Sie nicht nur auf die Qualität der Arbeit, sondern auch auf die so genannten „weichen Faktoren", die das Klima und die Stimmung ausmachen.

Sie werden auch feststellen, dass es in Ihrem Team Mitarbeiter gibt, die einen großen Einfluss auf die Kollegen ausüben. Das sind oft – aber keinesfalls immer – die extravertierten und dominanten. Man nennt diese Mitarbeiter Meinungsbildner oder auch Trendsetter. Wenn die eine positive Einstellung zum Projekt oder zu Ihnen haben, werden sich die Kollegen daran orientieren.

Versuchen Sie bewusst darauf zu achten, wer in Ihrem Team die Stimmungen der anderen beeinflusst. Welche Stimmungen bringen sie ins Team? Wer beeinflusst das Verhalten anderer? Wie wirkt sich das aus?

- Wie ist die projektinterne Konfliktkultur? Werden Probleme offen ausgetragen? Kommt es nach Auseinandersetzungen wieder zu Versöhnung? Wie steht es um die Fluktuationsrate? Wer will vermutlich lieber heute als morgen raus aus dem Projekt? Werden einzelne Mitarbeiter von anderen dominiert oder um ihre Erfolge gebracht?
- Wie steht es um die Erfolgserwartung? Gehen die Mitarbeiter davon aus, dass das Projektziel realistisch vereinbart wurde und mit hoher Wahrscheinlichkeit auch pünktlich erreicht wird? Werden zynische Bemerkungen über unrealistische Bedingungen gemacht?
- Sind die Mitarbeiter stolz auf das Projekt? Glauben sie an dessen Nutzen für das Unternehmen oder die Betroffenen? Sehen sie für sich persönlich Entwicklungschancen durch das Projekt? Sprechen die Mitarbeiter intern und vor Außenstehenden positiv über das Projekt? Wird das Vorgehen oder anderes zu kritisch kommentiert?
- Wie ist der Wechsel zwischen Stress und Entspannung? Werden die Mitarbeiter durch das Projekt mit übermäßig vielen Überstunden belastet? Erleben die Mitarbeiter nach Zeiten von Hektik auch einmal wieder Ruhe und normale Arbeitszeiten? Zeigt sich im Engagement der Mitarbeiter Freude oder auch sportlicher Ehrgeiz für die Sache? Zeigt sich im Engagement der Mitarbeiter belastendes Ankämpfen gegen übermäßige Leistungsanforderungen? Haben die Mitarbeiter das Gefühl, mit ihrem übermäßigen Einsatz schlechte Planung oder zu knappe Ressourcen ausgleichen zu müssen?
- Wie steht es um die Kommunikation mit anderen Bereichen? Funktioniert

die Zusammenarbeit mit anderen Bereichen reibungslos oder kommt es regelmäßig zu Schnittstellenproblemen? Werden Sie häufig gebeten, als Projektleiter bei Problemen mit anderen Bereichen Ihre Autorität in die Waagschale zu werfen? Muss sich Ihr Projektteam zur Durchsetzung seiner Ansprüche öfter auf Mächtige im Unternehmen berufen? Sprechen Ihre Mitarbeiter positiv über die Kollegen außerhalb des Projektes, mit denen sie im Rahmen der Projektarbeit zu tun haben?

Achten Sie bei sich persönlich und bei Ihren Mitarbeitern immer auf ...
• Umgangsstil,
• Arbeitsstil,
• Kommunikationsverhalten,
• Umgang mit Ressourcen.
Daran können Sie am besten erkennen, wie es um die Projektkultur steht.

Wenn Sie feststellen, dass durch die Meinungsbildner in Ihrem Team eine negative Haltung und gestörte Projektkultur gefördert wird, können Sie aktiv kaum etwas dagegen unternehmen. Die Orientierung der Mitarbeiter an ihren Meinungsbildnern ist instinktgesteuert. Sie fühlen deren natürliche Autorität und schließen sich deren Meinungen an. Sie als offizielle Führungsfigur im Projekt können keine entgegengesetzte Kultur oder Einstellung als Opposition zum Meinungsbildner verordnen. Das würde unweigerlich zum Konflikt führen, den Sie verlieren würden.

Setzen Sie bei dem oder den Meinungsbildner/n selbst an. In der Regel sind sich diese Leute ihrer Macht über die Einstellungen der Kollegen sehr wohl bewusst. Sie lieben es auch, diese Macht auszuspielen. Wenn Sie sich als Gegner zeigen, provozieren Sie einen Machtkampf um die Anerkennung der Mitarbeiter. Den werden Sie schon allein deshalb verlieren, weil die Mitarbeiter den jeweiligen Meinungsbildner als einen der ihren wahrnehmen und sich gegen den Ranghöheren solidarisch mit ihm verbünden.

Sorgen Sie dafür, dass Meinungsbildner Sie persönlich als Förderer wahrnehmen. Meinungsbildner sind fast immer machthungrig und eitel. Geben Sie ihnen den Sonderstatus, den sie anstreben. Fragen Sie sie um Rat, übertragen Sie ihnen wichtige Aufgaben, machen Sie sie zu Teilprojektleitern, lassen Sie sie mit wichtigen Partnern verhandeln. Wenn die Meinungsbildner positiv zum Projekt stehen, werden sie dessen Kultur ebenso wesentlich wie Sie positiv beeinflussen.

Es ist ein psychologisch oft zu beobachtendes Phänomen, dass die Mehrheit zur Anpassung neigt. Nur wenige beeinflussen selbst Trends, Wertesysteme, Verhaltensregeln und innere Haltungen. Im Projekt sind das Sie und die Meinungsbildner.

Die Kultur, die Sie im Projekt gestalten, bleibt Außenstehenden nicht unbekannt. Verlassen Sie sich darauf, dass im Unternehmen jeder, der von dem Projekt weiß, auch weiß, wie die Stimmung dort ist, wie es dort so läuft, wie das Team sich fühlt, welche Gruppenmentalität dort herrscht. Auch daran wird beurteilt, wie Sie sich als Führungskraft eignen.

4.6 Es wird einen inoffiziellen Leader geben

Ein Thema wird von Teamgeistideologen gerne tabuisiert: die Hackordnung. Das darf es unter harmonischen Menschen, die alle ein gemeinsames Ziel anstreben, nicht geben, also gibt es das angeblich auch nicht. Unsinn! Jede politische Partei, jedes Unternehmen, jede kirchliche Organisation, jeder Kegelclub, jede Reisegruppe und auch Ihr Projekt hat eine Hackordnung.

Die Hackordnung ist die inoffizielle Hierarchie, die sich in jeder Gruppe, die regelmäßig etwas gemeinsam unternimmt, bildet. Bei großen Gruppen wie zum Beispiel Schulklassen können sich Cliquen mit jeweils eigener Führerfigur und eigener Rangordnung bilden. Im Zentrum steht der inoffizielle Leader.

Das ist eine Person, die vom offiziellen Status her den anderen gleich ist, jedoch kraft natürlicher Autorität das Verhalten und Denken der anderen beeinflusst, andere dauerhaft an sich binden kann und innerhalb der Gruppe über inoffizielle Sanktionierungsmöglichkeiten verfügt. Für die „Mitläufer" ist der inoffizielle Leader der Mittelpunkt der Gruppe. An ihm orientieren sie sich, seine Anweisungen befolgen sie, bei ihm wollen sie nicht in Ungnade fallen, von ihm erhoffen sie sich Beistand gegenüber Außenstehenden, gegenüber offiziellen Führungspersonen und gegenüber Problemen.

> Jeder Lehrer kennt die Macht, die von Rädelsführern ausgeübt werden kann. Jeder Lehrer kennt auch die Strukturen, die sich um einen Rädelsführer bilden. Ganz eng um ihn geschart sind seine Lieblinge. Diese Lieblinge nehmen in der Hackordnung eine gehobene Position ein. Weit entfernt vom Rädelsführer stehen die Underdogs, die froh sind, wenn sie nicht von der Clique ausgestoßen werden. Diese Underdogs sind oft die Leidtragenden von Konflikten. Sie werden auch von den Ranghöheren zum Teil gnadenlos ausgebeutet. Wenn jemand die Hausaufgaben machen muss, damit die anderen nachher abschreiben können, dann sind das diese Underdogs.
> Jeder Lehrer kennt allerdings auch die Kinder, die zu keinem Rädelsführer gehören, sondern souverän ihren eigenen Weg gehen, ohne dabei zu Außenseitern oder von Cliquen geplagt zu werden. Sowohl diesen souveränen Selbstständigen als auch den erfolgreichen Rädelsführern sagt man hohe soziale oder emotionale Intelligenz nach. Sie können sich gegenüber anderen behaupten, sie sind ihrerseits nicht auf Führerfiguren fixiert, können jedoch gezielt auf das Verhalten anderer Einfluss nehmen.

Begriffe wie „Hackordnung" und „Rädelsführer" sind negativ und passen somit nicht ins Bild der Teamideologen. Gleichwohl wird sich Vergleichbares auch in Ihrem Projekt abspielen. Sie selbst gehören wegen Ihrer offiziellen Führungsfunktion nicht in das Gebilde der inoffiziellen Hierarchie. Ihre Autorität haben Sie kraft Ihres Amtes. Inoffizielle Leader haben sie kraft ihrer Persönlichkeit.

Lehrer erleben die oft sehr harten und offen geführten Kämpfe Pubertierender. Als Fernsehzuschauer nehmen wir alle mehr oder weniger lustvoll oder entsetzt an den Machtspielchen innerhalb von Parteien teil. Als Projektleiter wird sich die inoffizielle Hierarchie vielleicht konfliktfrei bilden. Aber unweigerlich werden Sie bereits beim zweiten Meetings feststellen können, dass manche Leute mehr Einfluss ausüben als andere, dass manche Ihrer Mitarbeiter sich führen lassen und andere steuernd eingreifen. Mit Konflikten müssen Sie wahrscheinlich nur in zwei möglichen Fällen rechnen:

1. *Die starke Persönlichkeit im Team gönnt Ihnen Ihre Rolle als Projektleiter nicht. Sie hält sich selbst für besser geeignet und fühlt sich bei der Besetzung der Projektleiterstelle übergangen. Diese Person wird Sie angreifen. Sie wird Sie provozieren und auch sehr schnell spüren, was Sie unsicher macht.*
   Die Gruppe wird sich zunächst irritiert zurückhalten und die unerklärlichen Streitereien zwischen Ihnen und einem aus dem Team beobachten. Die Beobachter haben allerdings einen sicheren Instinkt dafür, wer sich fair verhält und wer nicht. Wenn Sie fair bleiben, haben Sie gute Chancen, dass Ihre Mitarbeiter sich schließlich auf Ihre Seite stellen und den Möchtegern-inoffiziellen-Leader sozial isolieren.
   Faires Verhalten allein reicht jedoch nicht. Die Gruppe wird sich nicht um einen fairen, aber schwachen Projektleiter stellen! Wenn der Rebell in Ihrem Team Sie in die Enge treibt, wenn Sie seiner nicht Herr werden, wird die Gruppe ihm zwar das unfaire Verhalten verübeln, Ihnen wird man jedoch Ihre Führungsschwäche ankreiden. Dann schließt sich der Kreis um den inoffiziellen Führer. Man denkt, dass Ihnen nur Recht geschieht, wenn der Rebell Sie quält. Sie hätten keine Position als Projektleiter einnehmen dürfen, wenn Sie dafür nicht einmal die notwendige Autorität mitbringen! Das Team kann gegenüber einem führungsschwachen Projektleiter gnadenlos sein.

2. *Sie müssen auch mit Konflikten rechnen, wenn zwei starke Persönlichkeiten in Ihrem Team um die Rolle des inoffiziellen Führers ringen.*
   Halten Sie sich am besten aus deren Konflikten raus! Das müssen die beiden unter sich ausmachen, wer den größten Einfluss haben wird. Auch das beobachtende Team ist ein Machtfaktor. Wer bei den Kollegen gut ankommt, steht schließlich in der inoffiziellen Hierarchie oben.
   Manchmal verlässt der Verlierer schließlich das Projekt und macht ab sofort als Außenstehender rabenschwarze Bemerkungen, welche Unfähigen dort am werkeln sind. Häufig arrangieren die beiden Kämpfhähne sich, sobald das Mächteverhältnis klar ist. Wie dumm für Sie, wenn die beiden sich vertragen und sich dann gemeinsam an Ihnen für Ihre friedenstiftenden Versuche rächen!
   Die „Hackordnung" im Team können Sie nicht gezielt beeinflussen, also halten Sie sich am besten raus.

Reine „Underdogs" wird es in Ihrem Projekt wahrscheinlich nicht geben. Das ist eher ein Phänomen von Jugendgruppen. Bei Erwachsenen kommt es nur selten vor. In der Regel stellen sich die Kollegen schützend vor einen der ihren, wenn sie sehen, dass der unfair behandelt wird. Menschen haben nicht nur den Instinkt, sich in Gruppen hierarchisch zu organisieren, sie haben auch den Helferinstinkt, wenn jemand aus der eigenen Gruppe zu Schaden kommen könnte.

Achten Sie trotzdem darauf, ob es in Ihrem Team schwache Mitglieder gibt, die sich zu sehr um Angepasstheit und Beliebtheit bemühen. Es kann sich um eine neurotische Störung handeln, um übertriebene Ängste oder um einen Mangel an sozialer Intelligenz. Solche Mitarbeiter laufen Gefahr, mit ihrem unterwürfigen Verhalten die Kollegen so zu nerven, dass sie bald zu Underdogs und schließlich zu Mobbing-Opfern werden.

Wirklich helfen können Sie nicht. Sie sind Projektleiter, aber diese Mitarbeiter brauchen einen Therapeuten. Verschlimmern Sie deren Position nicht durch besondere Hilfs- und Fördermaßnahmen. Die Kollegen würden den Betroffenen womöglich als Ihren „Liebling" dann erst recht quälen. Versuchen Sie lieber – zum Beispiel durch getrennte Aufgabenbereiche oder ähnliches –, mögliche Täter von möglichen Opfern zu trennen.

Schon im ersten Meeting werden Sie vermutlich die Ansätze inoffizieller Führungsautorität erkennen. Versuchen Sie während der Diskussionen sich gelegentlich innerlich vom Thema zu trennen, und achten Sie statt dessen bewusst darauf, wer sich mit welchen Beiträgen zu Wort meldet. Sie werden im Wesentlichen vier Arten von Beiträgen feststellen:

1. **Reine Sachbeiträge**

    Die reinen Sachbeiträge beschränken sich auf das Thema des Meetings oder schweifen inhaltlich davon ab. Auf jeden Fall geht es der betreffenden Person ausschließlich um die Sache. Es kann die Diskussion sein, ob man schon den ersten Projektplan veröffentlichen sollte, ob der Termin realistisch ist, ob MS-Project das geeignete Tool ist oder ähnliches.

    Der Sprecher wird immer versuchen, seine Meinung zur Sache durchzusetzen, seine inhaltlichen Zweifel an den Äußerungen der anderen zu formulieren oder zum Austausch fachlicher Informationen beizutragen. Reine Sachbeiträge können von jedem im Team kommen. Die Schlagfertigen und Extravertierten sagen mehr, die anderen weniger, manche sagen gar nichts.

2. **Verhaltenssteuernde Beiträge**

    Die verhaltenssteuernden Beiträge haben nichts mit dem Thema zu tun. Sie richten sich auf das Wie der Diskussion oder des weiteren Vorgehens.

    > Solche Beiträge können sein: „Jetzt hört doch endlich mal zu!" „Lass doch den Thorsten mal was sagen." „Wir sollten das unbedingt heute entscheiden." „Es macht doch keinen Sinn, jetzt schon die Kriterien festzulegen." „Sag du doch mal was."

Diese verhaltenssteuernden Beiträge kommen von potenziellen inoffiziellen Führern oder von solchen, die es gerne wären. Achten Sie darauf, wie das Team reagiert. Hören die anderen darauf? Lassen sie sich beeinflussen? Wenn dem so ist, haben Sie einen der möglichen inoffiziellen Führer erkannt.

Gehen solche Verhaltensäußerungen im allgemeinen Hin und Her unter, könnte es sich um verkappte Hilferufe handeln.

3. Hilferufe

Hilferufe kommen von Teammitgliedern, die sich nicht durchsetzen können.

> Das können Äußerungen sein wie: „Ich will auch mal was sagen." „Jetzt hört mir doch mal zu!" „Lasst mich doch ausreden!" „Ich melde mich jetzt schon seit zehn Minuten. Wann komme ich denn mal dran?"

Diese Hilferufe sind in der Regel Appelle an das gute Benehmen der anderen oder an deren Rücksichtnahme. Nur so sieht die betreffende Person für sich eine Chance, auch mal etwas beitragen zu können.

Achten Sie darauf, ob die anderen darauf hören und tatsächlich mehr Rücksicht nehmen. Wenn dem so ist, könnten Sie einen Ihrer Souveränen entdeckt haben, der ohne Unterwerfung unter den inoffiziellen Führer seinen Weg geht und trotzdem nicht zum Außenseiter wird.

Wenn die Gruppe die Hilferufe ignoriert oder die betreffende Person nach wenigen Worten schon wieder unterbricht, handelt es sich wahrscheinlich um einen Mitarbeiter, der in der inoffiziellen Hierarchie recht weit unten steht.

Es gibt auch Teammitglieder, die während des Meetings gar nichts sagen aber immer wieder hilflose Versuche machen, sich zu melden. Da ihnen jedoch niemand das Wort erteilt, kommen sie nicht zum Zuge. Diese Mitarbeiter werden sich mit hoher Wahrscheinlichkeit im Nachhinein bitter über die rüden Umgangsformen beklagen. Auch sie stehen in der Hierarchie ganz unten. Wenn sie sich unter Gleichempörten zusammentun, bilden sie eventuell eine eigene Untergruppe der Enttäuschten im Team.

Diesen Mitarbeitern können und sollten Sie helfen. Greifen Sie ein, wenn sie ständig unterbrochen werden oder erst gar nicht zum Zuge kommen.

4. Angriffe

Die Angriffe richten sich bei den ersten beiden Meetings fast immer gegen Sie.

> Sie können offen aggressiv oder auch versteckt vorwurfsvoll formuliert sein: „Wie konnten Sie sich denn darauf mit dem Auftraggeber einlassen?" „Wieso haben Sie denn nicht gesagt, dass wir nur zehn Leute sind?" „Warum sollen wir jetzt schon die Daten eingeben? Die brauchen wir doch noch gar nicht."

Bei diesen Angriffen handelt es sich mit hoher Wahrscheinlichkeit um das Säbelrasseln des potenziellen inoffiziellen Leaders. Nehmen Sie es nicht persönlich. Betrachten Sie diese Person nicht als Widersacher gegen Sie. Der inoffizielle Leader treibt diese Spielchen instinktiv, damit die anderen instinktiv erkennen: „Der traut sich was. Der hat keine Angst. Der kann sich behaupten."

Bleiben Sie ruhig. Lassen Sie sich nicht auf wortklauberische Rechthaberdiskussionen ein. Die inhaltlichen Aspekte sind gar nicht so wichtig. Sie dürfen sich nicht als Verlierer blamieren, aber der potenzielle inoffizielle Leader darf auch nicht vor den anderen sein Gesicht verlieren. Steuern Sie möglichst schnell auf einen Kompromiss als Win-Win-Ergebnis zu.

> Reagieren Sie zum Beispiel so: „Ich habe mich aus taktischen Gründen mit dem Auftraggeber zunächst darauf eingelassen. Sie haben natürlich recht, dass das so nicht bleiben kann." „Stimmt, wir brauchen die Daten noch nicht sofort. Ich habe den Vorschlag gemacht, weil wir jetzt zur Erfassung Zeit haben. Später kann es eng werden. Was schlagen Sie vor? Meinen Sie, wir schaffen das später auch noch?"

Sie werden sehen, wie leicht man sich mit dem vermeintlichen Angreifer einigen kann, wenn man ihm hilft, sich als Leaderfigur zu positionieren. Spätestens beim dritten Meeting haben Sie in der Person die beste Hilfe bei der Projektleitung, die man sich nur wünschen kann. Sie nimmt Ihnen vieles an Führungsarbeiten ab. Sie wird die Projektkultur beeinflussen und das Team bei der Stange halten. Die Angriffe gegen Sie hören dann auch auf.

Der inoffizielle Leader ist häufig auch Meinungsbildner. Manchmal können die beiden Rollen getrennt wahrgenommen werden. Manchmal teilen zwei starke Teammitglieder mit natürlicher Autorität sich diese Aufgaben zu.

Beachten Sie bitte, dass inoffizielle Leader nicht nur nach Einfluss innerhalb Ihres Teams streben. Sie sind in der Regel in anderen Kreisen auch sehr schnell an inoffiziellen und offiziellen Schalthebeln der Macht. Wie gut für Sie und Ihre Karriere, wenn Sie mit Ihrem inoffiziellen Leader möglichst schnell möglichst partnerschaftlich zusammenarbeiten!

4.7 Achten Sie auf die Rollenbesetzung im Team

Neben dem inoffiziellen Leader und dem Meinungsbildner – falls es sich nicht um dieselbe Person handelt –, bilden sich ganz automatisch weitere typische Rollen in einer Gruppe. Die Rollenbesetzung hat vermutlich mit dem instinktiven Streben nach der Befriedigung von drei Anspruchsrichtungen zu tun. Jedes Individuum möchte aktiv an der gemeinsamen Aufgabe mitmachen und erkennbar seinen Teil beitragen. Jedes Individuum möchte sich harmonisch mit den anderen zu einer Gemeinschaft arrangieren und sich gleichzeitig auch von der Menge abheben.

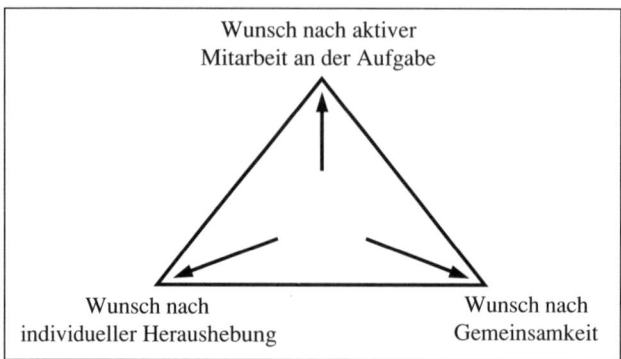

Abbildung 22: Die drei Richtungen der Ansprüche an ein Team

So sucht sich jede Person ein bestimmtes Verhaltensmuster und damit auch bald eine Rolle, die zu diesen drei Ansprüchen, zum eigenen Temperament und zum eigenen Wissen bezüglich der Aufgabe passt.

Instinktiv sucht man sich eine individuelle „Rollennische" zwischen den Kollegen. Deshalb werden typische Rollen auch fast nie doppelt besetzt. Auch kann man feststellen, dass dieselbe Person in unterschiedlichen Gruppen unterschiedliche Rollen übernehmen kann. Jeder von uns hat ein gewisses „Rollenrepertoire" zur Verfügung. Wenn man in eine Gruppe kommt, besetzt man dann mit einer persönlich verfügbaren Rollen eine Nische, die in dieser Gruppe noch frei ist.

(Dass die verschiedenen Rollen hier vorwiegend in männlicher Form beschrieben werden, liegt nur an der sprachlichen Vereinfachung. Es gibt keine Rollen, die vorwiegend von Frauen und solche, die vorwiegend von Männern besetzt werden. Das gilt auch für den inoffiziellen Leader oder den Meinungsbildner.)

Man kann feststellen, dass eine Gruppe dann gut funktioniert, wenn die wichtigsten Rollen besetzt sind, wenn keiner die eigene Rolle bis zur Plage der anderen übertreibt und wenn sich die Mitglieder in ihren Rollen jeweils als zwar anders, aber immer gleichwertig akzeptieren.

Eine Gruppe gerät dann in Konflikte, wenn sich jemand mit seiner Rolle über die anderen erhebt und andere beharrlich dominiert oder nervt.

Ein Beispiel kann die Person sein, die als „der Beliebte" bezeichnet wird.

> Diese Person strahlt menschliche Wärme aus. Sie hält das Team zusammen. Sie schafft Vertrauen, gleicht bei Konflikten aus und hat immer ein offenes Ohr für die Nöte der anderen. Der oder die Beliebte ist das „Herz" der Gruppe.
>
> Ist diese Rolle neurotisch überzogen, führt das zu Gruppenterror. Der oder die Beliebte zeigt ein gluckenhaftes oder patriarchalisches Verhalten.
>
> Teamgeist wird mit ständigem Wunsch nach Gemeinsamkeit und Zwang zu harmonischem Konsens gleichgesetzt. Wer sich kritisch

äußert oder einmal allein zu konzentrierter Arbeit zurückziehen möchte, wird vom Beliebten unter Druck gesetzt: „Wir sind ein Team. Wir machen alles gemeinsam. Wir sind alle einer Meinung." Die Unselbstständigen werden sich noch enger um den Beliebten scharen und zustimmen. Die Selbstständigen leiden unter dem Gruppenterror.

Ein anderes Beispiel für konfliktäre Übertreibung kann der „Stimmungsheber" sein.

Das ist die Person, die mit humorvollen Bemerkungen und optimistischen Prognosen die allgemeine Stimmung positiv beeinflusst. Diese Person hat auch bei größten Schwierigkeiten die Gabe, immer noch eine gewisse Situationskomik zu erkennen, die anderen darauf aufmerksam zu machen und so die Anspannung zu lösen.

Bei neurotischer Übertreibung kommt der „Gruppenclown" dabei heraus. Mit seinen ständigen dämlichen Witzchen versucht er pausenlos die anderen zum Lachen zu bringen und auf sich aufmerksam zu machen. Jede ernste Diskussion wird von den Witzchen ins Alberne gezogen. Pausenlos lenken Bonmots vom Thema ab.

Der Stimmungsheber fördert den Spaß an der Arbeit, der Clown ist eine Nervensäge.

Eine wichtige Rolle wird häufig individuell themenbezogen mehrfach im Team besetzt. Das ist der „Experte".

Hier fallen häufig persönliches Fachinteresse und Aufgabe zusammen. Die Experten streben fast nie Führungsrollen an. Sie konzentrieren sich voll auf das Sachgebiet, das sie sich als Schwerpunkt gesucht haben. Dort verschaffen sie dem Team stets die neuesten Informationen. Dort achten sie verschärft auf Qualität in der Arbeit. Dort arbeiten sie unermüdlich an der Projektaufgabe.

Neurotisch übertrieben kann sich der Experte zum Besserwisser entwickeln. Er kann es einfach nicht glauben, dass andere auch etwas wissen. Er fühlt sich angegriffen, wenn jemand in seinem Fachgebiet mit ihm zu diskutieren wagt. Er mischt sich in die Arbeit der Kollegen ein und meint, das diene rein sachlich der Qualität der Arbeit.

Eine weitere Rolle ist die des „Pflichtbewussten".

Das ist eine Person, die sich stets korrekt an Abmachungen und Vorschriften hält. Ihr hat die Gruppe zu verdanken, dass die Qualitätsregeln, Sicherheitsbestimmungen und sonstigen Vorschriften eingehalten werden. Diese Person sorgt für eine saubere Ablage der Projektdokumentation, für die zuverlässige Einhaltung von Terminen mit Außenstehenden und dafür, dass abends nichts Unerledigtes liegen bleibt.

Eine neurotische Übertreibung kann es in zwei unterschiedlichen Varianten geben. Die eine Übertreibung ist die Entwicklung hin zum teaminternen „Blockwart" oder „Kontrolletti" oder „Projektpolizisten". Die pflichtbewusste Person geht grundsätzlich davon aus, dass andere unzuverlässig arbeiten, sich nicht an die Regeln halten und deshalb ständig unter Kontrolle gehalten, erwischt und bestraft werden müssen. Welch eine Plage für die Kollegen!

Die zweite neurotische Übertreibung kann sich in Richtung „Projekt-sklave" entwickeln. Aus lauter Sorge, dass wichtige Arbeiten zu lange liegen bleiben, schafft die pflichtbewusste Person bis in die Nacht hinein alles vom Tisch. Aber auch dann ist sie nicht zufrieden. Sie erkennt, dass andere einfach Feierabend gemacht haben, obwohl noch Unerledigtes auf deren Tischen liegt. Die pflichtbewusste Person wird das dann auch noch gleich mitmachen, bevor sie lange nach allen anderen endlich nach Hause geht.

Die Kollegen merken natürlich, dass jemand hinter ihnen her arbeitet. Manche sind ärgerlich und schließen abends ihre Unterlagen weg. Andere machen sich den Arbeitstrieb des Pflichtbewussten zu Nutze und lassen ihm absichtlich die lästigsten Aufgaben liegen.

Der Pflichtbewusste, der sich auf diese Weise zum Projektsklaven entwickelt, wird einerseits schamlos ausgenutzt, geht jedoch andererseits mit seinem ständigen Jammern wegen der Überforderung den anderen auf die Nerven. Einfach ignorieren, was andere an Arbeit liegen lassen und gar nicht seine Aufgabe wäre, kann er jedoch nicht. Der Drang, alles fertig zu erledigen, ist stärker. „Aber das muss doch gemacht werden. Das ist wichtig!" – so lautet sein täglicher Schlachtruf.

Es ist ganz interessant, sich einmal psychologisch mit den typischen Rollen, die sich in Gruppen immer wieder bilden, zu befassen. Sie werden feststellen, dass es bestimmte Rollen gibt, die sich sehr um die Sache drehen. Dazu gehören der Experte und der Pflichtbewusste. Die Rollen des Stimmungsmachers und des Beliebten sind in erster Linie gemeinschaftsbezogen. Die Rollen des inoffiziellen Leaders und des Meinungsbildners sind auf das Streben nach individueller Abhebung von der Menge bezogen. Jedes Teammitglied zieht es bevorzugt zu ganz bestimmten Rollen. Jedes Teammitglied hat jedoch auch andere Rollen im Verhaltensrepertoire.

Zum Teambildungsprozess gehört, dass sich zunächst eine gewissen Unsicherheit aus der Tatsache ergibt, dass die Rollen noch nicht besetzt sind. Man weiß nicht, welche man selbst übernehmen soll und weiß die Kollegen auch noch nicht einzuordnen. Nach kurzer Zeit kann es vorübergehend zu Konflikten und Frust kommen, wenn mehrere Personen um gleiche Rollen rivalisieren. Wenn die Rollenbesetzungen abgeschlossen sind und die Mitarbeiter sich jeweils akzeptieren, kann routiniert im Projekt gearbeitet werden.

Sie müssen nicht unbedingt eingreifen, wenn Sie neurotische Rollenübertreibungen in Ihrem Team entdecken. Warten Sie erst einmal ab. Sie haben es schließlich mit erwachsenen Menschen zu tun. In der Regel sorgen die Kollegen nach einiger Zeit selbst dafür, dass der Clown sich doch bitte beherrschen soll, dass der Pflichtbewusste seine Finger von fremder Arbeit zu lassen hat und dass Gruppenterror nicht hingenommen wird.

Wenn das neurotische Verhalten zu stark wird, werden Appelle der Genervten an Sie gerichtet. Erst jetzt sollten Sie etwas unternehmen. Zunächst sollten Sie der betreffenden Person ganz klar sagen, welches Verhalten die anderen stört und wie das auf die Projektarbeit wirkt. Manche Rollenübertreibung erledigt sich von selbst, wenn der betreffenden Person einmal klar gesagt wird, wie sie damit wirkt. Wenn das Verhalten jedoch so zwanghaft ist, dass sie es selbst nicht mehr unter Kontrolle hat, dann müssen Sie eventuell über eine geänderte Aufgabenzuteilung oder letztlich durch Trennung von diesem Teammitglied das Problem lösen.

Sie dürfen auf keinen Fall Ihrem Team die Sozialarbeit an einem Problemmitarbeiter zumuten. Notfalls muss der betreffende Mitarbeiter zurück zu seinem Linienvorgesetzten.

4.8 Fangen Sie die Frustphase auf

Ein weiteres Tabu vieler Teamgeistideologen ist die Frustphase. Man tut so, als müsse eine Gruppe von motivierten Menschen sich automatisch zu einem harmonischen Team zusammenfinden. Das ist oft nicht der Fall. Machen Sie sich keine Vorwürfe, wenn es vor allem zu Beginn des Projektes zu Ärger, Nörgeleien, Streit und Frust kommt. Sie haben als Führungskraft nichts falsch gemacht. Ein Frustphase ist üblich. Die Heftigkeit der individuellen Ausbrüche oder Enttäuschungen kann variieren. Aber auch das hängt weniger von Ihrer Führungsfähigkeit als vielmehr von den Temperamenten der Beteiligten ab.

■ **Hinweis:** Grob betrachtet spielt sich der Teambildungsprozess in vier Phasen ab, die ineinander übergehen.

Die erste Phase ist die der Orientierung. Sie sollte eigentlich bereits mit dem Kick Off weitgehend abgeschlossen sein.

Die zweite Phase ist die Frustphase. Sie spielt sich während des Rollen- und Hierarchiebildungsprozesses ab. Meistens ist nach dem zweiten oder dritten Meeting und nach den ersten Arbeitserfolgen der Tiefpunkt durchschritten.

Danach kommt die Akzeptanzphase. Jeder arrangiert sich mit seiner Rolle im Team und bekommt den eigenen Aufgabenbereich sicher in den Griff. Das Wir-Gefühl der Gruppe bildet sich aus.

Die vierte Phase ist die längste Phase bis zum Projektende. Sie wird als Produktions- oder Routinephase bezeichnet. Das Team ist zusammengewachsen und arbeitet weitgehend selbstständig.

Orientierung	Frust	Akzeptanz	Routine / Produktion
Fragen zur Sache	Unzufriedenheit	gegenseitiges Verständnis	Team steuert sich selbst
Euphorie	Enttäuschung		
		erste Erfolge	hohe Erfolgserwartung
Bedenken	Rivalitäten		
		Bildung eines Wir - Gefühls	Routine in der Arbeit
unklare Rollen	Nostalgie		

Abbildung 23: Phasen der Teambildung im Projekt

1. Orientierung

Zu Beginn schwanken die Gefühle der Mitarbeiter – genau wie Ihre – zwischen Euphorie und Freude an der neuen Aufgabe einerseits, und der Sorge, ob das denn wohl auch alles klappen wird andererseits. Es macht Spaß, sich in Neues einzuarbeiten, die Unterlagen zu lesen, Ideen zur Umsetzung zu sammeln und schon nach ersten Ansätzen erste Erfolge zu sehen. Es ist bei fast jedem Projekt typisch, dass man am Anfang den Eindruck bekommt, es gehe ganz zügig voran.

> Das geht Ihnen wohl so auch bei privaten Projekten wie Hausbau oder Fernurlaub. Wenn man erst einmal in die Sache eingestiegen ist, hat man auch schon ganz erstaunlich schnell etwas Fertiges in der Hand. Das kann ein Finanzierungsplan sein oder eine markierte Reiseroute auf der Landkarte. Das macht Spaß!

Gleichzeitig kommen hier und da Bedenken, was wohl schief gehen könnte, ob man sich auf alles verlassen kann, ob man auch nichts vergessen hat. Im Projekt kommt bei manchem Mitarbeiter auch die Sorge hinzu, ob man mit den neuen Kollegen wohl gut auskommen wird. Man fragt sich, wie Sie als Führungskraft zu nehmen sind. Erste Ansätze von spontaner Sympathie oder von Misstrauen und Vorurteilen bilden ein unsicheres und instabiles Gefühlsgemisch.

Sie und Ihre Mitarbeiter orientieren sich fachlich und aufgabenbezogen am Projekt und gleichzeitig menschlich bezüglich der Leute, mit denen Sie ab sofort eng zusammenarbeiten werden.

Während der Orientierungsphase brauchen die Mitarbeiter Sie als Orientierungspunkt. Sie müssen jetzt – echt oder gut geschauspielert – Sicherheit ausstrahlen. Bringen Sie das Team in kurzen Abständen immer wieder zu gemeinsamen Workshops oder Meetings zusammen. Nehmen Sie sich inhaltlich nur wenig für solche Veranstaltungen vor. Lassen Sie viel Freiraum für Diskussionen und kreative Prozesse. Sie können jetzt auch sehr gut Mind Mappings oder Kartenabfragen oder Denkhüte und andere Kreativtechniken einsetzen.

Eines sollten Sie vom ersten Zusammentreffen an eisern durchsetzen: „Wir fangen pünktlich an und hören pünktlich auf!" Wenn Sie jetzt Endlos-Meetings bis in die Abendstunden zulassen, werden Sie in diesem Projekt nie mehr zu einem effektiven Arbeitsstil kommen. Allein das Gefühl, dass man abends beliebig überziehen kann, fördert ineffizientes Herumgerede während der Arbeitszeit. Außerdem frustriert es die Mitarbeiter, die dafür ihre kostbare Freizeit opfern sollen.

In der Orientierungsphase versuchen alle Beteiligten für sich Antworten auf folgende Fragen zu bekommen:

- Worum geht es in diesem Projekt im Detail?
- Welche Erwartungen werden an uns als Team und an mich persönlich gestellt?

- Was bedeutet dieses Projekt an Änderungen in meinem bisherigen Arbeits- und Dienstzeitenverhalten?
- Was muss ich mir dafür noch an Wissen aneignen?
- Wie sollen wir vorgehen?
- Bis wann muss was fertig sein?
- Mit wem werde ich mich koordinieren?
- Wie funktioniert es hier mit der Kommunikation und der Dokumentation?
- Wie sind die Kollegen?
- Wie ist der Projektleiter?
- Wer hat hier welche Einflussmöglichkeiten?
- Was habe ich davon, hier mitzuarbeiten?

Je mehr die Mitarbeiter sich mit Ihnen und untereinander austauschen können, desto schneller bekommen Sie Antworten auf die Fragen, die jetzt noch einen gewissen Unsicherheitsfaktor darstellen.

2. Frust

Unweigerlich kommt es zumindest zu einer Ernüchterung. Die idealisierte Vorstellung der Euphorie weicht einer realistischeren Wahrnehmung des Projektes.

> So toll ist der Job nun auch wieder nicht. Er stellt eine reichliche Belastung neben den Routineaufgaben dar. Außerdem erkennt man, dass auch ganz schön sture Kollegen mit im Boot sind. Die einen sehen die Sache ganz falsch, die anderen kapieren zu langsam, und wieder andere sind höchst rücksichtslos in ihrer Art.
> Ob der Projektleiter es wirklich schafft, die Sache in den Griff zu bekommen, ist auch zweifelhaft. Etliche seiner Ansichten sind falsch. Außerdem hat er sich vom Auftraggeber Vereinbarungen aufdrücken lassen, die unmöglich sind! Und dann soll man auch noch unsinnige Dokumentationen führen, nach einem völlig unbrauchbaren Vorgehensmodell arbeiten und sich an Qualitätsrichtlinien halten, die keiner ernst nehmen kann.
> Um dem ganzen Desaster die Krone aufzusetzen, stellt man fest, dass die ersten kleinen Erfolge doch nur Scheinerfolge waren. Langsam aber sicher zeigt sich an diversen Stellen der Teufel im Detail.

Machen Sie sich keine Sorgen! Das sind ganz normale Frustgedanken, die in jedem Projekt in der ersten Zeit auftauchen. Sie brauchen auch keine Klimmzüge zwecks Motivation zu leisten. Jetzt will keiner motiviert werden. Einen gewissen Spaß macht das Jammern und Nörgeln der Frustphase nämlich auch. Außerdem finden jetzt die Rangeleien um die inoffizielle Hierarchie statt. Das Team „rauft sich zusammen".

Die einzige Chance, die Frustphase zu verkürzen, besteht in schnellen und sichtbaren Erfolgen. Erfolg macht die Beteiligten stolz. Das ist die beste Motivation.

Vielleicht können Sie schon einmal eine erste Präsentation zur Projekt-
strategie durchführen lassen. Vielleicht baut schon mal jemand ein Modell des geplanten Ergebnisses. Vielleicht kann schon mal eine Arbeitsgruppe die Infodatenbank aus dem Internet bestücken.

Erfahrene Projektleiter halten sich aus dem Frustgejammer und den Rangord-
nungskonflikten heraus. Sie setzen den ersten Meilenstein, der so definiert ist,
dass er ganz sicher erreicht werden kann, in diese frühe Projektphase. Die Arbeit daran lenkt von negativen Gefühlen ab. Der erreichte Meilenstein als erstes Erfolgserlebnis gibt Mut, die Sache wieder in rosigerem Licht zu sehen.

3. Akzeptanz

Die Akzeptanzphase ist zwar noch nicht von Begeisterung geprägt, aber schon
viel positiver als der Frust. Man findet sich mit den Unzulänglichkeiten des
Projektes, mit den Macken des Projektleiters und der Kollegen und mit den
Verzwicktheiten der eigenen Aufgaben ab. Irgendwie weiß man nun, wie man
sich gegenseitig zu nehmen hat. Man reagiert nicht mehr empfindlich auf die
Vorlauten und nimmt Rücksicht auf die Sensiblen. Man versteht den Humor
des Gruppenzynikers und die Launenhaftigkeit des Pedanten.

Die Fehler der anderen werden nicht mehr so krass gesehen wie noch in der Frustphase. Gleichzeitig hat jeder erlebt, dass die anderen einen auch so sein lassen, wie
man nun einmal ist. In die sachlichen Probleme des Projektes hat man sich eingearbeitet und kann bereits aus Erfolgen und Erfahrungen Motivation ziehen.

In dieser Phase entwickelt das Team sein Wir-Gefühl. Ab jetzt kann sich jede
personelle Veränderung als störend erweisen. Versuchen Sie deshalb das Team
möglichst stabil zu halten.

Achten Sie jetzt aber auch verstärkt auf intensive Kommunikation mit Personen außerhalb des Projektes. Fördern Sie die Zusammenarbeit mit dem Auftraggeber, dem Betriebsrat, den vom Projekt Betroffenen und anderen Abteilungen. Wenn Sie das jetzt unterlassen, könnte sich das Team zu fest zu einer
geschlossenen Einheit verschweißen. Es kann zur Bunkermentalität mit feind-
seliger oder abfälliger Einstellung gegenüber Außenstehenden kommen.

Bei sportlichen Teams wie zum Beispiel im Fußball werden solche Abkapse-
lungen von der Außenwelt oder gegenüber „feindlichen" Mannschaften bewusst gefördert. Bei Projektteams im Unternehmen ist eine solche Entwicklung fatal. Sie würden am Ende mit Ihrem Projektergebnis keine Akzeptanz
finden. Dann würde der Frust nach Projektende noch einmal kommen.

4. Produktion oder Routine

Der Übergang von der Akzeptanz- zur Produktionsphase ist fast immer un-
merklich. Irgendwann fällt Ihnen auf, dass Sie kaum noch mit Führungsaufgaben zu tun haben. Ihre Fachleute im Team steuern sich selbst oder lassen sich
vom inoffiziellen Leader ausreichend managen. Seien Sie froh!

Ihr Projekt ist jetzt auch für Außenstehende erfolgreich in Richtung Ziel unterwegs. Man wird Ihnen den Führungserfolg für diese gute Teamarbeit zuschreiben. Jetzt ist die günstigste Zeit für Sie gekommen, bei Ihren Vorgesetzten bezüglich Ihres nächsten Karriereschrittes vorzusprechen. Warten Sie nicht bis zum Ende des Projektes! Jetzt oder nie!

Wie gesagt ist die Frustphase ein typisches Phänomen in Gruppen, die sich erst einmal finden müssen.

> Auch Reiseleiter kennen es, wenn sich am dritten Tag die Teilnehmer der Reisegruppe streiten, wenn sich die Beschwerden über angeblich schlechtes Essen oder unbequeme Betten häufen. Ein auch den Reiseleitern bekanntes Phänomen ist die typische Nostalgie während der Frustphase. Den Leuten fallen verklärte Erinnerungen an frühere Reisen, in denen angeblich alles viel besser organisiert war, wieder ein.

Rechnen Sie auch damit, dass man Ihnen vorwirft, viel schlechter zu sein als der damalige Projektleiter Anno irgendwann, als alles viel besser war. Nehmen Sie es nicht persönlich. Später wird man einem anderen Projektleiter von Ihnen vorschwärmen.

Fangen Sie für sich selbst die Frustphase emotional auf. Nehmen Sie es nicht tragisch, fühlen Sie sich nicht schuldig und mischen Sie sich wenig in Teamkonflikte zu diesem Zeitpunkt ein. Verschaffen Sie Ihren Mitarbeitern schnell erste Erfolgserlebnisse. Dann ergibt sich der Frust von selbst.

Achten Sie gleichzeitig darauf, dass Sie sich selbst motivieren! Sie stecken nämlich auch im Frust! Die Aufgabe sieht nicht mehr so verlockend aus wie zu Beginn, und die menschelnden Faktoren im Team gehen Ihnen auch auf die Nerven. Da müssen Sie durch. Halsen Sie sich jetzt keine Überstunden auf. Schaffen Sie sich durch ausreichend Freizeit und andere Interessen immer wieder Distanz zum Job. So kommen Sie selbst am schnellsten durch die Frustphase.

4.9 Wo beginnen Teamkrankheiten?

So genannte Teamkrankheiten zeigen sich durch Symptome wie schlechte Laune, Galgenhumor, Mobbing, Absentismus, Streitereien und Qualitätsmängel in der Arbeit. Als Projektleiter sollten Sie sensibel darauf achten, ob sich die Teammitglieder wohl fühlen, ob der Ton untereinander locker oder distanziert oder auch gekünstelt überfreundlich ist.

Mit schweren Teamkrankheiten hat man als Projektleiter nur selten zu kämpfen, wenn die Teilnahme am Projekt freiwillig und die individuelle Zuordnung der Aufgaben weitgehend selbstgesteuert war. Irgendwann hat jedes Mitglied sein fachliches Aufgabengebiet und seine Position in der inoffiziellen Hierarchie gefunden. Dann arbeiten die meisten Teams „gesund" auf das Projektziel hin.

Reibereien, Meinungsverschiedenheiten und Rivalitäten sind unausweichlich. Ihre Austragung reinigt in der Regel die Luft und stört das Klima immer nur temporär.

Trotzdem sollten Sie sich der Tatsache bewusst sein, dass nur wenige Menschen wirklich so teamfähig sind, wie es die Teamgeistideologen behaupten. Welche Erfahrungen bringen Ihre Mitarbeiter mit ins Projekt?

> Schon in der Schule ging es letztlich um die eigenen Noten. Auch Gruppenarbeiten im Klassenraum ändern nichts an der Tatsache, dass am Ende jeder Schüler mit seinen eigenen Noten in Studium und Beruf zu starten hat. Diese Erfahrung setzt sich an der Uni oder in der beruflichen Ausbildung fort. Niemand kann sich später mit dem Hinweis bewerben, Mitglied eines erfolgreichen Teams an der Uni oder in der Berufsschule gewesen zu sein. Was den Personalchef interessiert, sind die persönlichen Noten.

Nun sitzen die Mitarbeiter bei Ihnen im Projekt. Was sehen sie? Ihnen wird Teamarbeit gepredigt, aber nur einer – Sie – kann den Prestigeposten Projektleiter besetzen. So ist es auch in der Linienhierarchie. Es gibt keine gemeinsamen Berufswege für Teams. Letztlich geht jeder seinen Karriereweg als Einzelperson.

> Ganz klar, dass sich vor allem die Aufstiegswilligen fragen: „Was bringt es mir, mich in diesem Projekt zu engagieren?" Die Antwort findet auch jeder für sich allein. Dem Einen ist es schon ein Vorteil, sich via Projekt von einem öden Routinejob in der Linie verabschieden zu können. Der Andere freut sich, im Projekt Zugang zu allerneuesten Techniken seines Fachgebietes zu bekommen. Der Dritte will sich als Teilprojektleiter profilieren. Der Vierte ...

Sie werden etliche Mitarbeiter haben, die sich für das Projekt und seine Ziele begeistern. Sie werden vielleicht auch solche Mitarbeiter haben, die nicht daran denken, sich im Projekt zu überarbeiten, weil sie nebenher andere Ziele verfolgen.

Eine der größten Gefahren für die Gesundheit Ihres Teams ist eine tatsächliche oder so wahrgenommene Ungerechtigkeit in der Verteilung der Aufgaben und vor allem der langweiligen Jobs. Sie können sich zwar weitgehend darauf verlassen, dass eine Gruppe fairer Kollegen in der Lage ist, sich die Arbeitslast zunächst gerecht aufzuteilen. Sie können jedoch nicht davon ausgehen, dass nach der gerechten Verteilung dann auch jeder zuverlässig das tut, was sein Job im Team ist. Darauf müssen Sie achten. Das ist Teil Ihres Führungsjobs.

Machen Sie sich zunächst das Phänomen bewusst, dass die meisten Menschen zu Aufschieberitis neigen.

> Deshalb wird ja auch immer in den letzten Tagen von Weihnachten noch wie wild eingekauft und eingewickelt. Die wenigsten Menschen haben gemütlich im November ihre Geschenke ausgesucht und dann in Muße verpackt, um vor Weihnachten in aller Ruhe die Romantik zu genießen. In den Nächten vor Prüfungen wird mehr gepaukt als in den Wochen davor. Ein Großteil der Diplom- und Doktorarbeiten wird erst auf den letzten Drücker fertig. Viele Menschen brüsten sich sogar damit, unter Druck am allerbesten arbeiten zu können.

Mit der Aufschieberitis haben Sie unweigerlich in Ihrem Projekt auch zu tun. Da liegt auch eine gefährliche Keimzelle für mögliche Teamkrankheiten! Eine Minderheit in Ihrem Team legt sich nach der Zuordnung der individuellen Arbeitspakete ins Zeug und wird auch bald mit einigen Ergebnissen aufwarten können.

Eine Mehrheit Ihrer Mitarbeiter hat erkannt, dass der Liefertermin für ihre Ergebnisse ja noch nicht unmittelbar vor der Tür ist. Was soll man sich da jetzt schon in Hektik bringen? Erst einmal sollte man die Sache in Ruhe von allen Seiten bedenken und bereden. „Nur nichts übers Knie brechen!" Das ist der Schlachtruf der Aufschieber.

> Irgendwann steht das Team kurz vor der nächsten Meilensteinabnahme. Und schon bricht Stress aus. Die Aufschieber sind in ihrer Arbeit weit zurück. Die Minderheit, die sich gleich am ersten Tag ins Zeug gelegt hat, ist schon fertig.
>
> Wehe, wenn Sie jetzt die Arbeit noch einmal neu verteilen! Sie bestätigen den Aufschiebern, dass es sich immer lohnt, erst einmal faul zu sein. Vieles wird später von den anderen erledigt, wenn man es erst einmal liegen lässt.
>
> Die Minderheit erlebt erbost, dass ihr Engagement auch noch bestraft wird. Jetzt können sie für die Faulpelze auch noch mitarbeiten.
>
> Kluge aus der Minderheit ziehen daraus für sich eine Lehre. Sie werden nie wieder zu erkennen geben, dass sie längst fertig sind, sondern bis zur letzten Stunde vor dem Meilenstein heftig über Stress klagen.
>
> Die anderen sehen sich von Meilenstein zu Meilenstein als die Dummen. Allen zusammen ist klar, dass es sich um die Symptome eines Führungsfehlers von Ihnen handelt. Die einen freuen sich über Ihre Unfähigkeit zu gerechter Lastenverteilung, die anderen ärgern sich.

Dieser Ärger führt unweigerlich zu Teamkrankheiten. Mancher, der sich ungerecht behandelt oder ausgebeutet fühlt, übt Rache bis hin zur Sabotage. Andere erzählen negative Geschichten über den angeblichen Pfusch, den die Kollegen unter den Augen des Projektleiters produzieren. Wieder andere werden schlecht gelaunt und entwickeln sich zu Quertreibern und Nörglern. Allen zusammen macht es keinen Spaß mehr.

Achten Sie deshalb strikt darauf, dass sich jeder zuverlässig um seine Aufgaben kümmert, dass Hilfsbereitschaft nur auf Gegenseitigkeit funktioniert und dass Aufschieber notfalls in der letzten Nacht vor dem Meilenstein allein im Büro bleiben, während die anderen sich schon beim Italiener eine Pizza auf den Erfolg schmecken lassen. Solche pädagogischen Maßnahmen mögen zunächst hart wirken, zahlen sich für die Teamgesundheit jedoch aus.

4.10 Wie steht es um die Konfliktkultur des Teams?

Ob sich unter Ihren Mitarbeitern Teamkrankheiten ausgebreitet haben, können Sie fast überdeutlich am Verhalten in Konfliktsituationen erkennen. Lassen Sie bei diesen Betrachtungen jedoch die Frustphase im frühen Projektstadium außer Acht. Während dieser Phase ist noch alles an Konfliktverhalten möglich, weil die Gruppe noch keinen gemeinsamen Stil gefunden hat.

Wenn Sie jedoch aus der Frustphase heraus sind, sollten Sie bewusst darauf achten, wie mit Konflikten umgegangen wird. Sie können Ihr Team als „gesund" betrachten, wenn ...

*   die Mitarbeiter sich gegenseitig auf Fehler aufmerksam machen und dabei nicht in Streit geraten oder sich ins Schmollen zurückziehen. Heftige Diskussionen bei Meinungsverschiedenheiten, was eigentlich ein Fehler ist und was nicht, sind nicht als Streit zu bewerten. Zum Streit wird es erst bei persönlichen Angriffen.
*   Missverständnisse offensiv angegangen und ohne Ihr Eingreifen geregelt werden.
*   Mitarbeiter sich nach Fehlverhalten oder Stressentgleisungen entschuldigen und die Stimmung danach wieder freundlich ist.
*   Konflikte nach ihrer Lösung tatsächlich erledigt sind und nicht endlos weiter für Gesprächsstoff und negative Gefühle sorgen.
*   das Klima so kollegial ist, dass auch abweichende Meinungen vor allen in den Meetings zur Sprache gebracht und nicht unter vier Augen und hinter vorgehaltener Hand diskutiert werden.
*   die Mitarbeiter nicht hinter dem Rücken übereinander reden. Dabei muss nicht die Person die Schuldige sein, die hinter dem Rücken redet! Es kann auch ein Problem mit einem Mitarbeiter sein, dem man nicht offen seine Meinung sagen kann, ohne dass man sich Ärger einhandelt.

Es gibt typische Arten, wie Gruppen mit Konflikten umgehen. Sie können am Konfliktverhalten Ihres Teams erkennen, wie reif die Gruppe ist und wie weit man sie inzwischen wirklich dem Ideal der teamorientierten Selbststeuerung überlassen kann. Sie können daran auch die Stärke des inoffiziellen Leaders erkennen. Wenn er die Sache im Griff hat, brauchen Sie bei vielen Konflikten gar nicht einzugreifen – und das sollten Sie dann auch nicht! Vom inoffiziellen Leader lassen die Mitarbeiter sich auch einmal hart anpacken und zur Ordnung rufen. Ihnen als offiziellem Projektleiter würde man dasselbe Verhalten sofort als autoritär ankreiden.

1. „Bei uns gibt es keine Konflikte."

Wenn das Team von der naiven Einstellung beseelt ist, dass Konflikte gar nicht vorkommen dürfen, dann neigt man zu lange zum Ignorieren, Herunterspielen und scheinbarer Einigung. Tatsächlich werden notwendige Auseinandersetzungen unterdrückt. Niemand will sich als Störer bloßstellen. Jeder schaut rechts und links, was die anderen für richtig halten, und passt sich entsprechend an. Das Team lebt – scheinbar – in wundervoller Harmonie.

Wenn sich jedoch herausstellt, dass eine der gemeinsam getroffenen Entscheidungen falsch war, äußern sich plötzlich von allen Seiten diejenigen, die angeblich schon immer ihre Zweifel hatten. Warum haben sie damals nicht den Mund aufgemacht? Weil alle anderen scheinbar einer Meinung waren, und man wollte doch nicht Außenseiter sein!

> Ein Beispiel für dieses scheinharmonische Phänomen der Konfliktscheu wurde nach dem Skandal um den Baulöwen Schneider in der Presse vorgestellt. Im Nachhinein hatten angeblich etliche der Bankmanager schon lange ein ungutes Gefühl dabei gehabt, dem Mann immer mehr Geld zu geben. Da aber alle anderen scheinbar dafür waren, wollte keiner von sich aus die schöne Teamharmonie stören.

Dieses scheinharmonische Verhalten kann sehr lange ganz wunderbar funktionieren, wenn der Meinungsbildner in der Gruppe so klug und informiert ist, ständig für eine gemeinsame richtige Meinung zu sorgen.

Trotzdem ist das Team als solches unreif. Wenn Ihre Mitarbeiter nie in heftige Debatten geraten, könnte das ein Hinweis auf solche Unreife sein. Da können Sie noch so sehr nach einer konstruktiven Streitkultur rufen, die streiten nicht! Notfalls müssen Sie selbst von Zeit zu Zeit provokativ in Diskussionen eingreifen, damit überhaupt auch einmal kritische Themen angegangen werden.

2. „Wer sich nicht anpassen kann, soll gehen.“

Ähnlich verbreitet wie das obige Phänomen ist die Neigung, Opponenten einfach rauszuwerfen. Das passiert, wenn die Mehrzahl der Mitglieder unbedingt Harmonie haben will und sich von Einzelnen, die mutig mit einem anderen Standpunkt auftreten, gestört fühlen. Man setzt sich dann nicht mit der Meinung des Opponenten auseinander, sondern greift ihn als angeblichen Quertreiber, Egoisten, Profilneurotiker oder sonst wie Teamunfähigen an.

Der Opponent kann sich irgendwann resigniert zurückziehen. Das kommt einer inneren Kündigung gleich. Warum soll er sich den Ärger machen und immer der Bösewicht sein? Dann hält er schon lieber den Mund. Irgendwann kommt bestimmt seine Stunde und er kann sagen: „Davor habe ich damals schon gewarnt.“ Bis dahin ist es ihm egal, wie die Sache läuft.

Der Opponent kann auch versuchen, sich immer wieder mit der Gruppe zu reiben. Auf die Dauer nimmt er damit die Rolle des Rebellen ein. Beim kleinsten Anlass, wenn ihm ein Fehler passiert, wird er aus der Gruppe geworfen. Um ihn herum kreisen schließlich immer wieder die Konflikte.

Der Opponent kann auch zum Mobbing-Opfer werden. Das ist allerdings selten. Eher verlässt er selbst rechtzeitig die anderen, weil ihm deren Harmoniesucht auf die Nerven geht.

Ihnen läuft damit vielleicht Ihr fähigster Mitdenker davon. Achten Sie demnach darauf, ob Andersdenkende aus Gründen zwanghafter Teamharmonie ausgegrenzt werden. Wenn Sie selbst solchen sicherlich manchmal auch anstrengenden Mitarbeitern beistehen, löst sich oft die Sturheit der anderen. Es wirkt oft erleichternd, wenn die anderen erkennen, dass man hier auch mal etwas anderes vertreten darf, als das, was immer vom Meinungsbildner vorgegeben wird. Das Team wird offener und kreativer.

3. „Wir sind Demokraten.“

Bei dieser Haltung werden Meinungsverschiedenheiten mehrheitlich entschieden. Das ist in Ordnung, wenn die Klugen in der Überzahl sind. Davon kann jedoch in vielen Teams nicht die Rede sein. Vielleicht sind alle klug, aber mancher hat eigene Gründe, diese oder jene Lösung zu favorisieren. Andere kennen sich speziell mit dem Sachverhalt nicht aus, der gerade zu entscheiden ist. Außerdem kann man sich immer darauf verlassen, dass der Meinungsbildner und/oder der inoffizielle Leader rechtzeitig dafür sorgen, dass die Mehrheit auch für die in ihren Augen richtige Meinung stimmt. Ansonsten wird die Abstimmung erst noch einmal verschoben.

Wegen dieser Haltung müssen Sie als Projektleiter wichtige Entscheidungen letztlich allein treffen. Wenn das Projekt scheitert, können Sie sich später schließlich nicht dahinter verstecken, dass Sie nur Moderator von Gruppenprozessen waren und sich ganz teamorientiert Mehrheitsmeinungen beugen mussten. Dafür braucht man den Posten des Projektleiters nicht zu besetzen und auch nicht zu bezahlen! Lassen Sie konträre Standpunkte diskutieren. Hören Sie genau zu. Fragen Sie nach Begründungen. Und entscheiden Sie allein.

4. „Hier werden keine Minderheiten unterdrückt.“

Diese Haltung ist das Gegenteil der Mehrheitsentscheidung. Wenn der inoffizielle Leader oder der Meinungsbildner es nicht geschafft hat, eine mehrheitliche Einheitsmeinung in seinem Sinne zu produzieren, könnte er sich zur Minderheit erklären, die auf keinen Fall von der Masse unterdrückt werden darf. Manchmal ziehen sich auch Mitarbeiter mit Neigung zu Opfermentalität hinter diesen Standpunkt zurück. Entweder man lässt ihnen ihren Willen, oder sie fühlen sich gemobbt.

Wenn Sie feststellen, dass einzelne Mitarbeiter auf diese Art ständig ihren Willen durchsetzen, müssen Sie eingreifen.

> Man nennt dieses Phänomen auch den „Terror der Sanften“. Diese Leute kämpfen nie offen für ihren Standpunkt. Nie passen sie sich auch einmal an. Nie arbeiten sie an Kompromissen mit. Immer bereiten sie anderen ein schlechtes Gewissen.

Hier ist ein klares Gespräch notwendig. Wenn jemand mit diesem Verhalten dann nicht Schluss machen kann, weil es vielleicht auch im Linienjob und sogar im Privatleben gut funktioniert hat, muss die Person aus dem Projekt entfernt und dem Linienchef zurückgeschickt werden. Ihr Projekt hat sachliche Ziele zu erreichen. Es darf nicht zum Auffanglager von Neurotikern werden.

5. „Wir gehen strategisch vor."

Mit dieser Haltung arbeiten häufig Intriganten. Sie meiden offene Auseinandersetzungen. Deshalb treten sie auch bei Meetings mit ihren Ansichten nicht hervor.

> Sie sprechen Probleme nicht offen an. Statt dessen setzen sie gezielt in Vier-Augen-Gesprächen zum Beispiel bei Raucherpausen oder auf dem Weg zur Kantine die Dinge in Umlauf, von denen sie wollen, dass sie auf andere wirken, dass sie auf indirekten Wegen bei den richtigen Leuten ankommen.

Das muss nicht immer negativ gesehen werden. Es kann oft ganz einfach klug sein, harte Auseinandersetzungen zu vermeiden und durch geschicktes Taktieren zum Ziel zu kommen.

Wenn dieses Verhalten jedoch zur Gewohnheit wird und bei den Kollegen Schule macht, können Sie sich die Teammeetings weitgehend sparen oder zum Stammtisch umfunktionieren. Offen kommen dann die wichtigen Themen nicht mehr auf den Tisch. Sie können sich auch Konfliktgespräche sparen.

> Das Team wird langsam aber sicher vergiftet, weil sich jeder bei jedem aufgeschnappten Wort etwas denkt, weil alles ständig interpretiert wird, weil sich jeder stets irgendwie manipuliert und bespitzelt fühlt. Diejenigen, die als geborene Schach- oder Pokerspieler, als Künstler des Beziehungsmanagements auf die Welt gekommen sind, blühen in einer solchen Atmosphäre auf. Für die anderen ist es eine Qual. Sie als Projektleiter haben schon nach kurzer Zeit keinen Überblick mehr, wer eigentlich wofür steht und wann man welchen Worten glauben darf.

Unterbinden Sie bereits erste Ansätze von Intrigantentum. Sprechen Sie die Leute, bei denen Sie solches Verhalten beobachten, sofort an. Sagen Sie ihnen, was Sie wahrgenommen haben und dass man damit bei Ihnen nichts werden kann. Ein Gewitter mit offenem Konflikt kann dann reinigend wirken. Wichtig ist auch die Botschaft an alle anderen, dass Intriganten und Taschenspieler in diesem Projekt keine Chance haben.

6. „Irgendwie kann man sich immer einigen."

Bei dieser Haltung wollen die Mitarbeiter ihre Meinungsverschiedenheiten offen austragen. Sie wollen auch ihre Konflikte ans Tageslicht bringen. Sie wollen dazu jedoch immer auch Lösungen finden, die vielleicht nicht alle Probleme perfekt lösen, aber die Weiterarbeit möglich machen.

Wenn das die Mentalität in Ihrem Projekt ist, können Sie froh sein. Vermutlich hat der inoffizielle Leader oder auch der Beliebte als Friedensstifter die

Kollegen inzwischen gut im Griff. Diese fühlen sich weder gegängelt noch vernachlässigt. Sie werden erleben, dass die Gruppe viele Probleme ganz souverän ohne Sie löst. Mal kommt es zu einem guten Kompromiss, mal zu einer kooperativen Lösung, mal gibt einer nach, ohne sich als Verlierer zu fühlen.

Im Grunde will das Team unbedingt zusammenhalten und gemeinsam zum Projektergebnis kommen. Persönliche Konflikte werden letztlich friedlich bereinigt. Man verträgt sich wieder. Sachliche und aufgabenbezogene Meinungsunterschiede werden ausdiskutiert und regen die Kreativität zu Lösungen an, die möglichst allen der Beteiligten zumindest passabel erscheinen.

Wenn Sie sehen, dass Ihr Team zu dieser Mentalität gefunden hat, sollten Sie sich aus Konflikten möglichst heraushalten. Als offizielle Führungskraft würden Sie durch Ihr Eingreifen manches unnötig zum Eskalieren bringen. Verlassen Sie sich auf den Beliebten – der macht das schon.

4.11 Übernehmen Sie Ihre Rolle als Konfliktmanager

Sie dürfen natürlich nicht zulassen, dass unerledigte Konflikte im Team schwelen und das Klima vergiften. Konfliktmanagement ist dann, wenn das Team nicht allein zügig die Probleme bereinigt, Ihre Aufgabe.

Machen Sie sich zunächst Ihre Rolle bewusst. Als Konfliktmanager in einem Projekt sollten Sie sich nicht als Richter begreifen. Sie sind Schlichter, Vermittler oder Schiedsrichter. Ihnen darf es bei der Sache nur darum gehen, sinnvolle Arbeit wieder möglich zu machen. Dafür müssen unerledigte Konflikte erledigt, ungelöste Probleme gelöst und schlechte Stimmungen bereinigt werden. Widerstehen Sie der Versuchung, nach Ursachen und Schuld zu forschen. Dazu neigen wir alle im ersten Augenblick, wenn uns ein Konflikt bekannt wird. Wir wollen wissen, wer der Schuldige ist, wer angefangen hat, wem man beistehen muss und wem eine Strafe aufgebrummt werden sollte. Diese Themen jedoch sind nur für Richter interessant, nicht aber für Sie. Die Kontrahenten werden zwar auch versuchen, Ihnen ihre eigene Unschuld und das Vergehen des anderen zu beweisen. Wenn der Wortschwall raus muss, lassen Sie die Betroffenen sich frei reden. Inhaltlich brauchen Sie nicht bis in die Tiefen von Beweisen, Zeugenaussagen und Gegenbeweisen einzusteigen.

Sie können wie folgt vorgehen:

1. *Sie stellen fest, dass ein Konflikt störend auf das Projekt einwirkt und offensichtlich nicht von den Betroffenen selbst zur Lösung geführt werden kann.*

   Bieten Sie den Betroffenen an, sich nun zügig zu einigen oder gemeinsam mit Ihnen zu einem Konfliktgespräch zu kommen.

   Führen Sie auf keinen Fall Vier-Augen-Gespräche mit den einzelnen Personen. Sie würden der Wahrheit nicht einen Schritt näher kommen, weil ohnehin jeder nur seine Sicht sieht und die Ihnen auch so gefiltert schildert.

Statt zur Wahrheitsfindung beizutragen, führen solche Gespräche zu verstärktem Misstrauen. Die Kontrahenten werden sich jeweils den Kopf zerbrechen, was Sie mit dem anderen gesprochen haben könnten und auf wessen Seite Sie wohl stehen.

2. *Sie holen die Kontrahenten zu einem gemeinsamen Gespräch zusammen.*
Entscheiden Sie durch Los – zum Beispiel durch Münzwurf –, wer zuerst mit seiner Geschichte anfängt. Während der eine spricht, darf der andere sich Notizen machen. Er darf jedoch nicht spontan unterbrechen. Wenn der Erste fertig ist, kann der Zweite reden. Dann darf der Erste nicht unterbrechen, sich jedoch Notizen machen.
Lassen Sie diesen Austausch ruhig ein paar Mal hin- und hergehen. Sie nehmen viel Stress aus dem Geschehen, wenn jeder weiß, dass er in aller Ruhe und ohne Unterbrechungen reden darf. Sie geben damit auch dem rhetorisch weniger starken Kontrahenten eine faire Chance, sich gegen den vielleicht schlagfertigeren anderen durchzusetzen. Es muss sich auch keiner von beiden Sorgen machen, mit seinen Antworten auf die Ausführungen des anderen zu kurz zu kommen. Wer sich Notizen macht, kann in aller Ruhe die Punkte abarbeiten, die seiner Meinung nach falsch dargestellt wurden.
Manchmal ist dieses Gespräch die erste Gelegenheit, bei der zwei Streithähne sich überhaupt zum ersten Mal richtig zuhören. Nicht selten entpuppt sich das Problem jetzt schon als reines Missverständnis und kann plötzlich doch noch friedlich gelöst werden. Ansonsten geht es mit dem nächsten Schritt weiter.

3. *Wenn Sie spüren, dass nun wirklich alles in ausreichender Breite dargestellt wurde und die Betroffenen sich nur noch wiederholen, fordern Sie beide auf, doch einmal jeweils mit eigenen Worten zu formulieren, wie sie den Standpunkt der Gegenseite verstanden haben.*
Wohlgemerkt: Sie sollen den Standpunkt nicht bewerten oder widerlegen, sondern so darstellen, dass der jeweils andere sagt: „Stimmt. So wie du das jetzt gesagt, so sehe ich das." Auch hierbei darf nur notiert, aber nicht unterbrochen werden. Lassen Sie die Kontrahenten abwechselnd zu Wort kommen, bis beide bestätigen: „Stimmt, das ist genau meine Meinung."
Häufig ist nun auch eine Lösung in Sicht. Auf viele Leute wirkt es ungemein besänftigend, wenn sie den eigenen Standpunkt von den Lippen des bisherigen Gegners hören. Spontan bieten sie an, wie sie zu einer Kompromisslösung bereit wären. Der andere will sich dann nicht stur zeigen und kommt ebenfalls entgegen.
Ist das nicht der Fall, geht es mit dem nächsten Schritt weiter.

4. *Bitten Sie die Parteien, mit sich selbst in Klausur zu gehen und doch einmal genau zu formulieren, was sie sich vom Gegner wünschen und mit welchem Angebot sie selbst zu einer Einigung beitragen wollen.*

Je nach Komplexität des Problems kann jetzt sofort über die Ergebnisse dieser Überlegung verhandelt werden oder erst am nächsten Tag. Eine Nacht darüber zu schlafen, mag ebenfalls besänftigend wirken. Mit hoher Wahrscheinlichkeit werden Sie am nächsten Morgen hören, dass das Problem inzwischen vom Tisch ist.

Andernfalls geht es einen Schritt weiter.

5. *Sie hören sich von beiden Seiten an, was sie wollen und was sie bieten.*
   Sie stellen fest, ob die Kontrahenten sich nun einigen werden oder nicht. Falls das nicht möglich ist, übernehmen Sie als Schiedsrichter die Angelegenheit.

   Wohlgemerkt: Es geht nicht um Schuld und Sühne, sondern um eine Lösung, die im Interesse des Projektes sinnvoll ist. Sie sind nicht verpflichtet, einen Schiedsspruch zu finden, der beiden Parteien oder einer Seite gefällt. Die Kontrahenten sind jedoch verpflichtet, sich Ihrem Schiedsspruch zu beugen. Schließlich sind Sie der Chef, und die Arbeit muss endlich friedlich weitergehen.

6. *Teilen Sie den Parteien Ihr Urteil mit.*
   Ende der Veranstaltung. Lassen Sie nicht mit sich verhandeln. Zwingen Sie die beiden Kontrahenten auch nicht, sich gleich auf der Stelle zu vertragen. Vielleicht müssen sie erst noch eine Weile ihre Wunden lecken.

   Gehen Sie in nächster Zeit nicht mehr auf das Thema ein. Beobachten Sie jedoch, ob nach ein paar Tagen die Stimmung tatsächlich wieder positiv ist oder ob der Konflikt weiterhin das Klima beeinträchtigt. Falls dem so ist, müssen Sie dann doch den Schuldigen feststellen. Notfalls ist die betreffende Person im Projekt nicht mehr tragbar. Aber solche harten Konsequenzen sind fast nie notwendig.

5 Gespräche mit den Mitarbeitern

5.1 Einstiegsgespräch zum Commitment

Sie sollten auf keinen Fall versäumen, zu Beginn mit jedem Ihrer Teammitglieder ein Vier-Augen-Gespräch zu führen. Ob es sich dabei um einen offiziellen Termin oder um ein eher wie zufällig zustande gekommenes Gespräch handelt, hängt von den Üblichkeiten des Unternehmens ab. Wichtig ist, dass Sie es bei jedem Teammitglied in ähnlicher Form und in ähnlicher Dauer durchführen. Anders als in Teamgesprächen können hier die Mitarbeiter mehr über sich persönlich, über ihre Vorstellungen und Wünsche sagen. Geben Sie jedem die Chance, Ihnen von seinen eigenen Qualifikationen und Erfahrungen zu berichten. Da Sie vielleicht nicht alle Teammitglieder von bisherigen gemeinsamen Vorhaben her gut kennen, könnten sich diejenigen zurückgesetzt fühlen, deren Qualitäten Sie nicht kennen, die sich jedoch auch nicht so gut selbst verkaufen können.

Ziele der Einstiegsgespräche sind:

* Zwischen Ihnen und der betreffenden Person soll eine persönliche Beziehung aufgebaut werden.
* Der Mitarbeiter soll seine Rolle und Aufgabe im Projekt kennen lernen.
* Der Mitarbeiter soll sich Ihnen gegenüber bewusst für das Projekt „committen".

Unterschätzen Sie vor allem das letzte Ziel nicht! Mancher Projektleiter hatte schon heftig mit unterschwelligen Widerständen im eigenen Team zu kämpfen, ohne je genau zu erfahren, was und wer eigentlich dahinter steckte.

> Es kann sein, dass ein Mitarbeiter eher unfreiwillig ins Projekt gesteckt wurde. Den Frust wird er natürlich auslassen. Ein anderer mag sich eine wichtigere Rolle im Team erwartet haben. Wieder ein anderer kann sich mit Ihrem Vorgehensmodell, mit Ihrem Führungsstil oder mit Ihren Entscheidungen nicht arrangieren.

Man sollte meinen, dass selbstbewusste Erwachsene offen über solche Ärgernisse reden. Das tun jedoch die wenigsten. Und wenn sich jemand äußert, dann ist das fast immer bereits eine Kampfansage, den Projektleiter herauszufordern. In der Regel werden Unzufriedenheiten viel zu lange viel zu leise und nur im engsten Kollegenkreis zum Ausdruck gebracht. Spätestens wenn sich ein zweiter oder gar dritter Unzufriedener findet, bildet sich Ihnen gegenüber eine Front. Im individuellen Gespräch kommen Bedenken, Widerstände, Erwartungen und Zweifel schneller auf den Tisch. Das gibt Ihnen die Chance, mit der betreffenden Person sofort darüber zu reden und sich zu arrangieren. Manchmal kann man doch noch die Aufgabenzuständigkeiten verschieben oder sonstige

Änderungen zur Steigerung der Zufriedenheit vornehmen. Manchmal reicht es auch, wenn Sie um Verständnis bitten und Ihre Gründe erklären.

Sie können bei dieser Gelegenheit auch heraushören, ob einige Ihrer Teammitglieder bereits daran zweifeln, ob ihnen die weiterhin ebenfalls zu erledigenden Aufgaben im Linienjob überhaupt genug Zeit für Ihr Projekt lassen werden. Wenn Sie sich zuvor nur mit den jeweiligen Vorgesetzten abgesprochen haben, dann kann Ihnen der Mitarbeiter – aus seinen Erfahrungen mit seinem Job und seinem Chef – oft viel realistischer sagen, worauf Sie sich einstellen sollten. Schon mancher Projektleiter konnte seine Ist-Zahlen nicht mit den Soll-Zahlen in Einklang bringen, weil die Mitarbeiter im Laufe des Projektes gar nicht wie erwartet zur Verfügung standen. Wie oft heißt es dann: „Das hätte ich Ihnen gleich sagen können!"

Fragen Sie nach den Einschätzungen Ihrer Gesprächspartner. Fragen Sie, von welchen Linienaufgaben die Mitarbeiter tatsächlich entlastet wurden, um bei Ihnen im Projekt mitzuarbeiten.

Achten Sie darauf, dass grundsätzlich bei jedem der Gespräche zum Schluss der jeweilige Mitarbeiter noch einmal deutlich sein Commitment für das Projekt ausspricht. In mehr oder weniger verklausulierter Form muss das Commitment für Sie die Botschaften enthalten:

- Ich will mitmachen.
- Ich glaube, dass das Projekt ein Erfolg wird.
- Ich halte es für sinnvoll, dass dieses Projekt überhaupt gemacht wird.

5.2 Delegation und Zielvereinbarung

Delegations- und Zielvereinbarungsgespräche werden Sie als Linienvorgesetzter regelmäßig führen müssen. Von den Erfolgen dieser Gespräche hängt wesentlich Ihre eigene Zielerreichung ab. Üben Sie sich deshalb als Projektleiter ganz bewusst darin! Es gibt ein paar grundsätzliche Regeln zum Thema, aber letztlich werden Sie Ihren eigenen Stil finden und diesen Ihren Mitarbeitern anpassen.

Nutzen Sie auch die Chance, Ihre Führungserfahrungen mit unterschiedlichen Mitarbeitertypen zu machen. Achten Sie darauf, wie verschieden die Individuen mit Delegationen umgehen. Es gibt solche, die ...

- scheinbar alles genau verstanden haben, keine Fragen stellen und am Ende doch ungeklärten Irrtümern oder Missverständnissen aufsitzen. Pech für Sie, wenn Sie das erst spät bemerken, weil Sie nicht frühzeitig einmal kontrolliert haben!
- mit freundlicher Bereitwilligkeit alles an Aufträgen von Ihnen entgegennehmen und womöglich noch mehr zu leisten anbieten. Irgendwann stellen Sie dann fest, dass die betreffende Person entweder die Aufgaben unter- oder sich selbst überschätzt hat und sich womöglich schon bei Dritten ausweint, weil Sie angeblich zu viel verlangen.

- sich sofort heftig gegen jeden Arbeitsauftrag wehren, weil alles zu viel ist, weil sie schon unheimlich viel auf dem Tisch liegen haben und angeblich unmöglich noch mehr tun können. Wenn Sie nicht aufpassen, finden Sie sich in einer Feilscherei wieder! Bedenken Sie bitte, dass alle Kollegen im Team es sehr wohl als Ihre Ungerechtigkeit zur Kenntnis nehmen, wenn „Feilscher" bei Ihnen weniger zu tun bekommen als die Willigen.

- von Ihnen genau wissen wollen, wie sie die Aufgaben zu erledigen haben. Wenn Sie Pech haben, kommen diese Mitarbeiter nach dem Delegationsgespräch regelmäßig bei Ihnen an und fragen: „Ist es so richtig?" Sie werden mit diesen Unselbstständigen fast so viel Aufwand haben, als hätten Sie sich gleich selbst um die Aufgabe gekümmert, statt sie zu delegieren. Das Verhalten der Unselbstständigen führt zum Phänomen der Rückdelegation. Sie bringen Ihnen den Arbeitsauftrag zurück und sorgen dafür, dass Sie es selbst machen oder zumindest intensiv mithelfen. Hüten Sie sich davor!

- nach dem Delegationsgespräch scheinbar fleißig bei der Arbeit sind. Sie stellen Ihnen keine Fragen und bitten nicht um Hilfe. Pech für Sie, wenn Sie nicht rechtzeitig kontrolliert haben und erst ganz zum Schluss bemerken, dass diese Stillen nicht die delegierten Aufgaben erledigt, sondern an etwas anderem getüftelt haben. Das kann ein Problem sein, mit dem sie nicht klar kommen, oder ein anderes Thema, auf das sie bei der Arbeit zufällig gestoßen sind, und das sie plötzlich viel mehr fasziniert hat. Dieses Verhalten passiert besonders häufig bei sehr hochkarätigen Spezialisten, die Zeit und Raum und vor allem wirtschaftliches Denken vergessen, wenn etwas ihren Forschergeist anstachelt. Denken Sie deshalb immer daran, bei den sehr Fähigen früh zu kontrollieren, ob sie wirklich das tun, was ihnen aufgetragen wurde und nicht das, was sie selbst für interessant halten.

- partnerschaftlich und selbstbewusst mit Ihnen besprechen, was zu tun ist und das dann auch tatsächlich wie vereinbart erledigen. Diese wundervollen Mitarbeiter beraten Sie auch gerne, wenn Ihnen Detailwissen fehlt. Diese Mitarbeiter können sich selbst, ihre Leistungsfähigkeit und die Komplexität von Aufgaben richtig einschätzen. Diese Mitarbeiter melden sich selbstinitiiert, wenn sie einem für sie unlösbaren Problem begegnen. Glück für Sie, wenn möglichst alle in Ihrem Team zu diesem Typ gehören!

Sie können – in begrenztem Umfang auf jeden Fall – alle Ihre Mitarbeiter in Richtung des letztgenannten Typs erziehen. Halten Sie sich an folgende Delegationsregeln:

1. Ziele

Vereinbaren Sie Ziele und nicht die Wege zu den Zielen. Sagen Sie, was zu erreichen ist, und schreiben Sie Fachleuten nicht das Wie vor. Andernfalls demotivieren Sie die Fähigen und halten die noch Unfähigen in dauernder Unselbstständigkeit.

2. Abgrenzungen

Grenzen Sie Aufgabengebiete (Arbeitspakete, Teilprojekte) sehr genau ab und lassen Sie die Mitarbeiter jeweils wissen, was die anderen machen und wie der eigene Beitrag in den Gesamtzusammenhang gehört. Andernfalls kommt es zu Doppelarbeiten, Lücken oder Ergebnissen, die nicht zu einem Ganzen zusammenpassen.

3. Verantwortlichkeit

Delegieren Sie immer an Einzelpersonen oder an Teams mit einem Verantwortlichen. Andernfalls stehen Sie hinterher zwischen zwei oder mehr Personen, die gegenseitig mit Fingern auf sich zeigen: „Ich dachte, der muss das machen."

4. Kompetenzrahmen

Regeln Sie mit den Mitarbeitern klare Kompetenzrahmen. Was dürfen die Mitarbeiter bezüglich der delegierten Aufgabe selbst entscheiden? Wann müssen sie sich erst mit Ihnen absprechen? Welche Zusagen dürfen sie Dritten geben? Mit wem dürfen sie selbstständig verhandeln?

5. Bedingungen

Eventuell sind besondere Bedingungen zu berücksichtigen. Das können bestehende Vereinbarungen mit anderen Bereichen sein oder Gesetze, Arbeitsregeln oder Vorschriften bezüglich der Materialien, Dokumentationsrichtlinien oder anderes. Machen Sie unmissverständlich klar, dass solche Bedingungen unbedingt einzuhalten sind. Sie als Projektleiter könnten bei Verfehlungen dafür verantwortlich gemacht werden!

6. Schriftliche Dokumentation

Delegationen dürfen nie nur mündlich gemacht werden. Die Gefahr von tatsächlichen oder angeblichen Missverständnissen ist zu groß. Außerdem sollten Sie sich nicht auf Ihr Gedächtnis verlassen. Je größer das Projekt, desto größer ist auch die Wahrscheinlichkeit, dass Sie am Ende selbst nicht mehr wissen, wer eigentlich was macht, wer wofür verantwortlich ist, wer bis wann fertig sein muss, und ob die Arbeitslast gleichmäßig verteilt ist. Benutzen Sie die Formulare zur Dokumentation der verteilten Arbeitspakete.

7. Kontrollen

Missverstehen Sie kooperatives und partnerschaftliches Führen nicht als Führen ohne Kontrollen. Sie sind verpflichtet, die Arbeit zu kontrollieren, die unter Ihrer Führung während der bezahlten Arbeitszeit und unter Nutzung von Unternehmensressourcen erledigt wird! Außerdem haben Ihre Mitarbeiter ein Recht darauf, dass Sie sich die Mühe machen, auch nachzuschauen, ob alles wie vereinbart läuft.

Kontrollieren Sie mindestens einmal in der Woche. Machen Sie daraus nicht unbedingt eine aufwendige Inspektion. Lassen Sie sich Zwischenergebnisse zeigen. Prüfen Sie, ob der Termin vermutlich eingehalten wird. Fragen Sie, ob Probleme aufgetreten sind.

Erinnern Sie sich daran, dass die meisten Menschen zu Aufschieberitis neigen. Auch in Ihrem Team werden Mitarbeiter sein, die bis auf den letzten Drücker warten, bevor sie sich voll engagieren. Vorher planen und denken sie und warten womöglich auf kreative Einfälle.

Ihre Zwischenkontrollen fördern das rechtzeitige Herangehen an die Aufgaben. Erst im Laufe des Projektes werden Sie wissen, bei welchen Ihrer Mitarbeiter Sie häufiger und genauer hinschauen müssen und welche eben nicht zu Aufschieberitis neigen. Letztere müssen Sie dann vermutlich gar nicht mehr kontrollieren. Da reicht die Endabnahme der fertigen Ergebnisse.

Sie sollten ruhig kommunizieren, warum Sie das Kontrollieren so unterschiedlich handhaben. Das wird die Aufschieber zwar nicht ändern, es erklärt jedoch vermeintliche Ungerechtigkeit, die sonst zu Ärger führen könnte.

8. Fehlerkorrektur

Nie sollten Sie die entdeckten Fehler selbst korrigieren! Das gilt für Zwischenkontrollen genauso wie für Endabnahmen. Sie dürfen Fehler und Mängel feststellen. Sie haben jedoch nicht an den Ergebnissen Ihrer Mitarbeiter „letzte Hand anzulegen". Das frustriert – und outet Sie als unfähige Führungskraft, die am liebsten sowieso alles allein machen würde. Sie dürfen Arbeitsergebnisse nicht optimieren, Berichte nicht umschreiben und Fehler nicht selbst beheben.

> Wenn Mitarbeiter einmal herausgefunden haben, dass der Chef doch an allem etwas ändert, werden sie ärgerlich und nachlässig. Vielleicht bauen sie sogar absichtlich Fehler ein: „Dann hat der Chef was zu popeln." Mit dieser Taktik rächen Mitarbeiter sich für einen frustrierenden Führungsstil.
> Außerdem brauchen sie die vorsätzlichen Nachlässigkeiten, um das eigene Gesicht zu wahren. Würden sie sich um gute Arbeit bemühen, wäre jede Ihrer Änderungen am Ergebnis eine Bestätigung, dass es wohl doch nicht perfekt war. Kann der Mitarbeiter jedoch darauf verweisen, dass er extra für Sie Macken eingebaut hat, betrachtet er Ihre Änderung überhaupt nicht als eine Kritik an seinem Job. Außerdem kann er sich mit den Kollegen als Hobbypsychologe darüber austauschen, wie man Sie mit solchen Mätzchen manipuliert. Bei Ihnen verfestigt sich natürlich immer mehr die irrige Meinung, dass Sie leider von Dummköpfen und Schlampigen umgeben sind, die keine richtigen Ergebnisse produzieren können, so dass Sie unbedingt korrigierend eingreifen müssen. Das ist ein Teufelskreis!

Wenn Sie zwanghaft ständig an den Ergebnissen Ihrer Mitarbeiter herumändern, könnte eine neurotische Delegationsscheu bei Ihnen vorliegen. Sie sind vielleicht selbst zu ängstlich, dass Fehler von Mitarbeitern Ihnen angekreidet werden. Sie sind vielleicht perfektionistisch und wollen alles genau nach Ihren eigenen Vorstellungen erledigt haben. Sie sind vielleicht übertrieben mütterlich besorgt, Ihre Mitarbeiter könnten überfordert werden, wenn man sie allein etwas tun lässt. Was es auch ist, es disqualifiziert Sie als Führungskraft. Glauben Sie nur nicht, dass diese Schwäche Ihren Führungskollegen unbekannt bleibt! Lassen Sie sich coachen oder verzichten Sie auf Führungsverantwortung.

9. Feedback

Die Mitarbeiter haben ein Recht auf Feedback zu ihren Leistungen. Sie wollen und müssen wissen, wie ihre Ergebnisse von Ihnen bewertet werden. Gedankenlose Führungskräfte frustrieren ihre Mitarbeiter dadurch, dass sie gute Leistungen kommentarlos zur Kenntnis nehmen und auf Fehler sofort hinweisen. Wohlmeinende, aber ebenso gedankenlose Führungskräfte loben alles und jeden in der Hoffnung, dass dadurch die Motivation steigt. Aber auch dieses ständige Loben macht Mitarbeiter ärgerlich. Es reduziert sie auf ein Kleinkinderniveau, wenn sie pausenlos für Beliebiges gelobt werden.

■ **Tipp:** Lassen Sie sich zu Ihrem Delegationsstil Feedback geben. Damit das vor den Mitarbeitern nicht als persönliche Unsicherheit ankommt, sollten Sie nicht zu deutlich werden: „Ist meine Art der Delegation gut?" Oder: „Wie kann ich besser delegieren?" Mit solchen Fragen könnten Sie – vor allem, wenn Sie eine Frau sind – Ihre Autorität untergraben. Alles moderne Gerede von Teamarbeit und kooperativem Führungsstil ändert nichts an der Tatsache, dass immer noch viele Mitarbeiter irritiert auf Chefs reagieren, die sich selbst in Frage stellen.
Formulieren Sie deshalb lieber neutraler: „Ist das so okay, wie wir uns hier die Arbeit einteilen?" Auf diese oder eine ähnliche Frage bekommen Sie genau die Antworten, die Ihnen zeigen, ob man zufrieden ist mit den Delegationen – oder nicht.

5.3   Anerkennung und Kritik

Wie gesagt, haben die Mitarbeiter ein Anrecht auf Ihr Feedback zu ihren Leistungen. Da Sie als Projektleiter keine regelmäßigen Beurteilungs- oder Jahresgespräche mit den Mitarbeitern führen, sollten Sie die Gelegenheit bei Kontrollen und Abnahmen von delegierten Aufgaben zu Feedback nutzen.
Bei guten Leistungen können Sie folgende Eskalationsstufen einhalten:

1. *Kurzes Lob: „Prima!" – „Das ist gut geworden."*
   Übertreiben Sie nicht bis zur Euphorie. Das könnte schnell ins Gegenteil umschlagen und für die betreffende Person womöglich zynisch klingen!

2. *Ausdrückliche Anerkennung*
Zum Beispiel im Meeting können Sie in größerer Runde ganz deutlich und konkreter begründet gute Leistungen kommentieren.
Auch hierbei bitte immer darauf achten, dass Sie nicht übertreiben und sehr sachlich bleiben. Sie wollen schließlich nicht versehentlich einen Mitarbeiter in die peinliche Lage bringen, dass er für die Kollegen wie ein Musterschüler oder der Liebling vom Chef wirkt.
Ausdrückliche Anerkennung dürfen Sie niemals als Motivationshilfe missbrauchen! Sie dürfen einen bisher schwachen Mitarbeiter für geringe Leistungssteigerungen niemals in dieser Form ausdrücklich loben. Das macht man vielleicht bei Kindern, jedoch nicht bei Erwachsenen. Wenn man das einmal bei Ihnen beobachtet, wird ab sofort jeder tatsächliche Leistungsträger lieber auf eine Anerkennung von Ihnen verzichten. Es käme einer Beleidigung gleich.
Sie können nichts falsch machen, wenn Sie ausdrückliche Anerkennung dann zollen, wenn Sie sicher sind, dass alle anderen ebenfalls von der überdurchschnittlichen Leistung der betreffenden Person überzeugt sind.

3. *Attraktivere Aufgaben und mehr Verantwortung*
Wenn Sie erkennen, dass ein Mitarbeiter mit seinen Leistungen kontinuierlich – auch ohne Kontrolle – über dem Durchschnitt liegt, dann sollten Sie dies durch anspruchsvollere Aufgaben honorieren.

> Lassen Sie die betreffende Person zum Beispiel Teilprojekte leiten, mit Außenstehenden verhandeln, das Projekt präsentieren ... Außerdem sollten Sie diese Person mehr als andere zu Entscheidungen bezüglich des Projektes hinzuziehen. Sie können davon ausgehen, dass sie sich selbst sehr mit dem Erfolg des Vorhabens identifiziert – ideal für Sie!

Genießt die betreffende Person auch menschlich im Team hohe Anerkennung und beeinflusst das Verhalten anderer positiv, kann sie Ihnen eventuell auch einiges an Führungsaufgaben abnehmen. Das klappt wunderbar – solange Sie dabei nicht in Ihrer Rolle als Projektleiter angegriffen werden. Fördern Sie solche guten Leistungsträger, bleiben Sie jedoch auch im eigenen Interesse immer ein wenig wachsam. Wenn der ehemals von Ihnen Gelobte anfängt, Sie vor Dritten für Ihre Leistung als Projektleiter zu loben, dann kehrt sich langsam das Verhältnis um. Sie wären nicht der erste Projektleiter, der plötzlich erbost feststellt, dass sich der bisher beste Mitarbeiter ganz klammheimlich das Image eines eigentlich viel besseren Projektleiter aufgebaut hat.

Linienvorgesetzte haben Letzteres seltener zu befürchten und können auch mehr Eskalationsstufen zur Anerkennung aufbauen. Ihnen als Projektleiter müssen die drei Stufen reichen. Achten Sie darauf, dass Sie dabei sehr gerecht verfahren. Man darf als Führungskraft viele menschliche Schwächen haben. Mitarbeiter nehmen vieles mit Humor oder Achselzucken – aber Launenhaf-

tigkeit oder Günstlingswirtschaft führt unweigerlich zu Teamkonflikten.
Ob Sie Fehler in der Arbeit überhaupt kritisieren sollten, hängt vom Einzelfall
ab. Oft ist es gar nicht nötig, weil dem Mitarbeiter selbst klar ist, was besser
sein müsste. Pannen und Irrtümer werden ihm sowieso ausreichend peinlich
sein, so dass von Ihrer Seite lieber Ermutigung als Kritik kommen sollte.

- Wenn Sie selbst noch sehr jung sind, sollten Sie mit Kritik vorsichtig sein.
  Junge Menschen sehen die Fehler bei anderen extrem scharf und können
  darauf auch extrem hart reagieren. Meistens entwickelt man erst mit zunehmendem Alter – wenn einem im Laufe der Jahre selbst ausreichend
  häufig Niederlagen passiert sind – die Reife, gnädig auf Fehler anderer eingehen zu können.
- Wenn Sie vom Typ her sehr „nett" sind und Konflikten am liebsten ausweichen, sollten Sie darauf achten, dass Sie notwendige Kritik nicht so vorsichtig anbringen, dass die Botschaft gar nicht ankommt oder womöglich
  sogar für ein Lob gehalten wird. Achten Sie darauf, dass beim Kritisierten
  klar ankommt, was nicht gut war, und was Sie an Verbesserung im Leistungsverhalten erwarten.
- Wenn Sie im Team einen sehr lockeren Umgangston pflegen, sollten Sie bei
  Kritik doch mit Empfindlichkeiten rechnen. Seien Sie vorsichtig mit flotten
  Sprüchen! „Das ist doch Mist, was du da gemacht hast." „Das ist für'n Ei-
  mer." „Den Schrott musste aber nochmal machen." Solche Sprüche mögen
  sich für Sie selbst harmlos oder sogar kumpelhaft anhören. Für den Empfänger dieser Botschaften kann darin eine tiefe Beleidigung stecken. Da der
  Betreffende spürt, dass Sie von ihm auch noch erwarten, dass er Ihre
  Sprüche locker wegzustecken hat, darf er sich seinen Frust nicht einmal an-
  merken lassen. Das macht es noch ärgerlicher. Niemand will Ergebnisse in
  die man Arbeit und Konzentration gesteckt hat, mit flotten Sprüchen vom
  Tisch gefegt bekommen.

Falls Kritik an Leistungsmängeln überhaupt notwendig ist, halten Sie sich an
folgende Eskalationsstufen:

1. *An Absprachen erinnern*
   Weisen Sie kurz auf die Differenz zwischen dem, was bei der Delegation an
   Qualität oder Termintreue oder Sonstigem vereinbart wurde und dem, was
   der Mitarbeiter erreicht hat, hin. Machen Sie dann einen Termin aus, bis
   wann Sie das einwandfreie Ergebnis haben wollen. Ein solches Gespräch
   kann ohne Formalitäten spontan erfolgen. Es geht ja auch nur um einen
   konkreten Fall, bei dem Ihre Erwartungen nicht erfüllt wurden.

2. *Mahnung*
   Ermahnen, dass Sie eine Änderung im Leistungsverhalten haben wollen,
   müssen Sie, wenn der betreffende Mitarbeiter sich wiederholt als nachläs-
   sig oder ungenau in der Arbeit erweist. Dann ist auch ein formelles Kritikgespräch, wie im folgenden Kapitel beschrieben, fällig. Sie sollten dazu

einen Termin vereinbaren und sich mit dem Mitarbeiter in einen störungs-
freien Raum zurückziehen. Ein solches Gespräch sollten Sie nicht spontan
führen. Es könnte sonst zu schnell in ein rhetorisches Gefecht um Rechtha-
bereien umschlagen.

3. *Aufgabenänderung*
Wenn auch das Kritikgespräch nichts gefruchtet hat, sollten dem Mitarbeiter die bisherigen Aufgaben entzogen und durch weniger attraktive oder
weniger selbstständige Kleinaufträge ersetzt werden. Lassen Sie sich dazu
nicht auf wiederholte Androhungen ein. Gleich nach der Erkenntnis, dass
das erste offizielle Kritikgespräch keine Verbesserung brachte, muss diese
Konsequenz folgen. Wenn der Mitarbeiter sich jetzt auf Verbesserungen an
seinem Leistungsverhalten einlässt, kann er mit der Zeit ja wieder attraktive Aufgaben bekommen. Er soll nur jetzt erst einmal spüren, dass Sie Ihre
eigenen Worte ernst nehmen und meinen, was Sie sagen.

4. *Abmahnung*
Eine offizielle Abmahnung können Sie als Projektleiter nicht veranlassen.
Aber Sie können androhen, dass bei Fortführung des leistungsschwachen
Verhaltens eine Entfernung aus dem Projekt notwendig wird. Abhängig
von der Reaktion des Mitarbeiters auf diese Androhung sollten Sie ent-
scheiden, ob Sie jetzt bereits Kontakt zum Linienvorgesetzten aufnehmen.
Wenn der Mitarbeiter glaubhaft Besserung gelobt, sollten Sie beim ersten
Mal darauf verzichten. Beim nächsten Mal müssen Sie jedoch hart bleiben.

5. *Entfernen*
Wenn die Ankündigung einer drohenden Entfernung aus dem Projekt nichts
genutzt hat, dann muss der Mitarbeiter aus dem Team genommen werden.
Mit hoher Wahrscheinlichkeit handelt es sich um eine Person, die der Linienvorgesetzte auch nicht dringend wiederhaben will. Lassen Sie sich nicht
auf Verhandlungen mit dem Linienvorgesetzten ein. Ihr Projekt ist kein
Sammelbecken für Unfähige oder Unwillige. Das ist eine Botschaft, die unbedingt auch bei den Leistungsträgern in Ihrem Team ankommen muss!

5.4 Kritik an Leistungsmängeln

Zeigt sich bei einem Mitarbeiter wiederholt, dass Leistungen nicht wie vereinbart erbracht werden, müssen Sie ein offizielles Kritikgespräch führen. Durch
die bisherigen informellen kritischen Feedbacks von Ihnen sollte der Mitarbeiter ausreichend gewarnt sein, um was es geht. Vielleicht will er Sie gleich bei
der Terminabsprache schon in eine Diskussion ziehen. Lehnen Sie das ab. Sie
wollen schließlich keine aufgeregte Rechthaberei, sondern ein ungestörtes Gespräch um Probleme, Ursachen und Lösungsmöglichkeiten.
Sie kennen sicherlich die Regel, dass Kritik immer an der Sache und nie an der
Person geübt werden soll. Dieser Mythos geht davon aus, dass die kritisierte

Person es dann besser verkraftet und leichter annimmt. Das ist Unsinn. Es gibt keine sachliche Kritik. Die Kritik trifft immer den Kritisierten persönlich – auch und vielleicht ganz besonders die Personen, die sich hinter einer Fassade von scheinbarer Gleichgültigkeit verschanzen.

Rechnen Sie deshalb mit emotionalen Reaktionen, mit Rechtfertigungen und Wortklaubereien, mit Gegenangriffen oder bockiger Sturheit. Überbewerten Sie solche Reaktionen nicht, und beziehen Sie Ärgerliches nicht auf sich persönlich. Das ist Teil der seelischen Verarbeitung und der „Gesichtswahrung" Ihres Mitarbeiters. Manches an heftigen Widerworten sollten Sie einfach überhören. Für Sie ist nur wichtig:

- Das Kritikgespräch soll nicht Rache, Bestrafung oder gar Beschimpfung des „schuldigen" Mitarbeiters sein, sondern die Grundlage für eine zukünftig bessere Leistung und erfreulichere Zusammenarbeit.
- Ihre Botschaft, was nicht in Ordnung ist und was Sie ab sofort erwarten, muss beim Mitarbeiter ankommen. Er muss es nicht unbedingt gutheißen! Sie brauchen nicht auf ihn einzureden, bis Sie ihn überzeugt haben, dass Ihre Meinung richtig ist. Notfalls reicht es, wenn er „nur" Ihre Erwartungen kennt und begriffen hat, dass die für ihn verbindlich sind.

Führen Sie das Kritikgespräch möglichst konsequent in folgenden Phasen:

1. *Sofort zum Thema*
   Versuchen Sie nicht durch Small talk oder gar Lob in anderer Hinsicht die Atmosphäre positiv aufzubauen. Damit spannen Sie den Mitarbeiter, der genau weiß, worum es geht, unnötig auf die Folter.
   Nennen Sie die Dinge, die Sie kritisieren. Beziehen Sie sich auf konkrete Beispiele. Kommen Sie jedoch nicht mit Fehlern, die bereits länger zurückliegen.

2. *Fragen nach Ursachen oder anderer Sichtweise*
   Lassen Sie den Mitarbeiter reden. Er hat sich seit der Terminvereinbarung die Sache x-mal durch den Kopf gehen lassen und ist vermutlich randvoll mit Argumenten, Gegendarstellungen, Begründungen, Erklärungen, Ausflüchten ... Lassen Sie es ihn loswerden. Unterbrechen Sie nicht. Sie müssen auch nicht einhaken, wenn er etwas sagt, was Sie für falsch halten. Hören Sie gut zu, stellen Sie Fragen – und lassen Sie den Mitarbeiter sich leer reden. Vorher könnte er Ihnen sowieso nicht zuhören.
   Gehen Sie nicht auf Details im Redeschwall ein. Versuchen Sie nicht, den Mitarbeiter von seiner „falschen" Sichtweise abzubringen. Das würde unweigerlich zu einem rhetorischen Schlagabtausch führen.

3. *Klare Botschaft*
   Wenn Sie merken, dass der Mitarbeiter sich leer geredet hat und langsam wieder zuhörfähig ist, dann sind Sie wieder dran. Vielleicht haben Sie durch seine Worte ja nun auch eine etwas andere Sicht als zuvor. Auf jeden

Fall muss von Ihnen nun kommen, was Sie in Zukunft an Verbesserungen erwarten.

Kramen Sie nicht weiter in der Vergangenheit. Betrachten Sie das Gespräch auch nicht wie eine Gerichtsverhandlung. Die „Schuldfrage" ist völlig zweitrangig hinter der Frage: „Wie soll es ab sofort besser laufen?"

4. *Erklärung des Mitarbeiters*
Wenn der Mitarbeiter nun weiß, was Sie an Verbesserungen erwarten, soll er Ihnen jetzt sagen, was er ab sofort tun wird, damit es besser läuft. Sie haben ihm gesagt, was Sie anders haben wollen. Er sagt Ihnen nun, wie er dabei vorgehen wird.

Lassen Sie keine Rückkehr zur Vergangenheitsbewältigung zu. Das, was zu kritisieren war, haben Sie gesagt. Der Mitarbeiter hat sich geäußert. Basta! Ab jetzt geht es nur noch um das, was jetzt kommt, nicht mehr um das, was gewesen ist.

5. *Feste Vereinbarung*
Treffen Sie jetzt mit dem Mitarbeiter eine verbindliche Vereinbarung mit verbindlichen Terminen und Kontrollpunkten. Was soll bis wann nachweislich besser laufen?

6. *Positiver Abschluss*
Versacken Sie jetzt nicht aus Erleichterung, weil das Thema erledigt ist, in eine Plauderfalle. Unweigerlich käme dann doch wieder das Gespräch auf Vergangenes, auf Schuld oder Unschuld. Beenden Sie das Gespräch statt dessen zügig. Bedanken Sie sich für die Offenheit und bringen Sie zum Ausdruck, dass für Sie das Thema nun erledigt ist. Und das muss es dann auch sein!

An die Kontrollen müssen Sie sich jedoch halten, wenn Sie sich nicht unglaubwürdig machen wollen. Wenn Sie feststellen, dass der Mitarbeiter nun wirklich engagierter, sorgfältiger oder sonst wie „gebessert" bei der Arbeit ist, sollten Sie nie wieder auf das Thema des Kritikgesprächs zurückkommen. Streichen Sie es am besten aus Ihrem Gedächtnis.

5.5 Kritik an persönlichem Fehlverhalten

Es gibt Mitarbeiter, die Ihnen nicht durch Leistungsmängel, sondern durch ihr persönliches Fehlverhalten Probleme bereiten. Als Projektleiter sind Sie natürlich nicht für die Erziehung der Ungehobelten zuständig. Aber Sie müssen eingreifen, wenn das Verhalten einer Person die Stimmung im Team verdirbt, die Kontakte zu Außenstehenden belastet oder das Projekt gefährdet.

> Die Varianten des möglichen Fehlverhaltens können von ständigen Clownereien über Intrigen, Mobbing, das Verbreiten von Gerüchten, zu lautes Telefonieren bis zu mangelnder Körperpflege oder ekelhaften Essmanieren gehen.

Warten Sie am besten erst einmal ab, ob sich die Kollegen selbst gegen die Störung wehren. Andernfalls müssen Sie das notwendige Kritikgespräch führen. Das sind Sie den Personen schuldig, die unter dem Fehlverhalten leiden.

Solche Kritikgespräche sind sehr unangenehm. Man hofft immer, dass die betreffende Person sensibel genug ist, Winke mit dem Zaunpfahl zu erkennen und sich dann ändert. Die Hoffnung ist bei Erwachsenen jedoch meist vergeblich. Wer bei Ihnen durch persönliches Fehlverhalten auffällt, ist vorher höchstwahrscheinlich schon woanders angeeckt, hat schon von anderen ausreichend Hinweise bekommen und nicht bemerkt oder sie ignoriert.

Aber es hilft nichts – Sie müssen klar sagen, worin die Störung besteht, was geändert werden muss und welche Konsequenzen Sie bei mangelnder Umstellungsbereitschaft ziehen werden.

> Auf keinen Fall dürfen Sie sich hinter Dritten verstecken: „Herr Maier hat mich gebeten, mit Ihnen über … zu sprechen." Oder: „Die Kollegen aus der XY-Gruppe sagen das auch."

Geben Sie nicht zu erkennen, wie unangenehm es Ihnen selbst ist, das Thema zu besprechen. Bleiben Sie völlig souverän und halten Sie sich an folgende Empfehlungen:

1. **Machen Sie Ich-Aussagen.**

> „Mir ist aufgefallen, dass Sie zur Besprechung mit der Geschäftsleitung in einem zu informellen Freizeit-Outfit angetreten sind. Demnach haben Sie sich meinen Hinweis nach dem vorletzten Termin, sich bitte geschäftsmäßig zu kleiden, nicht zu Herzen genommen."
>
> „Ich hatte erwartet, dass Sie sich freundschaftlich mit den Kollegen über die Testzeiten einigen."
>
> „Ich kann Ihre ständigen aggressiv wirkenden Angriffe auf Kollegen Müller nicht verstehen."

2. **Hören Sie sich keine Erklärungen, Ausflüchte und Entschuldigungen an.**
Anders als bei Leistungsmängeln, gibt es in diesem Zusammenhang fast nie einen vernünftigen Grund, sich in die Details der Anlässe, Ursachen und psychologischen Hintergründe des Fehlverhaltens zu versenken.

3. **Sagen Sie unmissverständlich, was Sie an Änderung erwarten.**
Diskutieren Sie nicht mit Überzeugungsabsicht herum. Dabei ziehen Sie immer den Kürzeren und verheddern sich immer tiefer in die Peinlichkeit. Außerdem sind Sie selbst in einem solchen Gespräch so genervt, dass Ihnen bei zähem Hin und Her leicht etwas über die Lippen rutschen könnte, was der Mitarbeiter als persönliche Beleidigung auffasst und Ihnen anschließend – womöglich mit wackerer Unterstützung des Betriebsrats – „um die Ohren haut".

4. **Nennen Sie den Termin, bis wann es sich geändert haben muss, und gegebenenfalls die zu erwartenden Konsequenzen.**
Drohen Sie nichts an, was Sie nicht unverzüglich umsetzen werden!

5. Ziehen Sie notfalls die Konsequenzen.
Das müssen Sie auch dann tun, wenn der betreffende Mitarbeiter fachlich eigentlich sehr gut ist. Auch ein „Star" unter den Experten hat nicht das Recht, durch sein Fehlverhalten andere zu stören oder das Projekt in Schwierigkeiten zu bringen.

6. Reden Sie mit dem Linienvorgesetzten.
Es kann sein, dass der betreffende Mitarbeiter auch in seiner Linienposition ein „Störfaktor" oder „Psychofall" ist. Machen Sie dem Vorgesetzten klar, dass Sie nie wieder erleben wollen, dass er Ihnen als ahnungslosem Projektleiter Leute zuschiebt, die er sich selbst vom Hals schaffen will.

Sie können „pädagogisch" nichts für sozial Auffällige tun. Sie haben ein Projekt zum Erfolg zu führen und den Mitgliedern des Teams eine leistungsorientierte Umgebung zu schaffen. Bei allem Mitleid mit Neurotischen, Deprimierten oder schlecht Erzogenen, Sie können innerhalb Ihres Projektes Erwachsene nicht ändern. Für die betreffende Person mag es heilsamer sein, wenn sie einmal die harten Konsequenzen fühlt.

5.6 Reden mit widerständigen Mitarbeitern

Es kommt gelegentlich vor, dass ein Mitarbeiter im Projekt Widerstand leistet. Da solche Mitarbeiter fast nie offen mit Widerspruch oder konträren Meinungen auftreten, ist für Sie kaum zu erkennen, warum der Mitarbeiter sich widerständig verhält.

> Sie erleben ihn vielleicht als Bremser in Meetings, als langsamen Arbeiter oder als vergesslich. Vielleicht haben Sie auch nur das Gefühl, dass er hinter Ihrem Rücken die anderen aufhetzt. Vielleicht provoziert er im Team Streit oder tritt gegenüber Außenstehenden feindselig oder arrogant auf. Vielleicht tut er aktiv gar nichts, sondern verdirbt lediglich durch schweigsame Muffeligkeit die Stimmung.

Es gibt viele Ursachen für widerständiges Verhalten: Dem Mitarbeiter gefällt nicht, ...

* dass er überhaupt im Projekt mitarbeiten soll.
* dass Sie Projektleiter sind.
* welche Entscheidungen von Ihnen oder vom Auftraggeber getroffen wurden.
* wie das Projekt abgewickelt wird.
* dass er sich mit bestimmten Leuten arrangieren muss.

Anders als eine Linienführungskraft können Sie es sich als Projektleiter mit Termindruck gar nicht leisten, „pädagogisch" oder „sozialtherapeutisch" auf einen Widerständigen im Team einzugehen. Sie sollten sich auch nicht zu viel Mühe mit ihm geben – das wäre den Engagierten und Konstruktiven gegenüber unfair. Als Projektleiter richten Sie Ihre Führungsarbeit an denen aus, die sich für Ihr Projekt ins Zeug legen und nicht an denen, die ohnehin offensichtlich keine Lust haben.

Wenn Sie feststellen, dass ein Widerständiger die Stimmung drückt, Fehler produziert, die Qualität gefährdet oder die Kommunikation mit Außenstehenden stört, wird ein Gespräch notwendig. Aber nur eines!

■ **Achtung:** Ziel dieses Gespräches ist weniger die psychologische Auslotung von Ursachen oder die einfühlsame Motivation – sondern, dem Mitarbeiter klar zu vermitteln, dass sein Verhalten so nicht bleiben kann, sondern er sich entweder ab sofort loyal zum Projekt, zu den Kollegen, zu Ihnen und zu den vom Projektergebnis Betroffenen verhält – oder gehen muss.

Führen Sie das Gespräch ohne langes Herumargumentieren und ohne Rechthaberei. Verklausulieren Sie nicht, sondern sagen Sie klar, was Sie wollen. Lassen Sie sich auch nicht von einem rhetorisch geschickten Widerständigen so in die Enge treiben, dass Sie ihm erst einmal nachweisen müssen, worin sein „angeblicher" Widerstand bestand. Lassen Sie nicht Katz und Maus mit sich spielen!

Führen Sie das Gespräch in folgenden Phasen:

1. **Sofort zum Thema kommen.**
   „Ich will heute mit Ihnen reden, weil ..."

2. **Klare Forderungen stellen.**
   „Ich erwarte von Ihnen – falls Sie weiterhin mitarbeiten wollen – ab sofort eine erkennbar positive Haltung dem Projekt, mir, den Kollegen und den Betroffenen gegenüber."

3. **Klares Loyalitätsbekenntnis verlangen.**
   „Stehen Sie ab sofort loyal zum Projekt – ja oder nein?"
   Ist die Antwort „ja", sollten Sie trotzdem kühl reagieren und darauf hinweisen, dass Sie sich erst einmal im Laufe der nächsten Tage vom geänderten Verhalten, den verbesserten Leistungen und dem freundlicheren Auftreten überzeugen lassen wollen. Beenden Sie das Gespräch.

   > Wenn Sie erkennen, dass sich der Mitarbeiter nun tatsächlich Mühe gibt und positiv verhält, dann sollten Sie ihm das freundlich rückmelden. Dann wäre es vielleicht auch angebracht, einmal zu fragen, ob es für die frühere Widerständigkeit konkrete Gründe gegeben hat. Sagen Sie ihm dann allerdings auch, dass Sie der Meinung sind, dass er sich lieber gleich offen zu Problemen hätte bekennen sollen, statt sich ohne Erklärungen in Schmollen und Boykott zurückzuziehen.

   Ist die Antwort „jein" oder ein Redeschwall, brechen Sie das Gespräch am besten gleich ab.

   > Sie können dann getrost davon ausgehen, dass der Mitarbeiter Sie in eine feindselige Diskussion ziehen will. Wollte er mit Ihnen konstruktiv reden, hätte er schon vorher nicht einfach Widerstand geleistet, sondern

> seine Bedenken, anderen Meinungen oder Ärgerlichkeiten zur Sprache gebracht. Als Projektleiter brauchen Sie sich keine Diskussion aufzwingen zu lassen von einem Mitarbeiter, der sich bisher widerständig verhalten hat und von sich aus nicht das Gespräch mit Ihnen gesucht hätte.

Geben Sie ihm 24 Stunden Bedenkzeit. Dann soll er Sie ansprechen, ob er sich in Zukunft konstruktiv verhalten oder lieber das Projekt verlassen will. Ende des Gesprächs. Nach 24 Stunden entscheiden Sie je nach Ergebnis der Bedenkzeit.

Das mag sich sehr hart anhören. Aber es muss sein. Sie können von einem erwachsenen Menschen – der immerhin für seinen Job bezahlt wird – verlangen, dass er sich in einem Projekt engagiert und loyal verhält oder seine Probleme offen und selbstinitiiert mit Ihnen zur Sprache bringt. Kindisches Widerstandsverhalten dürfen Sie nicht hinnehmen. Es darf bei Ihnen auch kein Helfersyndrom auslösen. Das führt auch gegenüber den anderen Mitarbeitern zu falschen Signalen: „Wer sich hier quer stellt, bekommt die größte Aufmerksamkeit des Projektleiters."
Für eine Linienführungskraft mag es anders sein. Da sollte man nach Ursachen fragen.

> Vielleicht hat der Mitarbeiter Probleme, die ihn belasten. Vielleicht fühlt er sich nicht wohl im Kollegenkreis. Vielleicht frustriert ihn die Aufgabe. Vielleicht hat ihn irgendwer verletzt.

Aber auch dann muss eine Führungskraft kritisch unterscheiden, was sie für den betreffenden Mitarbeiter tun kann und will und was sie von ihm selbst verlangt, sich wieder in eine konstruktive Leistungsstimmung zu bringen.

5.7 Projektmeetings

Von Beginn an sollten Sie regelmäßig Projektmeetings durchführen. Am Anfang meint man vielleicht noch, es reiche, wenn man jeweils bei einem konkreten Anlass zusammenkommt, weil man sich ansonsten ja ohnehin immer wieder trifft und bespricht. Für sehr kleine Projekte mit drei bis vier Mitarbeitern mag das stimmen. Bei größeren Projekten sollten Sie unbedingt einen festen Rhythmus für Meetings installieren. Einmal in der Woche oder alle vierzehn Tage trifft sich die Gruppe und bringt sich immer wieder auf einen einheitlichen Informationsstand.
Durch die regelmäßigen Treffen wachsen die Mitarbeiter auch als Team zusammen. Jeder kommuniziert mit jedem. Auch die Verschlossenen und Einzelgänger, die sich von informellen Kommunikationen gerne fernhalten, werden so immer wieder integriert, bevor sie sich mit ihren individuellen Aufgaben zu weit vom Ganzen entfernen können.
Schlecht geführte Projektmeetings können zu einer großen Zeitverschwendung führen. Zwei Zeitfresser sind häufig zu beobachten:

Zeifresser 1: Endloses Diskutieren

Der Projektleiter befürchtet, für autoritär gehalten zu werden, und lässt deshalb jedem, der sich mit Meinungen und Ansichten ausbreiten will, endlos Zeit dafür.

> Zu jedem, der eine Meinung hat, gibt es automatisch einen, der es anders sieht. Auch der will seinen Standpunkt ausführlich darstellen und begründen. Das provoziert den ersten, nun noch einmal zu erklären, wieso seine Meinung die richtigere ist. Das muss der Andersdenkende automatisch widerlegen und mit seiner Sichtweise ... Das führt zu nichts!

So entsteht die bekannte Meetingkrankheit der „Pingpong-Diskutiererei": Die Kontrahenten werfen sich immer wieder die gleichen und nur etwas anders formulierten Argumente wie Pingpong-Bälle zu. Bei einer Gruppe von zum Beispiel zehn Personen reduziert sich mit der Zeit der Austausch auf zwei bis drei Personen. Sieben bis acht sitzen gelangweilt dabei. Sie schalten innerlich ab, weil sie ohnehin seit langem wissen, was die Diskutierer denken und ständig wiederholen.

Man nimmt es Ihnen als Projektleiter übel, wenn Sie diese Zeitverschwendung zulassen. Nicht nur die sieben bis acht Gelangweilten verübeln Ihnen die nutzlos verstrichene Zeit – auch die heftigen Diskutierer werden am Ende des Meetings erbost feststellen, dass schon wieder – unter Ihrer Leitung! – so viel kostbare Arbeitszeit ohne greifbares Ergebnis verstrichen ist. Dabei ist ihnen oft gar nicht bewusst, dass sie selbst es waren, die sich pausenlos mit den ewig gleichen Argumenten wiederholt haben.

Verlieren Sie die Scheu, autoritär zu wirken. Achten Sie lieber darauf, dass man Sie nicht als hilfloses Opfer von Diskutierwütigen wahrnimmt.

> Diskussionen müssen sein. Es ist auch notwendig, dass unterschiedliche Ansichten auf den Tisch kommen. Es muss aber nicht sein, dass die Vertreter unterschiedlicher Ansichten immer wieder die gleichen Argumente für ihre Ansichten wiederholen. Wer inhaltlich nicht überzeugen kann, darf nicht Raum für permanente Wiederholungen bekommen, bis Andersdenkende vor Erschöpfung zustimmen: „Okay, dann soll es so sein, wie Sie wollen. Hauptsache, ich muss es mir nicht noch einmal anhören."

Wenn Sie unterschiedliche Meinungen zu bestimmten Dingen im Team haben, dann lassen Sie die Parteien diese äußern und begründen. Die notwendige Entscheidung behalten Sie sich aber selbst vor. Sie können in bestimmten Fällen auch Mehrheitsbeschlüsse zulassen. In anderen Fällen lassen Sie den Fachprofi entscheiden, der Ihrer Meinung nach die Sache am besten beurteilen kann. Oder Sie stellen die zwei Ansichten dem Auftraggeber dar und lassen ihn entscheiden. Wie auch immer – es darf nicht dazu kommen, dass Dinge, zu denen eine Einigung im Team nicht möglich ist, zu bremsenden Dauerthemen werden.

Auf gar keinen Fall sollten Sie Zeit verschwendende Diskussionen zulassen, wenn ohnehin nichts zu ändern oder zu beeinflussen ist.

> Hat sich der Auftraggeber zum Beispiel für eine bestimmte Lösung entschieden, dann muss nicht jeder Projektmitarbeiter der Meinung sein, dass die Entscheidung richtig war. Er muss sich jedoch klar machen, dass die Entscheidung ab sofort auch für ihn verbindlich gilt, falls er noch im Projekt weiterarbeiten will.
> Es darf nicht sein, dass er in jedem Meeting bei Adam und Eva wieder anfängt und der Gruppe zum x-ten Mal erklärt, wieso die Entscheidung des Auftraggebers hätte anders fallen müssen.

Setzen Sie durch, dass bestehende Fakten als solche gelten und Basis für die Weiterarbeit sind.

Die Neigung, immer wieder über bereits Erledigtes diskutieren zu wollen, kann ein Hinweis auf unterschwelligen Widerstand sein. Vielleicht versucht der betreffende Mitarbeiter dadurch, die zügige Weiterarbeit des Projektteams zu behindern. Das könnte ein Kandidat sein, mit dem Sie ein Gespräch zum Thema Widerstand im Projekt zu führen haben.

Zeitfresser 2: Aufwändiges Vor- und Nachbereiten

Der zweite große Zeitfresser ist Bürokratismus des Projektleiters.

> Es gibt Projektleiter, die aus jedem Arbeitsmeeting eine organisatorische Großangelegenheit machen. Sie begrübeln eine aufwändige Tagesordnung mit genauen Zeitvorgaben. Diese lassen sie abtippen und noch einige Male nachträglich ändern. Dazu gehört selbstverständlich eine schriftliche Einladung für die Teilnehmer. Nach dem Meeting muss unweigerlich ein mehrseitiges und gründlich kontrolliertes Protokoll erstellt werden.

Das ist ein ungeheurer Zeitaufwand, der nichts bringt! Diesen Aufwand kann man treiben, wenn einmal ein großes Meeting mit wichtigen Managern oder mit Kunden oder mit dem Betriebsrat durchzuführen ist.

Wenn Sie sich regelmäßig mit Ihrem Team treffen, müssen die Mitarbeiter auch ohne Einladung den Termin kennen. Dann kann auch die Tagesordnung standardisiert sein:

- Wo steht jede Arbeitsgruppe zur Zeit?
- Gibt es Klärungsbedarf?
- Wie geht es bis zum nächsten Treffen für jeden weiter?
- Müssen irgendwelche Beschlüsse gefasst werden?
- Muss irgendetwas außer der üblichen Arbeit delegiert werden?
- Was ist sonst noch zu besprechen?

Dazu reicht ein handschriftliches Protokoll mit einem Standardformular.

Protokoll					
Datum: Teilnehmer:			Verteiler:		
Projektstatus:			Beschlüsse:		
Delegationen					
No.	Aufgabe	Name	Bemerkungen	Termin	OK
Unterschrift:					

Abbildung 24: Protokoll eines Projektmeetings

Denken Sie immer an die Prioritäten! Das Team will zügig weiterarbeiten. Im Grunde hat – außer den Diskutierwütigen – niemand Lust, bezahlte Arbeitszeit in Meetings zu vergeuden. Dennoch ist es wichtig, sich regelmäßig abzusprechen und den Gruppenzusammenhalt zu sichern. Je kürzer und effektiver die Meetings von Ihnen geleitet werden, desto erfreulicher für alle.
Bei Phasenwechsel sollten Sie mehr Zeit zulassen. Eventuell kann man auch nach dem Abarbeiten der sachlichen Themen ein kleines „gesellschaftliches Ereignis" – zum Beispiel mit Kaffee und Kuchen oder abends beim Italiener – daraus machen.
Es ist auch nicht notwendig, Ihren Auftraggeber jede Woche mit einem der Miniprotokolle zu erfreuen. Das wirkt so, als wollten Sie beweisen, dass Sie und Ihre Mitarbeiter tatsächlich bei der Arbeit sind. Fassen Sie maximal einmal im Monat die wichtigsten Punkte der letzten Meetings zusammen und schicken Sie sie ihm. Der Auftraggeber will wissen, ob alles läuft und ob gegebenenfalls Entscheidungen oder Aufgaben von ihm erwartet wird. Im Übrigen hat er das Projekt an Sie delegiert, damit er sich nicht selbst ständig darum kümmern muss. Er will nicht von jedem Meeting etwas wissen.

5.8 Projektworkshops

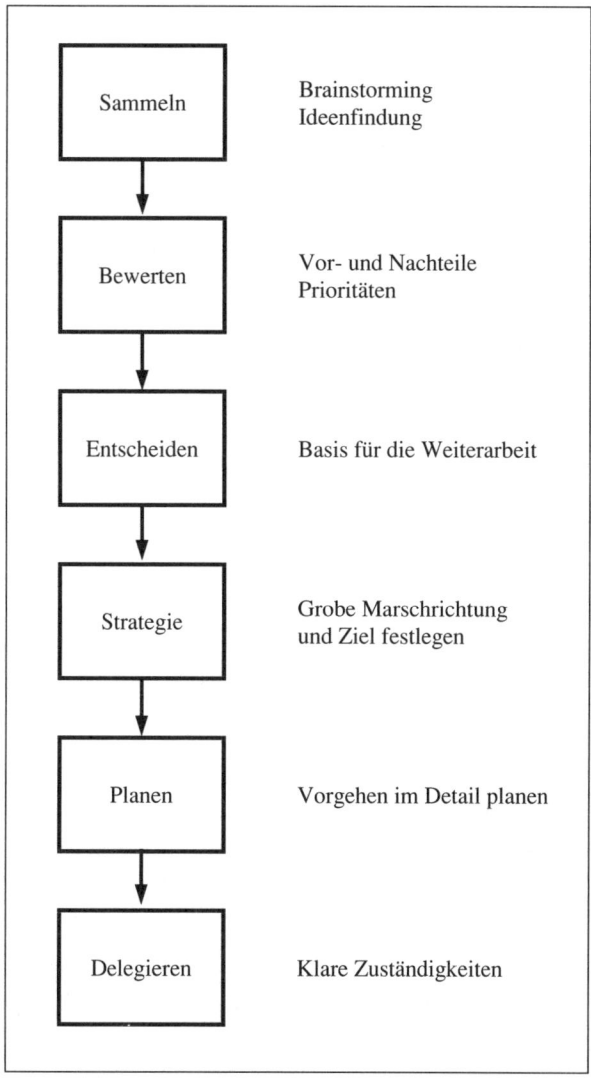

Abbildung 25: Verlauf eines Projekt-Workshops

Workshops sind mehr als Meetings. Hier muss etwas erarbeitet werden, was zu weiteren Aktionen oder zu Delegationen führt. Zu den Projektworkshops müssen nicht immer alle Teammitglieder kommen. Es kann sinnvoll sein, bestimmte Themen nur mit drei oder vier Fachleuten zu bearbeiten. Über die Ergebnisse hingegen müssen wieder alle informiert werden.

Da es in den Workshops erfahrungsgemäß auch zu unreifen Zwischenergebnissen oder Gedankenspielereien kommt, sollte man in der Regel niemanden hinzuziehen, der projektfremd en. Vor allem Mitglieder des Betriebsrats können oft nicht zwischen drohendem Unheil und freien Gedankengängen unterscheiden. Sie gehören möglichst nicht in einen der Workshops.

Ein Workshop läuft fast immer in den sechs typischen Schritten ab: Sammeln, bewerten, entscheiden, planen, Strategie entwickeln, delegieren.

Dabei müssen nicht immer alle Schritte innerhalb einer Veranstaltung stattfinden. Es kann durchaus sein, dass beim ersten Treffen lediglich Ideen gesammelt werden. Bis zum zweiten Treffen sind noch weitere Informationen zu beschaffen. Danach wird bewertet und entschieden. Vielleicht kann die Entscheidung innerhalb des Workshops auch nicht stattfinden, weil sie dem Auftraggeber überlassen bleiben muss. Zur Entwicklung der Strategie und der Planung zieht man vielleicht neue Teilnehmer hinzu oder reduziert die Gruppe auf ein Kernteam.

Wie das im Einzelfall sinnvoll zu regeln ist, bleibt Ihnen überlassen und hängt von der jeweiligen Aufgabenstellung ab.

Sammeln

Die Phase des Sammelns ist die Kreativphase. Hier geht es darum, möglichst zügig zu möglichst vielen Ideen zu kommen. Das können Ideen zur Projektzielfindung sein oder Sammlungen zu möglichen Risiken oder Ideen zur Umsetzung. Wenden Sie unbedingt sofort die üblichen Kreativitätstechniken an. In der Regel wird es sich dabei um Brainstorming mit Kartenabfrage oder Mind Mapping handeln. Diese Techniken müssen Sie kennen! Sie sind das Grundwerkzeug für jeden Projektleiter und jeden Manager.

■ **Tipp:** Diskutieren Sie nicht zu lange mit dem Team herum. Das führt ganz schnell dazu, dass sich zwei oder drei Personen heftig kreativ engagieren, während die Stillen und die wenig Schlagfertigen sich immer mehr zurückziehen. Besser ist es, gleich die zu bearbeitende Aufgabe vorzustellen und sofort mit dem Brainstorming zu beginnen.

In der Sammlungsphase sollten Sie keine Bewertungen, Bedenkenträgereien oder sonstigen Kreativitätskiller zulassen. Erst einmal ist jede Idee willkommen.

Bewerten

Zwischen dem Sammeln und dem Bewerten muss eine Pause sein. Man braucht etwas Abstand vom Rausch der Ideenfindung. Im ersten Moment wirken die eigenen Ideen oft sehr viel besser als die der Kollegen – und mögliche Probleme auch viel dramatischer, als sie es tatsächlich sein werden.

Sortieren Sie im Team die Ideen. Meistens ist eine thematische Sortierung sinnvoll. Manchmal kann man auf Anhieb sehr klare Prioritäten unterscheiden.

Lassen Sie dann zwei bis drei Teilnehmer jeweils einen Teil der Ideen kritisch unter die Lupe nehmen. Was ist machbar? Was ist sinnvoll? Wie kann man es noch verbessern? Was könnte zu Problemen führen?

Nach der Kleingruppenarbeit sollten die Ergebnisse dem Plenum des Workshops mit Begründungen vorgestellt werden. Jetzt kann im großen Kreis die endgültige Bewertung stattfinden.

- ■ **Tipp:** In dieser Phase ist die Technik mit den „Denkhüten" interessant.

Sie würfeln zum Beispiel aus, dass Mitarbeiter Müller einen roten Denkhut trägt. (Er kann einen roten Gegenstand vor sich auf den Tisch legen, damit er selbst und die anderen seine Rolle vor Augen haben.) Müller ist dann heftig emotional. Er kann es sich aussuchen, ob er vehement gegen oder begeistert für das jeweilige Thema ist. Auf keinen Fall ist er „vernünftig sachlich".

Die Rolle des Vernünftigen spielt die Person, die den blauen Denkhut ausgewürfelt bekommt. Diese Person soll immer ganz rational und aus kühler Distanz die Sache betrachten. Sie soll Risiken abwägen, Chancen berücksichtigen und zu einer vernünftigen Lösung beitragen.

Wer den schwarzen Denkhut ausgewürfelt bekommt, soll in rabenschwarzer Bedenkenträgerei die pessimistische Sicht übernehmen. Es gibt bestimmt viele Probleme, Risiken und Widerstände zu bedenken.

Der Mitarbeiter mit dem gelben Hut, steht für sonnigen Optimismus. Er sieht nur die positive Seite, die wundervollen Chancen und die wirksamen Methoden, den Risiken erfolgreich auszuweichen.

Wer den grünen Hut der Kreativität bekommt, versucht immer wieder, die Sache doch noch einmal von anderer Seite zu betrachten. Der bringt immer wieder neue Ideen.

Diejenigen, denen keine Hüte zugeteilt wurden, sitzen aufmerksam dabei, hören gut zu, machen sich Notizen und beratschlagen hinterher, zu welchen Bewertungen oder Ergebnissen man nun kommen sollte.

Wenn Sie nicht so viele Telnehmer bei der Veranstaltung haben, ordnen Sie wenigstens den gelben, den schwarzen und den blauen Hut zu. Sie machen dann selbst den Beobachter.

Lassen Sie die Hüte nicht aussuchen. Sie sollten durch Zufallsprinzip verteilt werden. Das gibt den Teilnehmern die Chance, innerhalb ihrer Rollen offener zu sagen, was sie denken. Sie müssen dazu keine nachträgliche Kritik von Ihnen befürchten. Sie mussten so argumentieren, das gehörte zum Hut!

Entscheiden

Jetzt kann entschieden werden, was mit den Ideen gemacht werden soll. Was entscheidet die Gruppe selbst? Was soll dem Auftraggeber als Entscheidungsvorlage mit begründeten Empfehlungen vorgelegt werden? Welche Entscheidung behält sich der Projektleiter vor? Bis wann müssen notwendige Entscheidungen getroffen werden? Sind noch weitere Informationen erforderlich, um zu einer fundierten Entscheidung zu kommen? Was kann die Gruppe tun, damit der Auftraggeber möglichst zur richtigen Entscheidung kommt?

> Als Projektleiter müssen Sie sich mit Techniken der Entscheidungsfindung vertraut machen – dies gehört zur Grundausstattung eines Managers. Besuchen Sie ein Seminar für Moderatoren. Dort lernen Sie die notwendigen Techniken und auch den Umgang mit schwierigen Teilnehmern in Workshops kennen.

Als allgemein anerkannte Spielregel muss gelten, dass getroffene Entscheidungen als Basis für die Weiterarbeit dienen. Und das bedeutet auch, dass ein Teammitglied auch einmal Abschied von einer Lieblingsidee nehmen muss. Es darf nicht zu einem Stillstand kommen, weil die Entscheidung nicht gefällt.

Strategie entwickeln

Nach der Entscheidung kommt die grobe Strategie, wie das beschlossene Ergebnis oder die beschlossene Vorgehensweise umzusetzen ist. Was muss dazu beschafft werden? Bis wann müssen Zwischenergebnisse erreicht sein?

Planen

Die Planung ist eine detaillierte Fortsetzung der Strategie. Das kann im Workshop geschehen, ist aber oft sinnvoller so zu regeln, dass diejenigen, die an der Umsetzung beteiligt sind, einen genauen Plan erarbeiten, den sie danach im Plenum oder beim nächsten Workshop-Termin oder im nächsten Meeting präsentieren.
Wichtig ist, dass die Pläne der verschiedenen Arbeitsgruppen zu einem Gesamtkonzept koordiniert werden und zur Strategie passen.

Delegieren

Nach dem Workshop bekommt jeder Teilnehmer seine Hausaufgaben. Das ist die ganz normale Delegation wie nach dem Kick Off oder bei jedem anderen Meeting.
Moderieren Sie die ersten zwei bis drei Workshops grundsätzlich selbst. Bei diesen Terminen sollten auch alle Teammitglieder beteiligt sein. Das ist Ihre Chance, sich für alle sichtbar als „Leader" im Projekt zu präsentieren. Haben Sie die ersten Workshops im Griff, werden Sie als Projektleiter auch auf Dauer anerkannt.
Wenn Sie unsicher in der Anwendung von Kreativitäts- oder Entscheidungstechniken sind, wenn Sie sich von dominanten Mitarbeitern das Ruder aus der Hand nehmen lassen, wenn Sie nicht für greifbare Ergebnisse der Veranstaltung sorgen, sinkt Ihr Ansehen als Projektleiter.

Sie sollten immer auch die Workshops leiten, bei denen der Auftraggeber, Vertreter von Benutzergruppen, andere Führungskräfte, Experten oder Mitglieder der Personalvertretung anwesend sind. So können Sie sich auch vor Außenstehenden als „Leader" darstellen.

Sie sollten im Laufe der Projektarbeit fähigen Mitarbeitern zunehmend die Moderation von Workshops überlassen. Sie trainieren damit deren Führungsqualitäten – und sie werden es Ihnen danken. Lassen Sie die Moderation jedoch nicht aus falsch verstandenem Gerechtigkeitssinn reihum gehen. Geben Sie denen eine Chance, die das gerne übernehmen möchten – und geben Sie denen, die damit scheitern, eine zweite und eine dritte Chance.

Die Protokolle von Workshops beinhalten nur die Ergebnisse und die daraus resultierenden Delegationen. Wie die Ergebnisse zustande kamen und welche Ideen verworfen wurden, muss nicht ins Protokoll. Verwenden Sie deshalb die gleichen Formulare wie für die Meetings.

Sie sollten jedoch Metaplanwände, beschriebene Karten und Flipcharts zusammenrollen und bis zum Projektende aufbewahren. Es kann durchaus vorkommen, dass man im Verlauf der Arbeit das Bedürfnis hat, es doch noch einmal mit einer der zuvor verworfenen Ideen zu versuchen.

6 Projekte präsentieren – vermarkten Sie Ihren Erfolg

6.1 Gute PR ist der halbe Erfolg

Das beste Projektmanagement nützt nichts, wenn das Projekt nicht auch gut vermarktet wird. Viele Projektleiter stehen nach perfekt geführten Projekten mit hervorragenden Ergebnissen enttäuscht vor der Erkenntnis, dass man ihre Leistung nicht anerkennt, die guten Ergebnisse für selbstverständlich hält – und sie ausschließlich Experten innerhalb des Teams oder gar dem Auftraggeber zuschreibt.

> Vergleichen Sie es mit den Pyramiden: Heute werden die Pharaonen als Auftraggeber geehrt – nicht die Baumeister. Spätere Architekten und Baumeister von Schlössern und Kathedralen waren schlauer; sie haben dafür gesorgt, dass ihre eigenen Namen mit den Werken verbunden wurden. Daran sollten Sie sich ein Beispiel nehmen.

Sie müssen einerseits durch professionelles Projektmanagement die Zielerreichung sicherstellen. Gleichzeitig ist Public Relation für Ihr Projekt Ihre Aufgabe. Damit müssen Sie drei Ziele verbinden:

1. Streben Sie danach, im Unternehmen – oder auch innerhalb der Branche oder bei wichtigen Kunden – Ihrem Projekt hohes Ansehen zu verschaffen. Es muss unbedingt vermittelt werden, dass das Projekt wichtig ist, dass es innovative Lösungen bringt, dass es fachlich höchste Ansprüche stellt und *nur* von Top-Leuten geleistet werden kann.
2. Sorgen Sie dafür, dass Ihr Name immer mit dem Erfolgsprojekt in Verbindung gebracht wird. Auf allen Medien wie Folien, Prospekten oder Bildschirmseiten muss Ihr Name stehen. Bei allen Präsentationen stehen Sie vorne und beweisen sich als überzeugender Rhetoriker.
   Wenn Ihnen die Rolle ganz und gar nicht liegt, müssen Sie zumindest grundsätzlich die Begrüßung und die Einführung übernehmen. Auf keinen Fall sitzen Sie im Hintergrund und lassen Mitarbeiter allein präsentieren. In der Wahrnehmung und im Gedächtnis der anderen bleibt immer die Person als die Wichtigste für das Projekt haften, von der man in öffentlichen Auftritten am meisten gesehen und gehört hat!
3. Sorgen Sie dafür, dass auch solche Personen sich im Erfolg Ihres Projektes sonnen können, die Ihnen für die Karriere nützlich sein könnten. Vielleicht will der Auftraggeber oder einer der wichtigen Sponsoren namentlich erwähnt werden? Vielleicht will einer der Experten im Team seinen fachlichen Teil selbst präsentieren? Vielleicht will einer der rhetorisch weniger gewandten Experten dazu etwas publizieren?

Finden Sie den Mittelweg zwischen souveränem Teilen des Erfolgs, um Neidreaktionen von Wichtigen zu verhindern, und entschiedenem Bestehen auf Ihrer öffentlichen Selbstdarstellung, damit Rücksichtslose und Karrierekonkurrenten nicht Ihre Leistungen als die eigenen vermarkten.

Public Relation dient auch der Motivation Ihres Teams. Ihre Mitarbeiter engagieren sich mit sehr viel Ehrgeiz für Ihr Projekt, wenn Sie dafür sorgen, dass sie stolz darauf sein können.

Wenn Ihr Projekt nicht mehr ist als ein Arbeitskreis mit regelmäßigen Teammeetings, dann wird in Zeiten hoher Belastung im Linienjob als Erstes Ihre Projektarbeit aufgeschoben. Ist hingegen das Projekt durch gute Public Relation in den Ruf eines erfolgreichen Elite-Teams gekommen, werden die Mitarbeiter in Zeiten von Überlastungen auch lieber andere Aufgaben zurückstellen und an Ihrem Projekt weiterarbeiten.

6.2   Sorgen Sie für eine perfekte Darstellung

Machen Sie nicht den Fehler vieler vor allem sehr sachorientierter Projektleiter, die ihren Schwerpunkt auf Inhalte setzen. Ihre Projektpräsentationen müssen sinnliche Erlebnisse sein.

- Legen Sie großen Wert auf optisch schön gestaltete Medien. Die bleiben im Gedächtnis viel besser und viel positiver haften als endlose Ausführungen an langweiligen Schwarz-Weiß-Folien – womöglich noch mit Zahlenkolonnen.
- Geben Sie dem Publikum Ihrer Präsentationen immer perfekt aufbereitete Unterlagen zum Nachlesen von technischen Details mit.
- Beschränken Sie sich bei den Auftritten auf knackig präsentierte Schwerpunkte, die man sich auch merken kann.
- Präsentieren Sie mit farbig gestalteten Bildern und Grafiken, deren Aussagen schnell überblickt werden können. Details können Sie in der Diskussion berücksichtigen. Es hat ja dann auch jeder der Zuhörer die Unterlagen vor sich und kann sich darauf beziehen.
- Niemals lesen Sie Folien mit Details vor!
- Niemals weisen Sie Ihre Zuhörer darauf hin, dass Sie die Unterlagen erst nach Ihrer Präsentation verteilen werden.

> Ihre Zuhörer erkennen darin sofort den Oberlehrertadel: „Sonst blättern Sie darin herum, während ich rede." Damit verärgern Sie Ihr Publikum! Wer sich für Ihre Ausführungen interessiert, wird Ihnen auch mit Unterlagen vor sich auf dem Tisch aufmerksam zuhören und sich dort gleich an den richtigen Stellen Notizen machen.
> Wer keine Lust hat, sich auf Ihre Ausführungen zu konzentrieren, wird es auch dann nicht tun, wenn er nichts zum Herumblättern in der Hand hat. Er wird sich einfach in seinen Timer versenken – oder in seine Träumereien.

- Niemals überziehen Sie Ihre Redezeit auch nur um eine Minute.
  Das hassen Ihre Zuhörer mindestens so wie Sie, wenn Sie selbst als Zuhörer in den Vorträgen anderer sitzen.

  Machen Sie sich durch die freudig aufgenommene Überraschung beliebt, dass Sie sogar deutlich früher als erwartet mit Ihrem Vortrag aufhören. Sie verhelfen sich damit zu dem positiven Image, ein Mensch zu sein, der seine Zeit gut planen kann, der schnell auf den Punkt kommt und Prioritäten setzt.

  Wenn Sie jedoch überziehen und das dann auch noch mit Sprüchen würzen wie: „Lassen Sie mich zum Schluss noch eben..." – „Bevor ich zum Ende komme, will ich noch kurz ...", dann verschaffen Sie sich den Ruf eines Detailverliebten, der vom Hölzchen zum Stöckchen kommt, keine Wahrnehmung für seine Zuhörer hat und sich selbst gerne reden hört.

- Legen Sie großen Wert auf die optische Gestaltung Ihrer Präsentationen. Entwickeln Sie zu Beginn mit Ihrem Team ein Logo für das Projekt. Das erscheint dann immer auf allen Folien, Postern, Bildschirmseiten.
  Bestehen Sie notfalls ganz autoritär darauf, dass sich jeder Mitarbeiter mit den Unterlagen, die er für seinen Präsentationsteil gestaltet, eisern an die einmal verbindlich festgelegten Regeln hält. Wer das nicht tut, präsentiert danach nie wieder. Alle Präsentationen Ihres Projektes müssen immer ein einheitliches Bild geben. Das ist wie bei der Vermarktung von Markenartikeln.

  Wenn Sie selbst nichts von optisch attraktiver Gestaltung verstehen, beauftragen Sie einen fähigen Mitarbeiter im Projekt damit. Dessen einmal festgelegte Gestaltungsregeln sind dann aber auch für Sie verbindlich!

Wenn es in Ihrem Unternehmen üblich ist, dass man von Projektleitern gelegentlich urplötzlich „mal eben schnell" eine kleine Projektvorstellung in irgendwelchen Managermeetings verlangt, sollten Sie dafür gerüstet sein!

- Haben Sie dafür immer fünf bis zehn perfekte Folien griffbereit in der Schublade.
- Aktualisieren Sie diese immer bei jedem neuen Meilenstein.
- Niemals treten Sie mit schnell zusammengesuchten Kopien von schlechten Vorlagen auf.
- Niemals stellen Sie sich vor Zuhörer und entschuldigen sich erst einmal mit Worten wie: „Leider konnte ich in der Kürze der Zeit ..."

  Mit einer Entschuldigung kombinierte schlampige Ad-hoc-Unterlagen sehen immer wie ungemachte Betten aus und vermitteln den Eindruck, dass Sie so unprofessionell arbeiten, dass man Ihnen lieber nie ohne Vorwarnung über die Schulter ins laufende Projekt schaut.

- Legen Sie sich eine Sammlung von vorbildlichen Präsentationsunterlagen an. Diese müssen sich gar nicht auf Ihr Fachgebiet beziehen. Sie können trotzdem Ihre Fantasie anregen, wie man technische Zusammenhänge anschaulich darstellt, wie man Statistiken aufbereitet, wie man Zahlen in Beziehung setzt, wie man für Laien und für Fachleute unterschiedlich visualisiert ...

- Leisten Sie sich den Besuch eines Rhetorikseminars. Unterschätzen Sie nicht den Eindruck, den Sie mit Körperhaltung, Gestik, Stimme und Mimik vermitteln.

> Wenn man als Zuschauer und Zuhörer Sie in einer Projektpräsentation erlebt, wirken Sie dann wie ein Technokrat, der am besten bei seiner Sacharbeit bleiben sollte, weil er da so viel kann und weiß und bestimmt höchst gewissenhaft Qualität produziert? Oder wirken Sie wie eine imponierende Führungskraft, die das Ruder in der Hand behält, die andere begeistert und die man sich auch gut als Repräsentant des Unternehmens vorstellen kann?

Ihre Projektpräsentationen haben als „Gesamtkunstwerk" von Ihrer persönlichen Ausstrahlung über die visuellen Medien bis hin zur inhaltlich überzeugenden Gestaltung einen Einfluss auf Ihre Karriere, den Sie auf keinen Fall unterschätzen sollten.

6.3   Die Inhalte richten sich nach der Zielgruppe

Vor wem werden Sie Ihr Projekt präsentieren? Sind es Fachleute, die genau wissen wollen, wie Sie und Ihr Team vorgehen, welche Techniken Sie einsetzen? Das ist in den seltensten Fällen das Publikum einer Projektpräsentation. Leider neigen vor allem sehr sachorientierte Projektleiter und sehr fachorientierte Experten zu genau diesem Schwerpunkt. Das langweilt die Zuhörer!
Ihre Grundfrage muss daher immer lauten: Was interessiert die Leute, die sich über unser Projekt informieren wollen oder sollen?

- **Betroffene und Benutzer Ihres Projektproduktes wollen wissen, wie es sich auf sie persönlich auswirkt.**
  Was wird sich für sie ändern? Wie sollen sie damit umgehen? Wird es kompliziert sein? Müssen sie sich von lieb gewordenen Gewohnheiten trennen? Werden ihnen Freiheiten genommen? Wird es bequemer für sie? Außerdem wollen sie wissen, wann das Neue auf sie zukommt und ob sie sich gegebenenfalls irgendwie darauf vorbereiten sollten.
  Manchmal kennen sie auch ähnliche Projekte oder ähnliche Produkte. Dann wollen Sie von Ihnen sinnvoll begründet haben, wieso Sie oder der Auftraggeber sich für diese und nicht für eine andere Variante entschieden haben.

- **Auftraggeber und Sponsoren wollen wissen, welche Vorteile das Projekt bringen wird.**
  Was wird dadurch gewonnen oder eingespart? Handelt es sich um nachweisbare materielle Nutzen oder um immaterielle Vorteile wie verbessertes Image oder schnellerer Zugang zu Informationen? Wie kann man den im-

materiellen Nutzen doch noch quantifizieren? Wie kann man beweisen, dass sich die Investition ins Projekt lohnt? Kann man aus dem Projekt Empfehlungen für andere Investitionsvorhaben ableiten?

- **Zuhörer, die mit Ihnen zusammenarbeiten werden, wollen wissen, wie Sie vorgehen.**
  Wann erreicht das Projekt welchen Stand? Was wird zu welchen Terminen von ihnen erwartet? Sollen sie zu bestimmten Zeiten Ressourcen liefern? Sollen sie zu bestimmten Zeiten für Abstimmungen zur Verfügung stehen? Müssen sie bis zu bestimmten Zeiten etwas vorbereitet haben?

Nur sehr selten haben ein Projektleiter und sein Team das Glück, dass sie vor Zuhörern präsentieren, die sich für die gleichen Dinge und in gleicher Intensität interessieren, wie sie selbst.

> Das kann zum Beispiel vor zukünftigen Projektleitern oder Fachleuten sein, die demnächst ähnliche Vorhaben angehen werden. Das kann vor Hochschülern sein, die sich für die technischen Zusammenhänge interessieren oder vor Wissenschaftlern, die etwas aus der Praxis hören wollen.

Bitte überlegen Sie deshalb sehr kritisch, welches Ihrer Teammitglieder Sie Ihren Zuhörern als Vortragenden „zumuten".

> In der Regel neigen besonders hochkarätige Spezialisten gerne dazu, das zu präsentieren, was sie selbst interessiert oder was sie für wichtig halten. Sie reden dann völlig an denen vorbei, die sich das anhören müssen!

Das schadet auch Ihrem Ruf, wenn man feststellt, dass Sie nicht beurteilen können, welcher Ihrer Mitarbeiter zu welchem Publikum passt. Dass Sie selbst treffsicher die Interessen der Zuhörer ansprechen und Ihre Ausführungen nicht zur öden Geduldsprobe machen, ist selbstverständlich.

Grundsätzlich können Sie sich an folgender Gliederung orientieren. Je nach Zielgruppe werden Sie die einzelnen Themen weiter ausführen oder knapp zusammenfassen.

1. Aufgabe des Projektes

Das stellen Sie persönlich vor. Erklären Sie, was Ihr Team eigentlich macht. Grenzen Sie das Aufgabengebiet eventuell gegenüber anderen Projekten inhaltlich ab.
Zu diesem Teil gehören unbedingt visuelle Darstellungen. Die Zuhörer müssen sich ein Bild (!) machen können von dem, was in Ihrem Projekt entsteht.

2. Nutzen des Projektes

Diesen Teil kann der Auftraggeber oder einer seiner Mitarbeiter übernehmen.

Hier wird begründet, wozu es gut sein soll, dass das soeben Erklärte überhaupt gemacht wird. Falls es für die Zuhörer wichtig ist, können hier die Investitionen den Nutzen gegenübergestellt werden.

An dieser Stelle sollte das Projekt verkäuferisch und begeisternd präsentiert werden. Wenn der Auftraggeber es nicht selbst übernimmt, dann nehmen Sie aus Ihrem Team den professionellsten, unterhaltsamsten und sympathischsten Rhetoriker. Lassen Sie auf keinen Fall denjenigen auftreten, der über die Sache am meisten weiß!

3. Ziele des Projektes

Zuerst stellen Sie – knapp und mit „Power" – vor, welche Ziele Sie mit Ihrem Team bis zu welchem Termin erreicht haben werden. Nennen Sie hier auch die Meilensteine mit den Terminen. Jetzt muss die Botschaft vermittelt werden: Sie sind als verantwortlicher Projektleiter zuständig und haben die Sache voll im Griff.

4. Wege zum Ziel

Hier können Sie Mitarbeiter aus Ihrem Team auftreten lassen. Der Eine berichtet zum Beispiel über sein Teilprojekt. Der Andere erklärt – für Laien verständlich – bestimmte technische Aspekte. Der Dritte erklärt, welche Erwartungen an die Zuhörer gestellt werden und welche Unterstützung man von ihnen braucht oder was auf sie in nächster Zeit zukommt.

Dieser Teil der Präsentation muss immer mit dem kurzen Überblick beginnen:

* Wo stehen wir jetzt?
* Was ist schon fertig?
* Wie geht es ab hier weiter?

Sie als Projektleiter dürfen auf keinen Fall in die Ausführungen Ihrer Mitarbeiter eingreifen!

> Erstens nehmen die Mitarbeiter Ihnen das – zu Recht – für immer übel. Zweitens outen Sie sich damit vor allen Zuhörern als die unfähige Führungskraft, die wohl vorher nicht beurteilen konnte, wen sie vortragen lassen sollte. Drittens outen Sie sich damit als eifersüchtiger Kleinklein-Chef, der es nicht erträgt, wenn auch einmal einer seiner Mitarbeiter im Rampenlicht steht.

Ganz egal, welcher Fehler einem Ihrer Mitarbeiter unterläuft oder was er Ihrer Meinung nach noch sagen sollte und offensichtlich vergessen hat – Sie dürfen nicht eingreifen! Sie können hinterher immer noch entscheiden, dass der Betreffende, der zu viel falsch gemacht hat, in Zukunft nicht mehr auftreten darf.

■ **Es gibt eine Ausnahme:** Sie müssen radikal eingreifen, wenn sich einer Ihrer Fachleute selbst in Trance geredet hat, von Detail zu Detail geht, Langeweilesignale der Zuhörer nicht erkennt und einfach nicht zum Ende kommt. Den müssen Sie von der Bühne holen, bevor der Frustpegel bei den Zuhörern so gestiegen ist, dass Feindseligkeiten zunächst gegen den Vortragenden und dann gegen das ganze Projekt ausbrechen. Der „Trance-Redner" darf in Zukunft – falls überhaupt noch einmal – nur noch vor kleinem Expertenkreis auftreten.

5. Diskussion und Fragen

Diesen Teil können Sie selbst übernehmen oder von einem Ihrer fachlich besonders sattelfesten Mitarbeitern machen lassen. Auch hierbei achten Sie darauf, dass Sie eine Person aussuchen, die vor Publikum eine gute Figur macht, nicht in technische Details verliebt ist und souverän auch mit verbissenen, feindseligen oder sonst wie schwierigen Zuhörern umgehen kann. Ihre Top-Experten, die als Rhetoriker nicht so gut geeignet sind, können für die Beantwortung von Detailfragen zur Verfügung stehen.

6. Apell an die Zuhörer

Diesen Teil übernehmen wieder Sie selbst. Was wollen Sie nun von den Zuhörern? Wollen Sie zur Mitarbeit aufrufen? Wollen Sie um Verständnis werben, wenn die Projektarbeit vielleicht im Laufe der nächsten Zeit irgendwo die Ruhe stört? Möchten Sie Ideen einholen? Sagen Sie den Zuhörern, was Sie von ihnen erwarten oder wünschen.

Danach verabschieden Sie die Teilnehmer der Veranstaltung und stehen möglichst noch mit Ihrem Team denjenigen zur Verfügung, die gerne im Einzelgespräch Fragen geklärt haben möchten. Planen Sie ausreichend Zeit für diese Nachgespräche ein! Hier sollte Interessierten auch die Möglichkeit gegeben werden, sich bis in die Tiefen der technischen oder organisatorischen Zusammenhänge des Projektes zu vertiefen. Hier können Sie auch Kontakte zwischen Interessierten und Top-Experten Ihres Teams herstellen.

> Denken Sie bitte daran, dass Sie bei jeder neuen Präsentation immer wieder die Grundlagen Ihres Projektes (Aufgaben, Nutzen, Ziele) darstellen. Gehen Sie nicht davon aus, dass sich Ihre Zuhörer das einmal merken und Ihre Präsentationen dann wie Fortsetzungsromane verfolgen können. Zuerst muss immer der Gesamtzusammenhang wieder hergestellt werden.

Ob Sie über Risiken, Probleme oder drohende Krisen sprechen werden, müssen Sie im Einzelfall entscheiden. Stimmen Sie sich dazu auch mit dem Auftraggeber ab. Was will er veröffentlicht haben und was nicht?

Wenn Krisen überstanden sind, aber noch kommuniziert werden sollen, müssen Sie sich ebenfalls mit dem Auftraggeber einigen. Wie soll die Sprachregelung sein? Auf welche Fragen darf Auskunft gegeben werden? Zu welchen Themen soll auf wen verwiesen werden? Wie kann man überzeugend vermitteln, dass nun alles überstanden oder zumindest wieder auf dem richtigen Weg ist?

Versuchen Sie nach jeder Präsentation von Teammitgliedern oder von Kollegen Feedback einzuholen. Klären Sie dabei folgende Fragen:

- War es überzeugend?
- Hat es die Zuhörer interessiert?
- Hat es der PR Ihres Projektes genutzt?
- Was sollte bei der nächsten Präsentation anders gemacht werden?

6.4   Denken Sie an Ihre Zukunft!

Bewahren Sie die Präsentationsunterlagen zu Ihrem Projekt auf.

> Sie können später einmal Auszüge daraus als Referenzunterlagen zu Bewerbungen beilegen. Sie können Teile daraus zu Artikeln umarbeiten, die Sie in Branchenzeitschriften veröffentlichen. Sie werden vielleicht einmal als erfahrener Ex-Projektleiter zu dem Thema um Rat gebeten und können Kopien der Unterlagen – stets mit Ihrem Namen versehen! – großzügig und werbeträchtig weitergeben.

Sie werden vielleicht einmal mit einem größeren und anspruchsvolleren Projekt betraut. Vielleicht können Sie dann etliches aus diesem Projekt übernehmen.

Das Geheimnis Ihres Karriereerfolgs besteht nicht nur darin, dass Sie als Projektleiter sehr wichtige Erfahrungen zum fachlichen Thema, zum Management und zum Führen machen. Ein Teil des Erfolgsgeheimnisses besteht auch darin, dass Sie später immer wieder in beeindruckend schön aufbereiteten Dokumenten die Erfahrungen nachweisen oder darauf zurückgreifen können.

Ordnen Sie in Ihr persönliches Archiv auch Kopien der Unterlagen ein, die Ihre Mitarbeiter präsentiert haben. Irgendwann verwischen sich die Grenzen, wer genau was zum Projekt beigetragen hat. Seien Sie darauf vorbereitet, vielleicht Jahre später gegebenenfalls alles als Ihre Gesamtleistung darzustellen. Die Klugen in Ihrem Team legen sich übrigens ebenfalls ein privates Archiv an. Sehr gut. Den Dummen können Sie diesbezüglich keinen Tipp geben. Denen leuchtet nicht ein, wozu das gut sein soll.

> In Ihre Unterlagen zu den Präsentationen gehören auch Notizen zu Namen und Funktionen. Wer ist außer Ihnen aufgetreten? Mit welchen Themen? Wer war im Publikum? Wie hießen die Vertreter des Auftraggebers? Wer ist zur Zeit noch eine unwichtige Nachwuchskraft, könnte sich jedoch einmal an anderer Stelle als interessante Bezugsperson entwickeln?
> Halten Sie auch fest, mit wem Sie im Anschluss an Ihre Präsentationen noch Einzelgespräche geführt haben. Wer waren die Leute? Über welche Kanäle wird man sie einmal wieder erreichen können?

Bauen Sie bereits während der Projektarbeit an Ihrer Zukunft. Nutzen Sie die Unterlagen, die Sie für Präsentationen hergestellt haben, auch für Auftritte an anderer Stelle. Könnten Sie sich damit eine Plattform im Internet aufbauen? Wie wäre es mit Messeauftritten oder Beiträgen in Symposien?

Ihr Projekt wird irgendwann vorbei sein. Vielleicht springen Sie auch vor dem Ende durch einen Karrieresprung ab. Nehmen Sie für Ihre Selbstvermarktung die besten Dokumentationen mit. Allein dafür lohnt es sich, die Zeit in perfekte Präsentationsunterlagen zu investieren. Seien Sie immer begierig, Ideen zu optisch gelungenen Darstellungen oder zu griffigen Beispielen aufzuschnappen. Wie machen es die anderen? Wie gestaltet die Sekretärin? Welche Tricks bringen Praktikanten von der Uni mit? Kreativ kopiert ist oft viel besser als selbst erfunden!

7 Strategien für Gehaltserhöhung und Beförderung

7.1 Bereiten Sie den Boden vor

Wenn Ihr Projekt auf dem Weg in Richtung Erfolg ist und Ihr Team weitgehend selbstständig arbeitet, sollten Sie sich wieder intensiver mit Ihrer eigenen Karriere befassen. Überlassen Sie es nicht Ihrem Vorgesetzten, sich Gedanken zu machen, was die nächste Stufe auf Ihrer Karriereleiter sein soll.

> Fassen Sie selbst eine ganz konkrete Position oder Aufgabe ins Auge. Streben Sie eine Beförderung in eine höhere Linienfunktion an? Wollen Sie ein neues und größeres Projekt übernehmen? Wollen Sie in einen anderen Bereich oder eine andere Niederlassung wechseln?

Sofern Sie beabsichtigen, beim bisherigen Arbeitgeber zu bleiben, sollten Sie nun konsequent den Boden für den nächsten Karriereschritt vorbereiten:

- Was wollen Sie konkret erreichen?
- Wer entscheidet über die Vergabe der Position oder des Projektes?
- Welche Voraussetzungen müssen Sie bieten, um für die Position in Frage zu kommen?
- Wer außer Ihnen strebt die gleiche Position an?

Sie müssen ...

- deutlich machen, dass Sie die Position anstreben.
- den Entscheider auf Ihre Qualifikation aufmerksam machen.
- Ihre Karrierekonkurrenten aus dem Felde schlagen.

Glauben Sie nur nicht, dass man zwischen Ihnen und möglichen Karrierekonkurrenten rein objektiv nur nach Kriterien wie Leistung oder Qualifikation entscheidet. Ohne „Vitamin B" geht gar nichts. Haben Sie die richtigen Beziehungen aufgebaut? Holen Sie das notfalls schnellstens nach.

> Verlassen Sie sich nicht darauf, dass sich Ihr direkter Vorgesetzter für Sie einsetzt. Er ist vielleicht mit seiner eigenen Karriere beschäftigt. Er hat vielleicht gar nicht den Einfluss, Ihnen das zu geben, was Sie wollen. Und er hat vielleicht gar kein Interesse, Sie von der Stelle wegzuloben, wo Sie ihm gerade so schön nützlich sind.

Für Ihre Karriere sind die Leute wichtig, die *über* Ihrem Chef stehen. Kennen die Sie? Haben Sie ihnen verdeutlicht, wie nützlich Sie ihnen auf höherer Position sein werden?

Werden Sie jedoch niemals zum „Königsmörder"! Die Position des eigenen Vorgesetzten muss grundsätzlich in jeder Karriereplanung tabu sein. Kein Mächtiger holt Sie in seine Nähe, wenn er befürchten muss, dass Sie an seinem Stuhl sägen. Genau genommen spielt Ihr direkter Vorgesetzter gar keine Rolle für Ihre berufliche Entwicklung. Sie müssen natürlich die offiziellen Spielregeln einhalten und mit ihm das notwendige Gehalts- und Karrieregespräch führen, aber tatsächlich sollten Sie den Boden für sich oberhalb seines Entscheidungsbereichs vorbereiten. Dann kann es sich Ihr Chef gar nicht leisten, Sie klein zu halten.

Machen Sie sich auch nicht mit Ihrem Aufstieg von seiner Karriere abhängig. Früher musste in traditionellen Unternehmen zuerst der Chef aufsteigen, damit dann von unten her nachgerückt werden konnte. In der heutigen Welt ständiger Veränderungen und großer Mobilität am Arbeitsmarkt ist das nicht mehr üblich. Es besteht überhaupt kein Grund, dass Sie nicht durch Ihre erfolgreiche Projektleitung an anderer Stelle im Unternehmen eine Position erobern, die der Ihres bisherigen Chefs gleichrangig oder auch überlegen ist.

Wichtig ist nur, dass Sie die richtigen Leute auf Ihre Qualifikation und Ihren Aufstiegswillen aufmerksam machen. Nie stehen die Sterne dafür so günstig wie mitten im Projekt, das sich soeben durch erste Erfolge einen Namen macht. Also: Jetzt oder nie!

Beschränken Sie sich bei Ihrer Umschau nicht auf Ihren Arbeitgeber. Was bietet der Markt sonst noch? Wo sollten Sie sich mal vorstellen?

Wenn Sie die Absicht haben, den Arbeitgeber zu wechseln, dann sollten Sie damit nicht bis nach Projektende warten. Man könnte sonst vermuten, dass Sie gehen wollen, weil man Sie – womöglich aus guten Gründen – nach Abschluss Ihres Projektes nicht mehr ausreichend fördert. Sie können viel selbstbewusster und ohne Zeitdruck verhandeln, wenn Sie Ihr schönes Erfolgsprojekt noch am Laufen haben.

Auch für Stellenwechsel gilt demnach: Jetzt oder nie! Ein aktiver Projektleiter bewirbt sich erfolgreicher als ein Mitarbeiter, der in der Vergangenheit auch mal ein Projekt geleitet hat.

7.2 Treten Sie als Sieger auf

Ihr Projekt wird umso mehr als Karriereschub für Sie wirken, je überzeugender Sie in Ihrem Auftreten, Ihrer äußeren Erscheinung und in Ihren Äußerungen die Rolle ausfüllen, die Sie übernehmen wollen.

Bedenken Sie, dass wir in unseren Vorstellungen oft viel mehr von Klischees geprägt sind, als wir wahrhaben wollen. Unsere Vorstellungen setzen sich aus einem Sammelsurium von platten Vorurteilen, tatsächlichen Lebenserfahrungen und Prägungen durch Medien oder sonstige Quellen zusammen.

> Wenn der Regisseur für eine TV-Produktion eine „typische" Chefsekretärin braucht, wird die Agentur ihm sicherlich andere Schauspielerinnen anbieten als für die Rolle einer Bio-Bäuerin. In jedem Fall braucht man eine Person, der die Zuschauer die Rolle im Film abnehmen.
> Genauso ist es mit Rollenbesetzungen für den „König von St. Pauli" im Szene-Thriller oder für den „Herrn von Schloss Greifenstein" in der Sei-

fenoper oder den „Wirt" im Volksstück. Der ganze Film wäre verdorben, wenn Rollen mit Personen besetzt würden, die in den Augen der Zuschauer nicht passen.

Auch im Privatleben spielen wir verschiedene Rollen. Im Kreise Ihrer Mitarbeiter treten Sie auch bei gemeinsamen Kneipenabenden vermutlich anders auf als zwischen Vettern und Cousinen bei Onkel Walters Geburtstag. Harten Verhandlungspartnern zeigen Sie eine andere Fassade als beim Gespräch mit dem Controller, dem Sie seit Tagen Ihre Zahlen schulden.

Etliche Untersuchungen bestätigen, dass Unternehmen sich bei der Einstellung von Mitarbeitern – völlig ungerechtfertigt – sehr stark vom Äußeren beeinflussen lassen. Schöne, schlanke, große Menschen haben bessere Chancen, überhaupt in Karrierejobs übernommen zu werden, und verdienen laut Statistik spätestens nach fünf Jahren deutlich mehr als Kollegen, die nicht so karrieremäßig aussehen.

Wenn Sie sich im Unternehmen umschauen, dann sehen Sie auf den ersten Blick an der Kleidung, auf den zweiten Blick am Verhalten, dass sich bestimmte Rollen deutlich unterscheiden.

Wenn sich Betriebsräte duzen, hört sich anders an als bei Vorständen. Die Sakkos sehen ebenfalls ganz anders aus! Der Sprachstil unterscheidet sich auf verschiedenen Ebenen des Unternehmens und auch in verschiedenen Bereichen. Die Vertriebler haben einen anderen Ton drauf als die Programmierer. Im Sekretariat sehen die Schreibtische – auch bei gleicher Mobiliarausstattung – anders aus als in den Büros der Karrieristen.

Auch im Alltag treffen wir immer wieder auf Menschen, die uns damit verblüffen, dass sie so ganz anders aussehen, als sie – unserer Vorstellung nach – eigentlich aussehen müssten.

Da sehen wir zwei Herren zum Firmenwagen gehen und stellen überrascht fest, dass der, den wir für den Manager gehalten haben, dem anderen im Fond die Tür aufhält und dann vorne am Steuer Platz nimmt. Da kommt uns ein Mensch entgegen, den wir auf den ersten Blick zum Stab des Hausmeisters rechnen – und erfahren dann verblüfft, dass der den Bereich XY leitet.

Fast immer stört es, wenn jemand durch Aussehen oder Verhalten aus der Rolle fällt. Je wichtiger Ihnen der Aufstieg ist, desto mehr sollten Sie darauf achten, dass Sie überzeugend die Rolle spielen, die Sie offiziell haben wollen. Verlassen Sie sich nicht auf Leistungen und Beziehungen allein!

Sorgen Sie dafür, dass man Ihnen heute schon glaubt, dass Sie die Rolle, die man Ihnen morgen geben soll, auch glaubhaft „spielen" können. Je mehr Sie wie die Person wirken, die Sie im Unternehmen sein wollen, desto schneller macht man Sie dazu. Auch das gehört zum Phänomen der sich selbst erfüllenden Prophezeiungen. Niemand befördert Sie in eine Position, in der man sich Sie nicht vorstellen kann.

Hat man sich früher in Management- und Führungsrollen oft eher seriöse Gentlemen oder distinguierte Herren vorgestellt, so ist heute mehr der dynamische Siegertyp gefragt. Zum Glück kann man sich zunehmend auch Damen in dieser Rolle vorstellen. Der Sieger soll optimistisch sein, zupackend, selbstbewusst im Auftreten und charismatisch motivierend für Mitarbeiter.

Treten Sie bereits vor Ihrer offiziellen Beförderung – schon als Projektleiter – in der Rolle des „dynamischen Siegers" auf.

1. Umgeben Sie sich mit sichtbaren Symbolen von Status und Macht.

Stellen Sie sichtbar dar, was Sie werden wollen. Kleiden Sie sich wie die Leute, zu denen Sie gehören wollen. Nutzen Sie die Funktion als Projektleiter, um sich Statussymbole zu verschaffen. Das kann ein größeres Büro sein, eine Sitzecke im Büro, die Befreiung von der Stechuhr, ein teureres Handy ...

Nehmen Sie die Statussymbole der Personen unter die Lupe, die bereits zu der Ebene gehören, die Sie anstreben. Verschaffen Sie sich zumindest einige vergleichbare Objekte der Begierde. Bleiben Sie dabei jedoch unbedingt im Rahmen! Die Machtorientierten im Unternehmen haben einen sehr feinen Instinkt dafür, wenn sich jemand etwas anmaßt. Sie werden es nicht zulassen, wenn Sie mit Ihren Statussymbolen jene zu übertrumpfen versuchen, die offiziell noch über Ihnen stehen. Wählen Sie von den Statussymbolen, die zur von Ihnen angestrebten Ebene gehören, einige – aber nicht alle – aus, die Sie sich aneignen werden.

■ **Fazit:** Zeigen Sie durch Äußerlichkeiten, dass Ihnen die von Ihnen angestrebte Rolle im Unternehmen „gut steht".

2. Spielen Sie nach den Regeln der Mächtigen.

Passen Sie sich in Ihrem Verhalten denen an, zu denen Sie gehören wollen. Durch Ihre bisherige Teilnahme als Projektleiter an Meetings mit den Mächtigen sollten Sie inzwischen die ungeschriebenen Gesetze des Umgangs auf der Ebene durchschaut haben.

> Wer redet in den Pausen mit wem? Wie meldet man sich zu Wort? Wie argumentiert man? Welche außerberuflichen Small-talk-Themen sind angebracht? Welcher Art sind die kollegialen Scherze? Wer darf dabei mitscherzen, wer darf nur mitlachen? Wer setzt sich im Konferenzraum zu wem? Wer koaliert im Hintergrund mit wem? Wer sind die „In-Player", wer sind die Außenseiter? Welche Cliquen gibt es unter den Mächtigen? Wer ist immer schon vor den Meetings informiert? Wer wird ständig überrascht?

An diesen unoffiziellen Regeln scheitern viele Möchte-gern-Aufsteiger. Sie sind so von den Sachthemen – und ihren eigenen Ansichten dazu – erfüllt, dass sie ständig nur auf die Inhalte von Diskussionsbeiträgen achten und immer so mitdiskutieren, wie sie es sachlich für richtig halten. Das ist falsch! Die wenigsten Entscheidungen im Unternehmen fallen aufgrund von Diskussionen. Meetings dienen in erster Linie der Kontaktpflege, den rituellen Machtspielchen, der Geselligkeit und der Abarbeitung scheindemokratischer Prozesse. Die tatsächlichen Weichen für Entscheidungen werden immer in Vorabsprachen gestellt oder bei inoffiziellen Treffs – sei es auf dem Golfplatz, in der Vorstandskantine oder im Aufzug. In den Meetings wird das dann nur noch mal zelebriert oder in den Details ausgearbeitet – oder man gibt Betroffenen die Chance, sich als Beteiligte zu fühlen.

Auch Sie sollten in Ihrem Job als Projektleiter inzwischen bemerkt haben, dass Ihre Anliegen bezüglich des Budgets oder anderer Projektbelange sich leichter auf dem Weg zur Tiefgarage als im offiziellen Konferenzraum durchsetzen lassen. Ihr Chef hat beim Warten auf den Aufzug ein offeneres Ohr für Ihre Probleme, als wenn Sie mit Akten unter dem Arm zum Gesprächstermin kommen.

Sie müssen inzwischen auch herausgefunden haben, wann, wo und wie unter den Mächtigen Ihres Unternehmens der kleine Dienstweg funktioniert. Und den Mächtigen muss inzwischen bewusst sein, dass Sie diese Spielregeln nicht nur durchschauen, sondern auch gekonnt mitspielen. Dann wird ihnen klar: „Dieser Projektleiter passt in unsere Kreise."

- ■ **Fazit:** Zeigen Sie durch Einhaltung der inoffiziellen Spielregeln, dass Sie „naturgemäß" zur Führungsriege gehören.

3. Treten Sie immer wie ein Sieger auf.

Jammern Sie nicht über zu enges Budget, unfähige Mitarbeiter, falsche Managementsentscheidungen, unzuverlässige Lieferanten oder sonstige Probleme. Das könnte so aussehen, als wollten Sie alle schon mal auf Ihr baldiges Scheitern als Projektleiter vorbereiten. Egal, wie es um die Probleme in Ihrem Projekt tatsächlich steht – nach außen vertreten Sie immer den Standpunkt, dass Sie es selbstverständlich im Griff haben und auch schaffen werden.

- ■ **Fazit:** Zeigen Sie, dass Ihr Einsatz sicher zum Erfolg führt.

4. Machen Sie deutlich, dass Sie für Ihren Sieg kämpfen.

Tun Sie nicht so, als sei das Projekt ein Kinderspiel. Bringen Sie klar zum Ausdruck, was Sie eventuell an zusätzlichen Ressourcen oder weiterer Unterstützung brauchen. Lassen Sie sich nicht abwimmeln, wenn Sie eine Budgeterweiterung oder eine Terminverschiebung brauchen.

Jeder der Manager im Unternehmen musste selbst schon mehrmals die Erfahrung machen, dass bei Vorhaben der Teufel im Detail steckte und Pläne und Schätzungen über den Haufen warf. Lassen Sie sich also nicht auf frühere Zusagen festnageln, wenn neue Erkenntnisse oder geänderte Umfeldbedingungen die Situation geändert haben. Kämpfen Sie selbstbewusst mit den Mächtigen, verderben Sie sich jedoch nie durch offene Feindseligkeit, übellauniges Klagen oder resigniertes Nachgeben den Ruf. Die Mächtigen haben keine Lust, sich unangenehme Leute, Nörgler oder Schwächlinge in die eigenen Reihen zu holen.

■ **Fazit:** Raufen Sie sich mit denen zusammen, zu denen Sie gehören wollen.

7.3   Gehaltserhöhung und Beförderung

Warten Sie nicht bis zum erfolgreichen Abschluss Ihres Projektes, bis Sie mit Ihren Ansprüchen beim Vorgesetzten vorstellig werden. Und befreien Sie sich von der naiven Illusion, eine Beförderung oder Gehaltserhöhung sei als Belohnung für die erfolgreiche Projektleitung fällig.

Belohnungen gibt es im Berufsleben gar nicht oder höchstens als einmalige Prämie oder sonstige Sonderleistung. Ihre Vorgesetzten gehen – zu Recht – davon aus, dass Sie für das zuvor vereinbarte Gehalt ohnehin Bestleistungen erbringen müssen. Die Gehaltserhöhung als Belohnung einer Spitzenleistung wäre rückwärts gerichtet. Und deshalb ist es nicht logisch, für die Zukunft mehr Geld zu wollen, weil Sie in der Vergangenheit hohe Leistung erbracht haben. Außerdem ist kein Chef motiviert, Sie für etwas höher zu bezahlen, was Sie nicht mehr rückgängig machen können.

Wenn Sie für Ihre Gehaltserhöhung und Beförderung mit Ihrem Projekterfolg argumentieren, demonstriert das nicht nur eine naive Einstellung – Sie treten auch als Bittsteller auf. Das ist der falsche Weg. Sie müssen unbedingt als Verkäufer Ihrer zukünftigen Leistungen auftreten!

Man gibt Ihnen ein höheres Gehalt und eine höhere Stufe auf der Karriereleiter dann, wenn man sich davon erhofft, dass Sie in Zukunft in der höheren Position für das Unternehmen noch wertvoller sein werden.

> Ein reines Gehaltsgespräch greift zu kurz. Erstens wollen Sie Ihre Karriere aufbauen und nicht nur für den Moment Ihre Kaufkraft erhöhen. Zweitens muss dem Chef vor Augen stehen, dass Sie in Zukunft noch mehr an Wertschöpfung für das Unternehmen bieten. Wenn Sie das für mehr Geld, aber auf der gleichen Stufe wie bisher tun wollen, dann kann das nur bedeuten, dass Sie in Zukunft fleißiger sein wollen. Und das wiederum kann nur bedeuten, dass Sie bisher noch nicht alles gegeben haben. Das würde Ihren Chef ärgern und keineswegs ermuntern, Sie auch noch zu fördern!

Es reicht auch nicht, dass Sie sich bei gleich bleibendem Gehalt lediglich mit einem prestigeträchtigeren Titel auf der Visitenkarte oder einer höheren Stufe auf der Karriereleiter zufrieden geben. Solche „Scheinwohltaten" kamen früher in Konzernen vor. Man wurde zum Beispiel vom bisherigen Tarif-Angestellten zum prestigeträchtigen „AT" (Außer Tarif) umgruppiert. Das bedeutete fast immer gleich bleibendes Gehalt, aber keine Überstundenvergütung mehr.

Das bedeutete ganz einfach: Der Mitarbeiter bekommt mehr Ehre, und das Unternehmen mehr Leistung für weniger Geld. Da hilft dann auch kein Trostpflästerchen, dass man jetzt das Recht hat, bei Dienstreisen im Erste-Klasse-Abteil der Bahn sitzen zu dürfen. Früher musste man als Aufsteiger solche Spielchen mitmachen – heute lassen Sie sich nicht mehr darauf ein!

Sie müssen unbedingt materielle Vorteile für sich herausholen und im Prestige gefördert werden. Fehlt eines von beiden, sollten Sie sich woanders umschauen: Vielleicht können Sie im Unternehmen in einem anderen Bereich Ihre Karriere besser vorantreiben, vielleicht aber auch nur bei einem anderen Arbeitgeber. Da, wo Sie sind, geht es für Sie offensichtlich nicht mehr weiter.

Wie gesagt, Sie sollten auf keinen Fall bis zum erfolgreichen Projektabschluss warten, bis Sie Ihr Gehalts- und Karrieregespräch initiieren. Es ist strategisch intelligenter – und Sie wirken intelligenter –, wenn Sie etwa zu dem Zeitpunkt kommen, wenn ...

- sich erwiesen hat, dass Ihr Projekt sauber läuft. Das bedeutet, dass alle wesentlichen Verhandlungen und Teambildungsprozesse erfolgreich abgeschlossen sind, jeder Mitarbeiter im Projekt an seinem Platz selbstständig arbeitet und bereits erste Meilensteine erfolgreich abgenommen wurden. Die Tatsache, dass Sie Ihr Projekt im Griff haben, ist der Beweis Ihrer Fähigkeit.
- Ihr Projekt noch nicht so sicher auf dem Weg ist, dass man Sie problemlos gegen einen anderen Projektleiter austauschen könnte. Sie sollen natürlich auf keinen Fall in irgendeiner Form erpresserischen Druck ausüben, wenn Sie mit Ihrem Chef reden. Es muss ihm jedoch klar sein, dass es nicht in seinem Interesse sein kann, Sie zu frustrieren.
- Sie und Ihr Projekt gerade in besonders gutem Ruf stehen. Vor allem die Manager der Führungsebene über Ihrem direkten Vorgesetzten sollten wissen, wer Sie sind und wie gut es in Ihrem Projekt läuft. Nutzen Sie den günstigen Zeitpunkt, wenn gerade Ihr Projekt positiv im Gespräch ist. Damit erhöhen Sie den Druck auf Ihren Vorgesetzten, sich seinerseits vor seinen Vorgesetzten als Ihre fördernde Führungskraft zu beweisen.

Gehen Sie gezielt auf Ihr Gehalts- und Förderungsgespräch zu:

1. Bringen Sie Ihr Projekt sauber auf den Weg.
2. Sorgen Sie durch gute Mitarbeiterführung dafür, dass Ihre Teammitglieder im Unternehmen positiv über Sie als Führungskraft sprechen.
3. Sorgen Sie durch gut vorbereitete Präsentationen dafür, dass die Wichtigen Ihr Projekt positiv zur Kenntnis nehmen.
4. Setzen Sie sich langfristige Karriereziele und leiten Sie daraus ab, was Sie im anstehenden Gespräch erreichen wollen.
5. Legen Sie sich Argumente parat, wie Sie in Zukunft dem Unternehmen und Ihrem direkten Vorgesetzten noch wertvoller werden wollen.

6. Vereinbaren Sie mit dem Chef einen Termin, und sagen Sie dabei gleich, was Sie besprechen wollen. Lehnen Sie es ab, sich auf der Stelle mit ihm zusammenzusetzen. Er soll sich auch vorbereiten! Daran erkennt er, dass Ihnen das Thema sehr ernst ist. Außerdem erkennt er, dass Sie nicht nervös sind und es selbst am liebsten schnell hinter sich bringen wollen.

7. Denken Sie in aller Ruhe darüber nach, was Ihre Alternativen sein werden, falls das Gespräch für Sie erfolglos ausgeht. Über diese Alternativen machen Sie natürlich keine Andeutungen! Es könnte sogar wie ein Erpressungsversuch aussehen, wenn Sie nur sagen, dass Ihnen Alternativen durch den Kopf gehen!

> Ein Mitarbeiter, der erpresst, muss gefeuert oder zumindest in der Karriere gestoppt werden. Ein Vertrauensverhältnis ist damit zerstört. Außerdem würde das schnell zum negativen Vorbild für andere. Bedenken Sie bitte, dass Sie – mitten im erfolgreichen Projekt – ohnehin in einer guten Verhandlungsposition stehen. Auch nur der Anschein, dass Sie diese Position unfair ausnützen, macht für Ihren Chef die weitere Zusammenarbeit mit Ihnen unmöglich!

Aus diesem Gespräch müssen Sie mit festen Vereinbarungen herauskommen. Sie haben Ihrem Vorgesetzten extra gesagt, worum es geht und ihm Zeit zur Vorbereitung gelassen. Wenn ihm an Ihrer Förderung liegt, kann er sich im Gespräch nicht auf den Standpunkt zurückziehen, dass er sich heute mal anhört, was Sie wollen, um danach seinerseits zu schauen, was er „nach oben" für Sie durchsetzen kann.

> Wenn er so reagiert, will er nicht. Von diesem Chef haben Sie nichts mehr zu erwarten. Wenn er Ihre Karriere fördern wollte, hätte er bis zum Gespräch geklärt, was er für Sie tun kann. Lassen Sie sich auch nicht weismachen, er brauche noch Zeit für Gespräche mit seinen Vorgesetzten oder mit der Personalabteilung. Dann hätte er den Termin mit Ihnen verschieben müssen.

Entweder Sie gehen aus diesem Gespräch mit einer festen Vereinbarung raus, oder Sie müssen ab sofort Ihre Karrierepläne ohne Ihren Chef verfolgen. Das gilt auch, wenn er versucht, Sie bis nach dem Projektabschluss zu vertrösten. Auch das bedeutet: „Ich werde nichts für Sie tun."

Im Fall des Scheiterns dürfen Sie keine Nerven zeigen! Werden Sie nicht ärgerlich und drohen Sie nicht mit Konsequenzen oder mit ab sofort gesunkener Motivation für Ihr Projekt. Sagen Sie, dass Sie enttäuscht sind, und gehen Sie wieder an die Arbeit. Setzen Sie sich weiterhin mit Feuereifer für Ihr Projekt ein. Warten Sie ein paar Tage. Mancher Chef geht noch mal in sich und kommt dann doch noch mit einem Gesprächsangebot seinerseits.

Ansonsten sehen Sie ab sofort Ihr Projekt als Karrieresprungbrett für eine Position außerhalb des Machtbereichs Ihres direkten Vorgesetzten. Schauen Sie sich bei der Konkurrenz um, in anderen Bereichen und auch bei Managern über Ihrem Chef. Ziehen Sie doch ganz einfach mit Ihrer Karriere an ihm vorbei.

Für Ihr Gehalts- und Karrieregespräch brauchen Sie sich nicht mit rhetorischen Kunstgriffen zu wappnen. Sie wollen schließlich nicht mit Ihrem Chef wie auf dem Basar feilschen, sondern fair mit ihm besprechen, wie es in seinem Bereich für Sie beruflich weitergehen soll und was Sie für seinen Bereich in Zukunft an gesteigerter Wertschöpfung bringen werden.

> Werfen Sie beides in die Waagschale. Ihre bisher erfolgreiche Projektführung ist der Beweis, dass von Ihnen in Zukunft noch mehr erwartet werden kann. Für die Zukunft erwarten Sie deshalb für sich ... Sprechen Sie klar aus, dass Sie aufsteigen wollen, und dass Sie materiell (höheres Gehalt, Dienstwagen etc.) mehr wollen.

Sie sollten Ihren Chef so gut einschätzen können, dass Sie wissen, ob Sie lieber genau das sagen, was Sie wollen oder ob Sie mehr verlangen, als Sie wirklich wollen, damit er „was zum Streichen" hat. Das ist eine Frage der Psychologie.

7.4 Lösen Sie sich rechtzeitig aus dem Projekt

Wenn Sie Ihre unmittelbaren Karriereziele erreicht haben, hat das Projekt seinen Zweck für Sie erfüllt. Je schneller Sie sich den Aufgaben zuwenden können, die Sie als Startpunkt für die nächste Stufe auf der Karriereleiter brauchen, desto besser.

Was sich jetzt vielleicht undankbar anhören mag, ist aber notwendig. Wenn Sie zu lange im aktuellen Projekt verbleiben, dann ...

- könnten sich die Reihen der Erfolgreichen auf der Ebene schließen, auf der Sie dazugehören wollen. Wenn Sie schließlich mit Ihrem Projekt fertig sind, stehen Sie zwar mit der ausgehandelten Beförderung da, aber die entsprechenden Positionen oder Aufgabenbereiche sind vergeben.
- könnten sich nachträglich bei Ihrem Vorgesetzten Zweifel einschleichen, ob es überhaupt notwendig war, Ihnen mehr Geld und mehr Prestige zukommen zu lassen, wenn Sie sowieso nur das tun, was Sie vorher auch gemacht haben.

Betrachten Sie das Projekt als für Sie abgeschlossenen Meilenstein auf dem Weg Ihrer beruflichen Entwicklung. Sie haben jetzt zwei Ziele, die Sie zügig erreichen müssen:

1. **Sie müssen für sich selbst anspruchsvollere Aufgaben auf prestigeträchtigerem Niveau finden.**
   Das kann die Übernahme eines größeren Projektes sein oder der Einstieg in eine höhere Position der Linienorganisation. Es muss mit mehr Macht, mehr Ansehen und mehr Anforderungen an Sie verbunden sein.

2. **Sie müssen das Projekt von sich emanzipieren.**
   Der Erfolg des Projektes darf nicht mehr von Ihnen abhängig sein. Stellen Sie alle Weichen so, dass das Team zur Not sogar ganz ohne Projektleiter auskäme.

> Theoretisch ist das ja überhaupt der Ansatz von Teamwork fähiger Mitarbeiter. Ein bisher gut geführtes Team von Profis hat inzwischen seine inoffizielle Leader-Figur, die kraft natürlicher Autorität die Individuen zusammenhalten und zum gemeinsamen Ziel führen kann.

Sorgen Sie dafür, dass das Team so ins Unternehmensumfeld eingebunden ist, dass es von außen Unterstützung erfährt und nicht gegen andere Abteilungen oder Personen kämpfen muss. Arbeiten Sie Ihren Stellvertreter so gründlich ein, dass es bezüglich des Projektes nichts gibt, was Sie wissen, er aber nicht. Ihr Stellvertreter muss nahtlos die Zügel von Ihnen übernehmen können.

Unterschätzen Sie auch nicht, dass Ihr Nachfolger Sie für immer als fairen und kollegialen Menschen in bester Erinnerung behält, wenn Sie ihn mit dem Erbe der Verantwortung für ein Erfolgsprojekt beglücken.

Ihre elegante „Abnabelung" aus einem Projekt, das auf Erfolgskurs fährt, ist eine Glanzleistung, die Sie schaffen müssen, und die noch einmal beträchtlich Ihr Prestige im Unternehmen stärkt.

Wenn Sie sich hingegen dort, wo Sie im Moment sind, unentbehrlich machen, dürfen Sie sich nicht wundern, wenn Sie auf der Stelle treten. Das ist logisch.

Sie dürfen aber auch nicht verbrannte Erde hinterlassen oder Ihr Interesse am Erfolg des Projektes verlieren. Wenn das Projekt nach der Übergabe an Ihren Stellvertreter oder eine andere Person scheitert, könnte der Verdacht entstehen, Sie seien die Ratte gewesen, die rechtzeitig das sinkende Schiff verließ. Allein zur Rettung der eigenen Ehre wird Ihr Nachfolger nämlich alles tun, um Ihnen die Schuld am Scheitern anzuhängen. Und das wird auch sehr glaubhaft klingen – warum sonst hätten Sie wohl ein Erfolgsprojekt im Stich lassen sollen?

Sorgen Sie dafür, dass ...

- das Projekt in perfektem Zustand an Ihren Nachfolger übergeht und dass es stabil genug ist, Einarbeitungsfehler Ihres Nachfolgers zu überstehen.
- Ihre Teammitglieder zwar trauernd von Ihnen als Projektleiter Abschied nehmen, sich jedoch nicht gegen den Neuen sperren.
- Ihr Nachfolger sich mit Fragen gerne an Sie wendet, sich aber nicht gegen Ihre Einmischung zur Wehr setzen muss.
- Sie sich innerlich von dem Projekt lösen und Ihr Augenmerk auf Ihre neuen Karriereziele richten.

Ein Weg wäre die *völlige* Ablösung vom Projekt nach einer sauberen Übergabe an den Nachfolger. Das sollten Sie tun, wenn Sie eine neue Funktion in der Linienhierarchie oder ein größeres Projekt übernehmen. Arbeiten Sie nur kurze Zeit gleichzeitig an der Ablösung vom bisherigen Projekt und der Etablierung in der neuen Position.

Die völlige Ablösung initiieren Sie auch dann, wenn Sie in der neuen Linienfunktion weiterhin für das Projekt verantwortlich bleiben. Dann müssen Sie die Projektleitung schnell an einen Ihrer Mitarbeiter wegdelegieren. Andernfalls wird nicht klar, wozu Sie eigentlich befördert wurden, wenn Sie auf neuem Posten den alten Job weitermachen.

Übernehmen Sie nach dem Gehalts- und Karrieregespräch nicht definitiv eine neue Position in der Hierarchie, sollten Sie Ihren Ausstieg aus der Projektleitung gleitend gestalten. Sie wollen schließlich nicht plötzlich ohne wichtige Aufgabe dasitzen. Arbeiten Sie – scheinbar – wie gehabt im Projekt weiter, lösen Sie sich dort jedoch zunehmend von Aufgaben, die auch Mitarbeiter erledigen können. Investieren Sie die gewonnene Zeit in den Aufbau eines neuen und anspruchsvolleren Aufgabenbereichs für sich. Nutzen Sie jetzt das Beziehungsnetz, das Sie sich als Projektleiter aufgebaut haben.

Auch bei dieser schleichenden Form der Ablösung vom Projekt müssen Sie spätestens nach einem halben Jahr deutlich sichtbar in der Unternehmenshierarchie gestiegen sein.

7.5 Wie sind Sie nun als Führungskraft?

Betrachten Sie sich einmal durch die Augen derer, die Sie als Projektleiter erlebt haben. Das können Ihre Vorgesetzten sein, Ihre Teammitglieder, aber auch Betroffene des Projektes oder Führungskräfte der Linienorganisation.

> Denken Sie nicht darüber nach, ob diese Personen Sie „richtig" sehen oder fair beurteilen. Denken Sie darüber nach, zu welchem Bild man bezüglich Ihrer Qualifikationen vermutlich gekommen ist. Welches Zeugnis würden die Personen Ihnen ausstellen, die im Verlauf der Projektarbeit mit Ihnen zu tun hatten? Welche Referenz würden sie Ihnen geben?

■ **Tipp:** Überlegen Sie bei jeder der folgenden Aussagen, ob man im Hinblick auf Sie mit „ja", „nein" oder „eingeschränkt" antworten würde. Schließen Sie daraus für sich ...

... in welcher Hinsicht Sie unbedingt noch an sich arbeiten sollten, um Ihre Qualifikation für den nächsten Karriereschritt zu steigern.

... bei wem und in welcher Weise Sie noch an Ihrem Image arbeiten sollten. Die besten Voraussetzungen nützen der Karriere wenig, wenn das Image etwas anderes aussagt.

Ihre Kompetenz als Führungskraft:

* findet als Führungskraft Akzeptanz
* kann fähige Mitarbeiter an sich binden und für die Aufgabe begeistern
* führt Mitarbeiter zu den vereinbarten Zielen
* lässt im Rahmen der Teamarbeit auch individuelle Erfolge zu
* schätzt Mitarbeiter realistisch ein und ordnet Aufgaben und Verantwortungen ihrer Leistungsfähigkeit entsprechend zu
* kontrolliert die Aufgabenerfüllung und gibt Mitarbeitern konstruktives Feedback

- beteiligt Mitarbeiter an kreativen Prozessen und Entscheidungsfindungen
- lässt Mitarbeitern in angemessener Weise freie Hand in der Art ihrer Aufgabenerfüllung
- fördert Eigeninitiative und Entscheidungsfreude bei den Mitarbeitern
- zeigt Vertrauen in die Leistungsbereitschaft und Leistungsfähigkeit der Mitarbeiter
- fordert und fördert Potenziale der Mitarbeiter
- kennt Instrumente der Personalentwicklung und setzt diese erfolgreich ein
- vereinbart mit den Mitarbeitern anspruchsvolle und motivierende Leistungsziele
- kennt Instrumentarien zur Mitarbeitermotivation
- bemüht sich erfolgreich darum, Leistungsträger ans Unternehmen zu binden
- setzt sich für die Entwicklung der Mitarbeiter im Unternehmen ein
- hat keine Probleme damit, erfolgreiche Mitarbeiter zu akzeptieren und „groß werden" zu lassen
- steuert Teamprozesse gezielt in Richtung zielorientierter Zusammenarbeit
- kann Teamkonflikte konstruktiv zur Lösung führen
- kann auch mit schwierigen Mitarbeitern umgehen und notwendige Konsequenzen ziehen
- kann erfolgreich ein positiv motiviertes Team aufbauen und halten
- fördert erfolgreich die Akzeptanz des Teams im Unternehmen
- fördert erfolgreich die laterale Zusammenarbeit der Teammitglieder mit Mitarbeitern anderer Bereiche

> Lassen Sie sich auch noch einmal in Ruhe durch den Kopf gehen, wie zufrieden Ihre Mitarbeiter mit Ihnen als Projektleiter waren:
> Haben sie Sie als fair erlebt?
> Haben Sie bei Problemen zu den Betroffenen gestanden?
> Haben Sie den Mitarbeitern deren Erfolge gelassen?
> War die Stimmung im Team durch Sie positiv beeinflusst?
> Wer von Ihren Mitarbeitern würde sicher gerne wieder mit Ihnen arbeiten? Wer nicht? Warum?
> Wer von Ihren Mitarbeitern wird Sie als Projektleiter weiterempfehlen? Wer nicht? Warum?

Ihre Fähigkeit, Ziele zu erreichen und Vorhaben umzusetzen:

- kann Projekte sauber planen und termingerecht zum vereinbarten Ziel führen
- geht sicher mit den Instrumentarien des Projektmanagements um
- kann sich in Verhandlungen durchsetzen und zu fairen Ergebnissen kommen
- schätzt Kosten, Aufwände, mögliche Risiken und Probleme richtig ein
- kann Entscheidungen aufgrund von nachvollziehbaren Kriterien pragmatisch treffen

- kann sinnvolle Prioritäten setzen und behält auch bei Engpässen und unter Druck den Überblick
- setzt Techniken, Methoden und Verfahren richtig ein
- gestaltet Abläufe effizient, plant sinnvolle Checkpunkte und kontrolliert erfolgreich den Fortschritt der Arbeit
- kennt diverse Arbeitstechniken, setzt diese sinnvoll ein und führt die Mitarbeiter zur erfolgreichen Anwendung von Arbeitstechniken
- kann mit Pannen und unerwarteten Situationen souverän umgehen
- lernt aus Fehlern und leitet Konsequenzen für die Weiterarbeit ab
- stellt erkannte Schwachstellen umgehend ab
- hält sich fachlich und methodisch auf dem Laufenden
- hat den Weitblick, strategische Ziele anzustreben und die Konsequenz, im Tagesgeschäft pragmatisch zu handeln
- ist mit Vorhaben und komplexen Aufgaben erfolgreich
- sorgt bei Ergebnissen aus dem eigenen Projekt für einen hohen Qualitätsstandard
- sorgt bei Prozessen im eigenen Projekt für die Einhaltung von Regeln und Vorschriften

> Fragen Sie sich auch, welche größeren Aufgaben Ihre Führungskräfte Ihnen nun zutrauen würden. Welche nicht? Warum nicht? Wem, wenn nicht Ihnen, würde man größere Aufgaben zutrauen? Was haben die anderen, was Sie in den Augen der Entscheider nicht haben?
> Glauben Sie, dass im Nachhinein Ihre Führungskräfte mit der Entscheidung, Sie zum Projektleiter zu machen, zufrieden waren? Warum? Warum nicht?
> Wie haben externe Partner Sie erlebt? Würden die bei nächsten Vorhaben wieder gerne mit Ihnen zusammenarbeiten oder womöglich einen anderen Geschäftspartner vorziehen? Warum?
> Glauben Sie, dass man Ihnen zutraut, aus dem Projekt gelernt zu haben? Gehen Ihre Führungskräfte vermutlich davon aus, dass Ihr Projekt Sie fit gemacht hat für weiteren Aufstieg oder dass Sie damit bereits an die Grenzen Ihrer Leistungsfähigkeit gestoßen sind?

Ihre interne und externe Kundenorientierung:

Verstehen Sie als Projektleiter Ihren Auftraggeber als Ihren Kunden und auch die Personen, die in irgendeiner Weise von Ihrem Projekt betroffen sind?

- kann sich in die Lage der Kunden und der vom Projekt Betroffenen hineinversetzen
- verschafft sich schnell einen Überblick über die Lage des Kunden, über seine Bedürfnisse und über seine speziellen Anforderungen
- zeigt sich interessiert an den Besonderheiten der Kundensituation und erarbeitet gemeinsam mit Fachleuten auf Kundenseite Lösungen
- zeigt Servicebereitschaft und Entgegenkommen bei speziellen Wünschen der Kunden

- legt offensichtlich großen Wert auf die Zufriedenheit der Kunden und Betroffenen
- kann das Projekt und dessen Ergebnis überzeugend „verkaufen" und dafür Akzeptanz finden
- hält sich zuverlässig an Vereinbarungen mit Kunden
- wird fachlichen Laien gegenüber niemals schulmeisternd oder rechthaberisch
- stellt eigene Wünsche zurück, wenn es darum geht, Kunden in ihren Bedürfnissen entgegenzukommen
- behält auch im Umgang mit schwierigen und widerständigen Gesprächspartnern die Kontrolle über eigene Gefühle und über das eigene Verhalten
- kann auch komplexe Sachverhalte des eigenen Fachgebietes verständlich erklären und Kunden somit bei der Entscheidungsfindung helfen
- zieht Betroffene in kreative Prozesse und Entscheidungsfindungen mit ein
- geht von sich aus auf zurückhaltende Kunden zu, baut Kontakte auf und pflegt diese konsequent
- zeigt deutlich Freude am Umgang mit Kunden
- findet in der Rolle als Projektleiter bei den Kunden Akzeptanz
- findet jedem Kunden oder Betroffenen gegenüber den richtigen Ton
- kann bei Problemen zwischen eigenen Mitarbeitern und Kunden sinnvoll vermitteln und die gute Zusammenarbeit wieder herstellen
- geht professionell mit Reklamationen der Kunden um
- nimmt Kritik von Kunden positiv an und reflektiert sie konstruktiv für die eigene Arbeit
- zeigt im Umgang mit Kunden Feinfühligkeit und kann auch professionell mit deren Irrtümern, Fehlverhalten oder überzogenen Forderungen umgehen
- verhält sich Kundenproblemen gegenüber unbürokratisch und entgegenkommend
- schafft eine sinnvolle Ausgewogenheit zwischen der Erfüllung von Kundenwünschen und wirtschaftlichen Erfordernissen
- kann Auftraggeber für neue Projekte oder Folgeaufträge gewinnen
- unterbreitet bedarfsorientierte und individuell abgestimmte Angebote

> Wie haben Nutznießer und Betroffene Ihres Projektes Sie erlebt? Sind Sie auf deren Wünsche, Bedenken und auch Ängste gegenüber den Neuerungen in angemessener Weise eingegangen? Waren Sie internen und externen Kunden ein angenehmer Gesprächs- und fairer Verhandlungspartner?
> Wie haben Sie die interne und externe Kundenorientierung Ihrer Teammitglieder gefördert?
> Welche Rückmeldungen über Sie und Ihr Projekt sind von Kunden an Ihre Vorgesetzten zurückgekommen?

Ihre Kundenorientierung wird besonders dann zum Thema, wenn sich durch Ihr Projekt Änderungen in anderen Bereichen des Unternehmens ergeben.

Wie sind Sie mit den dabei unweigerlich auftretenden Schwierigkeiten und Konflikten umgegangen? Sind Ihnen gegenüber bei Betroffenen Ressentiments übrig geblieben?

Ihre Kundenorientierung ist auch dann Thema, wenn Sie und Ihr Team über ganz spezielles Fachwissen verfügen und eventuell ungeduldig gegenüber den laienhaften Betroffenen aufgetreten sind.
Waren Sie und Ihr Team auch bei der zehnten „dummen" Frage noch geduldig? Könnte man Ihr Verhalten als arrogante Besserwisserei aufgefasst haben? Glauben Sie, dass es Kunden und anderen Betroffenen leicht gefallen ist, sich mit ihren Fragen und Anliegen vertrauensvoll an Sie zu wenden?

Würden interne und externe Kunden und Betroffene Ihres Projektes sich wünschen, beim nächsten Projekt wieder von Ihnen und Ihrem Team betreut zu werden?

Ihre Akzeptanz als Partner im Führungsteam:

* berücksichtigt die Auswirkungen eigener Entscheidungen auf andere Bereiche und das gesamte Unternehmen
* bezieht Kollegen des Führungsteams in eigene Entscheidungen mit ein
* sucht den ständigen kollegialen Austausch mit den Führungskräften anderer Bereiche
* trägt erkennbar zur Überwindung von Bereichsgrenzen und Tendenzen zu Abteilungsdenken bei und fördert konstruktiv die laterale Zusammenarbeit
* ist den Führungskräften anderer Bereiche stets ein angenehmer Gesprächs- und fairer Verhandlungspartner
* kann Schnittstellenprobleme mit anderen Bereichen konstruktiv und im Sinne des Unternehmenserfolgs lösen

Wie haben die Führungskräfte der Linienorganisation Sie erlebt? Sehen sie in Ihnen einen Partner, den sie gerne in ihren Kreis aufnehmen? Kann man davon ausgehen, dass Ihre Aufnahme in den Führungskreis dem Unternehmen erkennbar nutzen wird?

Welche Gründe mögen die Personen, die Sie als Projektleiter erlebt haben, wohl anführen, um für oder gegen Ihre weitere Beförderung zu plädieren?
Fragen Sie sich auch selbstkritisch, ob Sie sich bereits fit für die nächste Karrierestufe fühlen oder lieber noch ein weiteres, anspruchsvolleres Projekt zum Erfolg führen möchten.
Vielleicht sind Sie auch gar nicht der Typ, der als Manager der Linienorganisation wirken möchte. Vielleicht ist grundsätzlich das etwas „abenteuerlichere" Leben als Projektleiter für Sie richtiger.
Egal, wie Sie sich entscheiden – eines darf nach erfolgreichem Projektabschluss nicht passieren: Gehen Sie nicht dorthin zurück, wo Sie vorher waren. Das bewirkt immer einen Karrierestillstand.

8 Testen Sie Ihre Führungsmotivation

8.1 Welche Befriedigung gibt Ihnen die Führungsfunktion?

Durch die Übernahme der Projektleitung haben Sie Führungsverantwortung übernommen. Sie wissen, dass man Sie in Ihrer Rolle kritisch wahrnimmt und daraus Ihre Eignung für eine dauerhafte Führungsfunktion ableitet. Nicht nur Ihre eigenen Vorgesetzten betrachten Sie kritisch, auch die Mitglieder Ihres Teams können sehr wohl beurteilen, ob Sie sich zur Führung eignen oder nicht – und Ihre Vorgesetzten wiederum nehmen zur Kenntnis, wie Sie als Projektleiter bei den Mitarbeitern angekommen sind.

■ **Wichtig:** Man beurteilt Ihre Eignung nach Kriterien wie Zielerreichung, Teammotivation, Krisenbewältigung und so weiter. Man beurteilt jedoch nicht nur nach diesem einen Projekt, sondern zieht auch Schlüsse aus Ihrem Verhalten, Ihrem Auftreten, Ihrer Wirkung und dem, was Sie – gezielt oder auch nebenbei – äußern. Man fragt sich, ob Sie wirklich dauerhaft für die hohen Anforderungen einer Führungsposition geeignet sind, ob Sie wirklich mit Ihrer ganzen Person dahinter stehen, eine solche Position zu erreichen und dann auch auszufüllen. Man fragt sich auch, ob Sie vor Dritten überzeugend als Führungskraft wirken.

Ist das die „Rolle", die Sie überzeugend spielen können?

> Was treibt Sie eigentlich an, sich um eine Führungsfunktion zu bemühen? Was macht Ihnen daran Spaß? Und was würde Ihnen fehlen, sollte es Ihnen nicht gelingen, einen Chef-Sessel zu erobern?

Diese Fragen müssen Sie sich stellen. Je klarer Ihnen bewusst ist, was Sie nach einer Führungsaufgabe streben lässt, desto leichter können Sie für sich selbst entscheiden, welches letztlich der richtige Weg für Sie ist. Sie können leichter beurteilen, ob Ihnen Ihr jetziger Arbeitgeber auf Dauer das bieten kann, was Sie erreichen wollen.

Umgekehrt können Sie einschätzen, ob das, was Sie anstreben, zu dem passt, was das Unternehmen sich von Nachwuchsführungskräften wünscht.

Und nicht zuletzt: Sie können mit einem klaren Selbstbild über Ihre Führungsmotivation leichter daran arbeiten, sich selbst als „Leader"-Persönlichkeit darzustellen. Denn – bewusst oder unbewusst – nehmen andere wahr, ob Sie ...

- besonders stark nach der Übernahme von Verantwortung streben.
- großen Wert auf Prestige legen.
- gerne mit Mitarbeitern gemeinsam zum Ziel kommen.
- sich gerne im Kreise der Mächtigen bewegen.

- Freude am Planen und Konzeptionieren haben.
- sich auch gerne kämpferisch auseinandersetzen.

Verschiedene Facetten zusammen bewirken bei anderen den Eindruck: „Dies ist eine Führungspersönlichkeit." Sie wirken in Ihrer Führungsrolle umso glaubhafter, je mehr sie mit Ihrem Streben übereinstimmt. Und dort, wo Sie vielleicht bisher einige Aspekte in ihrer Wichtigkeit unterschätzt haben, können Sie gezielter darauf achten, die Rolle in Zukunft besser auszufüllen. Betrachten Sie den folgenden Test nicht zu wissenschaftlich oder tiefenpsychologisch. Er soll Ihnen lediglich – wie die meisten Tests dieser Art – Hinweise zur Selbstreflexion geben. Nehmen Sie ihn als Anregung, aus unterschiedlichen Perspektiven über Ihre Führungsmotivation nachzudenken.

8.2   Testen Sie Ihre Führungsmotivation

Mit Hilfe dieses Tests können Sie erkunden, was Sie eigentlich daran reizt, eine Führungsposition anzustreben. Lesen Sie die folgenden Aussagen durch und vergeben Sie jeweils Ihre Punktwertung:

0 Punkte:	trifft nicht zu	(gilt zu 0–20 % für mich)
1 Punkt:	trifft wenig zu	(20–40 %)
2 Punkte:	trifft teilweise zu	(40–60 %)
3 Punkte:	trifft überwiegend zu	(60–80 %)
4 Punkte:	trifft zu	(80–100 %)

1. Vermutlich wirke ich auf andere Menschen kühl und distanziert. _____
2. Ich könnte nicht dauerhaft in einem Umfeld arbeiten, in dem mir die Menschen unsympathisch sind. _____
3. Wenn ich eine Aufgabe oder ein Projekt abgeschlossen habe, dann überprüfe ich immer noch einmal, ob die Ergebnisse auch wirklich einwandfrei sind, bevor ich sie abgebe. _____
4. Es ist mir wichtig, dass meine Mitarbeiter gerne mit mir arbeiten. Es würde mich belasten, menschlich von ihnen abgelehnt zu werden. _____
5. Ich meide offene Konflikte. Ich versuche immer bei Problemen die Parteien zu einem ruhigen Gespräch an einen Tisch zu bekommen. _____
6. Ein wichtiges Kriterium für die Annahme einer angebotenen Position ist für mich die damit verbundene Entscheidungskompetenz. Ich würde immer die Position annehmen, in der ich am meisten durchsetzen kann. _____
7. Hilfsbereitschaft ist für mich eine der wichtigsten Eigenschaften im beruflichen Miteinander. _____
8. Ich engagiere mich sehr stark und bringe auch Opfer dafür, um noch mehr an Ansehen zu bekommen kann, als ich bereits habe. _____

9. Ich falle häufig anderen ins Wort. Das passiert besonders, wenn die Diskussion lebhaft wird oder wenn andere ihren Standpunkt zu weitschweifig darlegen. _____

10. Meiner Meinung nach haben Gefühlsäußerungen und gefühlsbestimmte Entscheidungen im Beruf nichts zu suchen. _____

11. Wenn ich einen Standpunkt vertrete, dann habe ich mich vorher vergewissert, dass der auch wirklich stimmt. _____

12. Meiner Meinung nach ist die gute Beziehung innerhalb eines Teams der wichtigste Antriebsfaktor für ein hohes Leistungsniveau. _____

13. Der persönliche Kontakt mit Kollegen, Mitarbeitern und Geschäftspartnern ist mir wichtig. _____

14. Ich kann Niederlagen nur schwer einstecken. _____

15. Ich übe gerne Macht aus und strebe auch danach, mit der Zeit immer mehr an Macht zu bekommen. _____

16. Eine höhere berufliche Position sollte auch äußerlich an bestimmten Symbolen zu erkennen sein. _____

17. Ich werde nie hektisch. Tatsächlich bin ich in hektischen Situationen für die anderen der ruhige Pol. _____

18. Bevor ich wichtige Entscheidungen treffe, bespreche ich mich mit anderen und bemühe mich möglichst um eine gemeinsame Entscheidungsfindung. _____

19. Ich habe ein gutes Feeling für andere Menschen und kann sehr genau abschätzen, was bei ihnen ankommt und was nicht. _____

20. Ich genieße Situationen, in denen ich Macht und Einfluss ausüben kann. _____

21. Bevor ich Vorschläge zu Verbesserungen mache, denke ich erst einmal gründlich darüber nach. Ich lege Wert darauf, dass meine Ideen auch wirklich gut sind. _____

22. Es wäre für mich undenkbar, beruflich einen Schritt zurück hinnehmen zu müssen. Ich hätte das Gefühl, mein „Gesicht zu verlieren". _____

23. Solange ich meine Aufgaben im Griff habe, belasten mich Störungen im Betriebsklima überhaupt nicht. _____

24. Bei meinen Entscheidungen wäge ich immer ab, wie diese auf andere wirken und mit welchen Reaktionen ich zu rechnen habe. _____

25. Wenn ich eine Aufgabe übernehme und Ziele erreichen will, dann hat das bei mir immer Priorität vor persönlichen Rücksichtnahmen. _____

26. Wenn es um die Durchsetzung von Zielen geht, die mir wichtig sind, habe ich keine Skrupel, notfalls auch Druck auszuüben. _____

27. Fehlerfreies Arbeiten auf hohem Qualitätsniveau ist für mich das Wichtigste im Beruf. _____

28. Es ist für mich eine Befriedigung, meinen Mitarbeitern auf ihrem beruflichen Weg weitergeholfen zu haben. _____

29. Ich lege Wert darauf, dass mein beruflicher Status nach außen sichtbar ist und von anderen respektiert wird. _____

30. Wenn ich kann, spreche ich auch mal ein Machtwort, um meinen Willen durchzusetzen. _____

31. Es ist mir nicht so wichtig, wenn Kollegen und Vorgesetzte an meiner Arbeit herumkritisieren. Für mich zählt, dass ich von der Richtigkeit meiner Ergebnisse überzeugt bin. _____

32. Meine Aufgabe im Job ist für mich vorrangig vor den Beziehungen mit anderen. _____

33. Es ist mir wichtig, was andere von mir denken. Ich versuche auch immer bewusst, einen bestimmten Eindruck zu erwecken. _____

34. In Diskussionen bin ich meistens einer der Wortführer. Mit meiner Schlagfertigkeit kann ich mich auch sehr gut in jeder Runde durchsetzen. _____

35. Ich komme eigentlich immer mit meinen Mitmenschen gut zurecht. Echte Feindschaften kenne ich gar nicht. _____

36. Es wäre für mich unerträglich, immer auf Hierarchiestufen zu bleiben, in denen ich keinen Einfluss auf wichtige Entscheidungen ausüben könnte. _____

37. Es würde mich menschlich sehr belasten, längere Zeit mit einem Team zu arbeiten, in dem die Stimmung schlecht ist. _____

38. Ich achte darauf, mich mit den Statussymbolen zu umgeben, die meine Position erkennen lassen. _____

39. Ich kann mich nicht gut unterordnen und gerate auch schnell mit Vorgesetzten in Konflikte. _____

40. Wenn in Meetings die Gegensätze aufeinanderprallen, versuche ich immer, die Wogen zu glätten und zum fairen Umgang miteinander zurückzuführen. _____

8.3 Die vier Motivationsrichtungen für eine Führungslaufbahn

Stellt man sich ein Koordinatensystem mit zwei Achsen vor, ergeben sich vier Richtungen mit jeweiligen Extrempolen. Weder Sie noch einer Ihrer Führungskollegen wird vermutlich die eigene Motivation unmittelbar bei einem der Pole ansiedeln. Lassen Sie sich jedoch einmal dazu anregen, sich und Ihre Motivation irgendwo zwischen den Polen einzuordnen. Wo stehen Sie da? Welche Konsequenz kann das auf Ihr Verhalten in Führungssituationen haben? Was bedeutet das für Ihre überzeugende Ausstrahlung als „Leader"?

Das eine Paar von Extrempolen reicht von hoher Rationalität und Aufgaben- oder Sachbezogenheit zu starker Emotionalität und Sozialbezogenheit. Das andere Paar reicht vom Streben nach Dominanz zum Streben nach Kooperation andererseits.

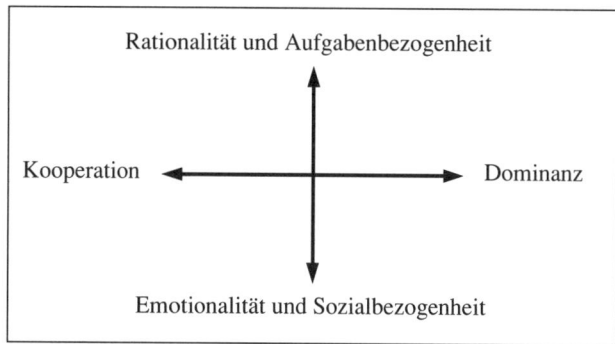

Abbildung 26: Die vier Motivationsrichtungen

Rationalität und Aufgabenbezogenheit

Hinter der individuellen Führungsmotivation in Richtung Rationalität und Aufgabenbezogenheit steht vermutlich ein „kühler Kopf" mit klaren Zielen. Man will bestimmte Dinge umsetzen oder etwas aufbauen und braucht dafür die Einflussmöglichkeiten einer Führungsposition.

Wenn diese Führungsmotivation in *Richtung Dominanz* tendiert, dann ist die betreffende Person in der Regel im Interesse ihrer Ziele auch zu kämpferischem Verhalten bereit. Die Führungskraft will Macht, um damit – notfalls auch gegen den Willen anderer – ihre Ziele durchsetzen zu können.

Geht die Motivation jedoch in *Richtung Kooperation*, dann wird die betreffende Person bei der Durchsetzung ihrer Ziele vermutlich eher taktierend vorgehen. Sie wird sich Strategien überlegen, in welchen Schritten sie was erreichen kann. Ein Schachzug nach dem anderen soll das Ziel näher bringen. Dabei werden immer auch die tatsächlichen oder vermuteten Schachzüge anderer berücksichtigt.

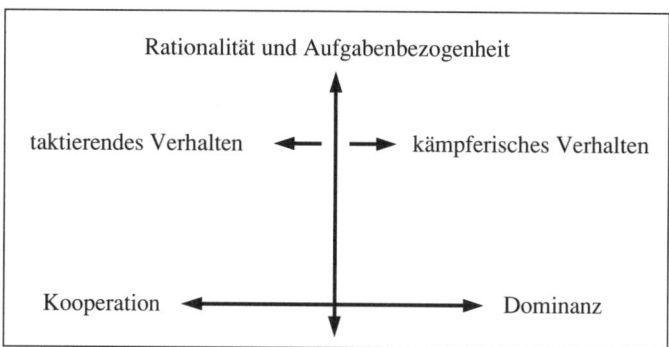

Abbildung 27: Die beiden Verhaltensrichtungen der Rationalität

Interessanterweise können sich Personen mit unterschiedlichen Ausprägungen in dieser Hinsicht oft nicht leiden.

Der Kämpferische empfindet den Taktierer als heimtückisch. Er kann mit dessen raffinierten Schachzügen nichts anfangen und hat oft auch nicht die Geduld, sich in dessen verwinkelte Logik hineinzuversetzen.

Der Taktierer sieht im Kämpferischen gerne den Rüpel, der sich mit plumpen Mitteln durchsetzt, zu wenig nachdenkt und zu viel im Hauruck-Verfahren umsetzen will.

Interessant ist auch, dass beide sich oft unterschätzen. Der Kämpferische erlebt den Taktierer als konfliktscheu und schwach, weil der seiner Meinung nach oft viel zu zögerlich herumtüftelt, als mal endlich mit der Faust auf den Tisch zu hauen. Und der Taktierer hält den Kämpferischen oft für dumm. Seiner Meinung nach ist vieles, was jener tut und entscheidet, zu wenig durchdacht und kann deshalb kaum Bestand haben.

Beiden gemeinsam ist ihre auf Dritte oft kalt wirkende Ausstrahlung. Der Taktierer wirkt auf andere distanziert, berechnend und sogar eiskalt. Er ist kein Mensch, mit dem man warm wird, dem man auch einmal persönliche Dinge anvertraut. Man hat das Gefühl, ständig auf Distanz gehalten zu werden.

Der Kämpferische kann auf seine Mitmenschen einschüchternd und rücksichtslos wirken. Und in ihm sieht man auch den typischen Ellenbogenmenschen, der sich gnadenlos durchboxt.

Beiden tut man mit diesen negativen Einschätzungen fast immer unrecht. Aber es liegt ihnen nun einmal nicht, Gefühle zu zeigen – und genau das lässt sie kalt oder sogar bedrohlich wirken.

Emotionalität und Sozialbezogenheit

Wenn die individuelle Führungsmotivation in Richtung Emotionalität und Sozialbezogenheit geht, dann stehen oft „menschelnde" Gründe hinter dem Streben nach einer Führungsposition.

Die betreffende Person sieht sich sehr stark in ihrer Bedeutung innerhalb eines sozialen Zusammenhangs: Wo stehe ich? Wo stehen die anderen? Das sind die Fragen, die sich in dieser Motivationsrichtung stellen.

Wenn dazu die individuelle Führungsmotivation in *Richtung Dominanz* geht, dann will sich die betreffende Person unbedingt von den anderen absetzen. Sie will im Vergleich zu anderen einen überlegenen Status haben und sich entsprechend wahrgenommen wissen. Sie will sich deutlich von anderen unterscheiden, aus der Menge herausragen und als „Star" bewundert werden.

Geht die Motivation in *Richtung Kooperation*, dann will die betreffende Person mit anderen gemeinsam etwas erreichen. Sie wird zwar immer nach einer Führungsrolle streben, dabei steht jedoch nicht der eigene Status im Vordergrund, sondern die Harmonie in der Gemeinsamkeit. Diese Person wird sich immer für die Menschen um sie herum interessieren und stets versuchen, inte-

grativ zu wirken, Konflikte zu meiden, die zu führende Gruppe zusammenzuhalten. Sie erlebt sich selbst als „Teamplayer".

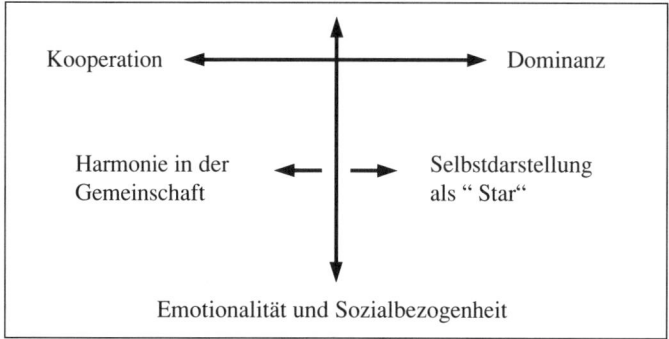

Abbildung 28: Die beiden Verhaltensrichtungen der Emotionalität

Auch bei der Ausprägung zur Emotionalität und Sozialbezogenheit
kann es zwischen den nach Dominanz oder den nach Kooperation Stre-
benden zu persönlichen Abneigungen kommen.
Die Führungskraft, die sich selbst als teamorientiert wahrnimmt, ver-
übelt dem „Star" dessen Eitelkeit und Egoismus. Sie bewertet es mora-
lisch, dass sich jemand selbst so in den Vordergrund stellt. Häufig
schwingt auch eine gewisse Eifersucht in der moralisierenden Ableh-
nung mit. Die teamorientierte Führungskraft muss nämlich nicht selten
zu ihrer Enttäuschung feststellen, dass die von ihr so kooperativ geführten Mitarbeiter mehr Bewunderung für den „Star" – der gar nichts für
sie tut – zeigen als für sie selbst.
Der „Star" hingegen ist dem „Teamplayer" gegenüber zunächst nicht
abgeneigt. Es kann sogar vorkommen, dass er dessen Fürsorge für die
Mitarbeiter sehr positiv sieht. Ärgerlich wird er erst, wenn er dessen erwartete Bewunderung für sich selbst vermisst. Dann reagieren beide
aufeinander eifersüchtig. Jeder buhlt bei Mitarbeitern und Kollegen um
die größte Anerkennung. Der eine aus „moralischen" Gründen, der andere, weil er „etwas Besseres" ist.

Betrachten Sie es als ganz normal, dass Menschen mit unterschiedlichen Aus-
richtungen ihrer Bestrebungen – und demnach natürlich auch in ihrem unterschiedlichen Verhalten – sich nicht immer verstehen oder ertragen können.
Nutzen Sie deshalb diesen Test auch dazu, um sich einmal durch den Kopf gehen zu lassen, ob Sie vielleicht aufgrund Ihrer Führungsmotivation anderen
Führungskräften im Unternehmen Unrecht tun, weil die ganz einfach nur anders sind als Sie.
Überlegen Sie auch, ob Ihre Motivationsausrichtung Sie in den Augen von bereits Mächtigen im Unternehmen negativ erscheinen lassen könnte. Macht man
sich das einmal bewusst, kann man oft gezielt gegensteuern und den vielleicht
negativ wirkenden Eindruck abmildern – oder in einen positiven verwandeln.

Zuneigungen und Abneigungen

Zu- und Abneigungen können sich manchmal wie folgt ergeben:

- *Kämpferische* lehnen Taktierende oft ab, weil sie mit deren komplizierten und auf sie langsam wirkenden Denk- und Handlungsprozessen nichts anfangen können. Sie mögen häufig die „Stars". Mit denen können sie sich in Diskussionen schlagfertig auseinandersetzen, weil beide sehr schnell reagieren. „Teamplayer" nehmen sie als Rivalen oft gar nicht ernst. In ihnen sehen sie nette Menschen, die gut für die Motivation der Mitarbeiter sorgen können, für harte Entscheidungen jedoch viel zu weich sind.

  - ■ **Tipp:** Gehört Ihr Vorgesetzter zu den Kämpferischen, dann müssen Sie sich auch mit ihm hart auseinandersetzen. Er will Widerspruch. Er wird Sie zwar angreifen und vielleicht sogar auch vor Zeugen niedermachen, aber er wird Sie dann als mutigen Kämpfer respektieren.
  Wenn Sie sich ihm kooperativ anpassen, wird er das als angenehm empfinden – aber befördern wird er Sie dann nicht mehr. Er wird Ihnen die notwendige Härte für eine höhere Position einfach nicht zutrauen.

- *Taktierende* lehnen natürlich die Kämpferischen ab. Noch mehr sind ihnen die Stars zuwider. In ihnen sehen sie in erster Linie unernste, hohle Blender. Die kooperativen Teamplayer nehmen sie oft fachlich nicht ganz für voll, weil sie deren Rücksichtnahme auf unterschiedliche Meinungen nicht nachvollziehen können. Für sie gibt es zu einer Sache eine richtige Meinung (die eigene), und daran hat man nicht aus Rücksicht auf irrationale Dinge wie Teamharmonie oder ähnliches herumzudeuteln.

  - ■ **Tipp:** Ist Ihr Vorgesetzter ein Taktierer, sollten Sie auf alles verzichten, was er als Eitelkeit oder Machtkampf interpretieren könnte. Bleiben Sie ihm gegenüber immer kühl und rein sachlich in der Diskussion. Kommen Sie nur mit Fakten und Zahlen. Er wird Sie fördern, wenn er Sie als vernünftigen und unbestechlich logisch denkenden Menschen wahrnimmt.

- Sollte Ihr Vorgesetzter zu den *Stars* oder *Teamplayern* gehören, sollten Sie sich gar nicht auf dessen Förderung verlassen.
  Der Teamplayer will für sich selbst sehr wohl die Führungsposition. Und für ihn ist es eine Frage der Moral, dass sich keiner aus dem Team als Individuum hervortun darf. Niemand hat seiner Meinung nach das Recht, mit Einzelleistung zu glänzen. Alles muss grundsätzlich Ergebnis des gesamten Teams sein. Er wird Sie nicht hochkommen lassen, sondern Sie eher noch mit Zweifeln an Ihrer Teamfähigkeit deprimieren.
  Der „Star" reagiert eifersüchtig auf Mitarbeiter, die sich neben ihm zu profilieren versuchen. Er könnte sogar versuchen, Sie aktiv zu bekämpfen, sobald Sie anfangen, sich mit irgendetwas einen Namen zu machen.

- **Tipp:** Als Mitarbeiter eines „Stars" oder „Teamplayers" müssen Sie, falls Sie aufsteigen wollen, an Ihrer Führungskraft vorbei dessen Vorgesetzten oder eine andere mächtige Person auf sich aufmerksam machen.

8.4 Die vier Motivationsschwerpunkte

Betrachten Sie nun zwischen den Achsen des Koordinatensystems die vier unterschiedlichen Schwerpunkte der Motivation. Vier dem Individuum mehr oder weniger bewusste Gründe fördern das Streben nach einer Führungsposition:

- Das Streben nach persönlicher Macht ist eine Kombination aus Dominanz und sachlicher Orientierung.
- Das Prestigestreben kombiniert sich aus Dominanz und Emotionalität.
- Das Streben nach bestimmten Zielen ist eher die Kombination von Sachorientierung und Kooperation.
- Das Streben nach Führung von Teams kombiniert Kooperation und Emotionalität.

Das ist natürlich sehr vereinfacht formuliert und sollte nur als Anregung zur Reflexion dienen!

Bedenken Sie, dass es sehr viele Menschen gibt, die überhaupt nicht nach Führung streben. Man kann sehr wohl seine berufliche Befriedigung in hochqualifiziertem Expertentum ohne jede Führungsaufgabe finden. Es ist auch legitim, den Beruf im Wesentlichen als Geldquelle zur Sicherung des Lebensunterhalts zu sehen.

> Das trifft zum Beispiel auf viele Künstler zu, die von ihrer Kunst alleine nicht leben können. Für einen Menschen, der sich selbst eigentlich als Maler versteht, kann es völlig in Ordnung sein, wenn er im Brotberuf als Programmierer oder Versicherungsvertreter zwar gute Leistung bringt, sich jedoch nicht über den Job hinaus engagiert, um eine bestimmte Position zu erreichen. Die dazu notwendige Zeit und Kraft investiert er lieber in seine künstlerischen Ziele.
>
> Ein anderer engagiert sich lieber intensiv in der Familie oder in der Politik oder für eine soziale Aufgabe und hat dann natürlich entsprechend wenig Neigung noch Zeit, sich im Beruf eine Führungsposition zu erkämpfen. Wozu auch – wenn anderes mehr Spaß macht oder persönlich wichtiger ist?

Streben nach Führung und Management ist keine Notwendigkeit für jeden. Streben Sie jedoch eine Karriere an, dann müssen Sie sich zwangsläufig mit der Frage auseinandersetzen, was Sie eigentlich dazu antreibt. Ideal ist es, wenn alle vier der jetzt vorgestellten Motivationsschwerpunkte in Ihnen als „Motoren" wirken.

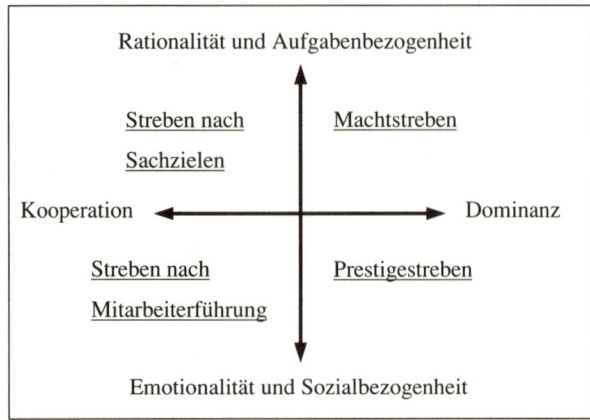

Abbildung 29: Die vier Motivationsschwerpunkte

Streben nach Macht

Neigen Sie zu Dominanz in Verbindung mit rationaler Aufgabenbezogenheit, dann streben Sie nach Macht. Das ist gut so! Lassen Sie sich nicht von Ideologen beeinflussen, die abfällig über „Machtgier" oder „Machtgeilheit" herziehen. Ohne Macht kann man nichts bewirken, nichts verändern, nichts vorantreiben.

> Führungskräfte ohne Macht sind weiter nichts als Papiertiger und damit lächerliche Figuren auf verlorenem Posten.
> Mitarbeiter wollen auf keinen Fall einer machtlosen Führungskraft untergeordnet sein. Sie würden sich für den eigenen Chef schämen, den sie im Gefüge des Managements immer wieder als Verlierer gegenüber mächtigen anderen Managern erleben müssten.

Machtstreben geht häufig mit natürlicher Autorität und kämpferischem Mut einher. Das imponiert den Mitarbeitern und fördert das Erreichen von Zielen auch im schwierigen Umfeld.

■ **Achtung:** Der Nachteil von zu stark ausgeprägtem Machtstreben kann in übertriebener Kampfeslust liegen. Dann kommt das Team gar nicht mehr zur Ruhe, weil es ständig durch die Kriegsspielchen des Vorgesetzten irritiert wird.
Ein weiterer Nachteil kann darin liegen, dass die machtstrebende Führungskraft zu viele Entscheidungen allein trifft, oft ganz spontan zu Entscheidungen kommt und zu viel Druck auf die Mitarbeiter ausübt. Es ist zwar gut, ein „Power-Chef" zu sein – aber bitte immer in sozial verträglichen Maßen.
Wer als Führungskraft im eigenen Team seine Machtstreben übertreibt, könnte auf Dauer die Leistungsträger verlieren, denn sie haben es nicht

nötig, sich ständig von harter Hand führen zu lassen. Zurück bleiben diejenigen, die woanders nichts finden können. Und die verwenden dann womöglich – aus Angst vor dem übermächtigen Chef – einen Großteil ihrer Kreativität darauf, sich möglichst nie etwas zuschulden kommen zu lassen, um Strafen zu vermeiden.

Wer innerhalb der Führungsriege sein Machtstreben übertreibt, könnte sich in ständigen Kämpfen mit anderen Führungskräften aufreiben und schließlich auch dort Feinde haben, wo man mit klugem Beziehungsmanagement weiterkäme.

Wer hingegen zu wenig Machtstreben hat, kann aufgrund fachlicher Qualifikation oder durch Beziehungen in manchen Unternehmen immer noch bis zu einem gewissen Level aufsteigen. Aber für den Sprung nach ganz oben reicht es nicht.

> Außerdem kann man oft beobachten, dass solche Führungskräfte innerhalb ihres Teams kaum über Autorität verfügen. Häufig haben sie sogar Angst, Leistung einzufordern oder Kritik auszusprechen. Ihre „Führung" besteht im Wesentlichen aus bittenden Appellen an die Mitarbeiter. Ihre eigene Schwäche fördert häufig Teamstörungen wie Mobbing oder die Bildung feindlicher Cliquen.

■ **Fazit:** Der Wille zur Macht sollte unbedingt ein Motor Ihres beruflichen Strebens sein. Es darf nur nicht so extrem werden, dass Kollegen in Ihnen einen konflikträchtigen Feind sehen und dass Mitarbeiter Sie fürchten.

Streben nach Sachzielen

Wenn Sie zu Kooperation in Verbindung mit rationaler Aufgabenbezogenheit neigen, dann streben Sie nach der Erreichung ganz bestimmter Sachziele.

> Welche sind das? Wollen Sie einen neuen Bereich aufbauen? Wollen Sie eine neue Kundenschicht erreichen? Liegt Ihnen die Entwicklung neuer Produkte am Herzen? Geht es Ihnen um gesellschaftliche oder politische Veränderungen?

Ihre Mitarbeiter sind dann motiviert, wenn Sie ihnen eine Vision vermitteln, wenn Sie ihnen etwas vor Augen halten, wofür sich der Einsatz lohnt. Sie begeistern somit über die angestrebten Ziele und weniger durch Ihre Persönlichkeit. Darin unterscheiden Sie sich wesentlich von anderen Führungskräften. Wenn eine begeisternde Vision und eine faszinierende Persönlichkeit zusammenkommen, dann ist es für die Mitarbeiter natürlich ideal.

■ **Achtung:** Streben nach Sachzielen geht manchmal mit einem Eifer einher, der in Fanatismus ausarten kann. Das trifft oft auf politische oder weltanschauliche Führungskräfte zu. Man kennt es jedoch auch in Unternehmen – vor allem dann, wenn eine Führungskraft den Eindruck hat, mit ihren Zielen nicht ausreichend anerkannt zu werden. Dann besteht die Gefahr, dass die Führungskraft auch bei den eigenen Mitarbeitern hart unterscheidet: „Wer nicht absolut für mich ist, ist gegen mich." Kritische Stimmen werden als Abweichlertum mundtot gemacht.

> Beispiele kennt man, wenn in einer Partei für oder gegen Atomausstieg gestritten wird, wenn für oder gegen Ehen zwischen Homosexuellen gestritten wird, wenn in einer IT-Abteilung für dieses oder jenes DV-System gestritten wird.

Immer besteht die Gefahr, dass sich die extrem auf Sachziele bezogene Führungskraft ins Schwarz-weiß- oder Freund-Feind-Denken zurückzieht und nicht mehr offen diskutieren lässt.

Eine andere Gefahr bei überzogenem Streben nach Sachzielen kann in elitärem Verhalten liegen. Die Führungskraft selbst ist Top-Experte in ihrem Fachgebiet und kann unter den Mitarbeitern auch nur diejenigen wirklich akzeptieren, die ebenfalls Top-Experten sind. Diese bilden eine Eliteclique im engen Kreis um den Chef – und der Rest des Teams kann als Mitarbeiter zweiter Klasse sehen, wo er bleibt.

- **Wichtig:** Als Führungskraft muss man Visionen vermitteln und Zielrichtungen vorzugeben – aber nie fanatisch und immer fair zum gesamten Team. Notfalls ist es besser, sich von einzelnen Mitarbeitern zu trennen, als sie in die Rolle von Zweitrangigen zu drängen.

Wer als Führungskraft mit der Verfolgung von Sachzielen übertreibt, könnte die schwer fassbaren und oft irrationalen Dinge übersehen.

> Eine solche Führungskraft ist sich „vernünftigerweise" sicher, die „richtigen" Ziele zu erreichen und auch über die besten Argumente zu verfügen. Was sie jedoch völlig übersieht – oder in ihrer Bedeutung unterschätzt –, sind verletzte Eitelkeiten jener, die sich von ihr geschulmeistert fühlen.
> Sie kann sich oft auch nicht in die Ängste derer versetzen, die in den angestrebten Sachzielen für sich eine bedrohliche Veränderung sehen. Der „human factor" wird von rein sachzielorientierten Führungskräften fast immer unterschätzt.

- **Fazit:** Visionen und Ziele sollten unbedingt zu den Motoren Ihres beruflichen Strebens gehören. Vergessen Sie dabei jedoch nicht, dass gute Argumente für die vermutlich „richtigen" Zielen noch lange nicht bedeuten, dass man damit auch Recht bekommt und sich durchsetzt. Eine solide Portion Macht und geschickter Umgang mit anderen Menschen gehören immer dazu!

Streben nach Prestige

Wenn Sie zu Dominanz in Verbindung mit Emotionalität und Sozialbezogenheit neigen, dann streben Sie nach Prestige. Ihnen bedeutet Ihr persönliches Ansehen sehr viel.

Sie umgeben sich gerne mit sichtbaren Statussymbolen, die zu Ihrer Position gehören – und möglichst auch noch mit solchen, die erst mit der nächsten Stufe der Karriereleiter fällig werden. Sie sind eitel. Das ist gut so! Lassen Sie sich nicht von Moralisten beeinflussen, die sich abfällig über Äußerlichkeiten mokieren.

Ihr Streben nach Statussymbolen und Ihre bewusst prestigeträchtige Selbstdarstellung macht Ihre Führungsposition für die Mitarbeiter sinnlich erlebbar. Man sieht es Ihnen an, dass Sie etwas darstellen.

Mitarbeiter wollen nicht einer mausgrauen Person oder einem „Mauerblümchen" untergeordnet sein. Wenn der eigene Vorgesetzte farblos und langweilig wirkt, schämen sich die Mitarbeiter für ihn. Außerdem ist es für sie selbst deprimierend. Das würde ja bedeuten, sie selbst wären noch grauer in der Wahrnehmung derer, die ihnen den Unscheinbaren zur Führung gegeben haben.

Als Führungskraft stehen Sie mit Ihrem persönlichen Ansehen entscheidend für das Ansehen der gesamten Abteilung oder des Teams. Machen Sie etwas daraus!

■ **Achtung:** Der Nachteil bei zu stark ausgeprägtem Prestigestreben kann in übertriebener Selbstdarstellung bis zur Profilneurose liegen. Dann besteht natürlich die Gefahr, dass man Ihnen Hohlheit und Blenderei unterstellt.

Sie dürfen auch nicht so übertreiben, dass Sie mit Ihrem Prestige allein zwischen grauen Langeweilern dastehen wollen. Achten Sie unbedingt darauf, dass fähige Aufsteiger in Ihrem Team ebenfalls die Chance zu prestigeträchtiger Selbstdarstellung bekommen.

Reagieren Sie nicht eifersüchtig auf den Glanz anderer. Bedenken Sie auch, dass es Ihrem Ansehen hilft, wenn Sie Chef von beeindruckenden Persönlichkeiten sind. Es schadet Ihnen und wird auf der Stelle von jedem Hobby-Psychologen im Unternehmen durchschaut, wenn Sie nur im Kreis von „trüben Tassen" glänzen können.

Wer zu wenig Wert auf Statussymbole legt, unterschätzt deren Bedeutung für die überzeugende Darstellung einer Führungsrolle.

Wenn Sie bereits in Ihrer aktuellen Position grau wirken, weil Sie angeblich über solche Äußerlichkeiten wie Statussymbole erhaben sind, wird man sich Sie ganz bestimmt nicht in der nächst höheren Position vorstellen können. Außerdem laufen Sie dann ständig Gefahr, von unbekannten Geschäftspartnern für die Hilfskraft eines Mitarbeiters Ihres Team gehalten zu werden, der äußerlich „mehr hermacht".

■ **Fazit:** Sorgen Sie nicht nur dafür, dass Sie sich eine Führungsposition erobern – sorgen Sie dafür, dass man Ihnen Ihren Status auch ansieht. Wer wie ein Sachbearbeiter aussieht, wird auch dafür gehalten. Schauen Sie sich an, welche Statussymbole die Personen besitzen, die bereits jetzt die Karriere erreicht haben, die Sie noch anstreben. Wie sehen deren Büros aus? Welche Geschäftswagen fahren sie? Wie steht es um deren Spesenbudgets? Zu welchen Meetings werden sie eingeladen?

Streben nach Mitarbeiterführung

Wenn Sie zu Kooperation in Verbindung mit Emotionalität und Sozialbezogenheit neigen, dann steht für Sie das Interesse an der Führungsarbeit im Vordergrund. Sie wollen Mitarbeiter auswählen, motivieren, fordern und fördern. Vielleicht sehen Sie sich ein wenig in der Rolle des „großen Meisters" oder des Lehrers. Das ist gut so, denn es gehört zum Job einer Führungskraft. Außerdem ist man erst dann „Führungs"-Kraft, wenn man „Gefolge" hat.

> Vor allem hoch qualifizierte Mitarbeiter verlangen vom Vorgesetzten mehr als nur die Verteilung von Aufgaben, die Kontrolle der Ergebnisse und die Planung von Urlauben oder Dienstschichten. Qualifizierte Fachleute fragen sich sehr wohl, was sie persönlich davon haben, zum Team dieses oder jenes Vorgesetzten zu gehören. Bei wem kommen sie weiter? Wer sorgt für ein leistungsorientiertes Teamklima? Wer kann motivierende Begeisterung wecken? Wer berücksichtigt individuelle Karriereziele der Mitarbeiter?

Das Streben nach Mitarbeiterführung geht häufig mit natürlicher Autorität und sozialer Intelligenz einher. Das liegt vermutlich am Interesse für den einzelnen Menschen und an der ständig zunehmenden Erfahrung im täglichen Umgang mit deren Schwächen und Stärken.

> Wenn Ihre Führungsmotivation ihren Schwerpunkt an dieser Stelle hat, dann können Sie vermutlich seit Ihrer Kindheit auf Führungserfahrung zurückblicken. Ob als Leiter einer Jugendgruppe, erster Messdiener oder Anführer einer „Gang" – immer wieder haben Sie Andere um sich herum gehabt, die auf Ihr Wort gehört haben, die sich von Ihnen etwas sagen ließen. Sie wissen – zum Teil instinktiv, zum Teil taktierend –, wie man Konflikte regelt, Zauderer ermuntert und Aufmüpfige beruhigt.

■ **Achtung:** Der Nachteil bei zu starkem Streben nach Mitarbeiterführung kann in übertriebenem Wohlwollen liegen.
Statt von den Mitarbeitern während ihrer bezahlten Arbeitszeit Leistung zu verlangen, denken Sie vielleicht zu viel darüber nach, wie Sie jeden Einzelnen glücklich machen können. Womöglich entwickeln Sie sich gar in Richtung eines inoffiziellen Betriebsrats ...
Eine andere Gefahr kann darin bestehen, dass Sie sich von Führungskollegen deren Sozialfälle aufhalsen lassen. Aus Mitleid akzeptieren Sie die Leute, die man woanders schon lange nicht mehr haben will. Machen Sie Ihren Bereich oder Ihr Projekt nicht zur Kurklinik der Unwilligen und Unfähigen!
Eine dritte Gefahr kann bei diesem Motivationsschwerpunkt in der Überbewertung der Teamwork-Ideologie liegen. Sie scheuen vor Entscheidungen oder gar Machtworten zurück und lassen alles bis zum Konsens im Team bereden. Der Erfolg ist Mittelmäßigkeit in scheinbarer Harmonie.

Tatsächlich werden die Leistungsstarken sich von Ihnen zurückziehen. Die einen langweilt es, ständig in Teamsitzungen die Zeit zu vergeuden, die anderen hassen es, „Mittäter der Mittelmäßigkeit" zu sein, die übrigen fragen sich, wieso Sie ein Chefgehalt einstreichen, wenn Sie alles, was mit Entscheidung und Verantwortung zu tun hat, dem Team überlassen.

■ **Fazit:** Freude am fordernden und fördernden Umgang mit Mitarbeitern sollte unbedingt ein Motor Ihres beruflichen Strebens sein. Es darf nur nicht so extrem werden, dass man in Ihnen einen Pädagogen der Mitarbeiter, aber keinen Erfolgsmanager im Sinne des Unternehmens sieht.

Die Darstellungen können an dieser Stelle nur grob sein. Nehmen Sie sie als Anregung, über Ihre Führungsmotivation nachzudenken. Ideal ist, wie gesagt, wenn alle vier Motivationsschwerpunkte auf Sie zutreffen. Nur in seltenen Fällen ist das jedoch der Fall. Vermutlich werden Sie, wie Ihre Kollegen, ein Berufsleben lang mit ganz speziellen Führungsschwächen zu kämpfen haben.

> Der eine ist zu eitel, der andere zu grau. Der eine kämpft zu oft, der andere zu selten. Der eine ist von seinen Visionen selbst wie hypnotisiert, der andere rackert sich ganz ohne Visionen von Tag zu Tag durch das operative Geschäft. Der eine hegt und pflegt seine Mitarbeiter, dem anderen sind deren Belange weitgehend gleichgültig.

Werten Sie Ihren Test aus und reflektieren Sie dann, an welchen Stellen Sie vielleicht etwas an Übertreibungen reduzieren oder an Lücken ausfüllen sollten.

8.5 Wie ist Ihr Ergebnis?

Tragen Sie nun in der nachfolgenden Grafik jeweils Ihre Punktezahl ein. Die Nummern in der Grafik beziehen sich dabei auf die Nummerierung der Testaussagen. Addieren Sie jeweils Ihre Punktezahl pro Motivationsrichtung und Motivationsschwerpunkt.
Sie sollten jeweils in den vier Bereichen Macht-, Prestige-, Sachziel- und Führungsstreben sechzehn Punkte erreichen. Wenn Sie darunter liegen, sollten Sie ab sofort bewusst im jeweiligen Bereich gegensteuern.

Weniger als sechzehn Punkte bei Machtstreben:

- Bauen Sie sich gezielt im Unternehmen eine Hausmacht auf. Orientieren Sie sich dazu an den Empfehlungen aus Kapitel 1.
- Treten Sie bei Meetings mit anderen Führungskräften weniger harmonisch auf. Lassen Sie es auch auf harte Auseinandersetzungen ankommen. Vertreten Sie Ihren Standpunkt offensiver.
- Achten Sie darauf, dass Ihre Vorgesetzten nicht an Ihnen vorbei in Ihr Team hineinregieren. Verbitten Sie sich auch jede Einmischung von Führungskollegen.

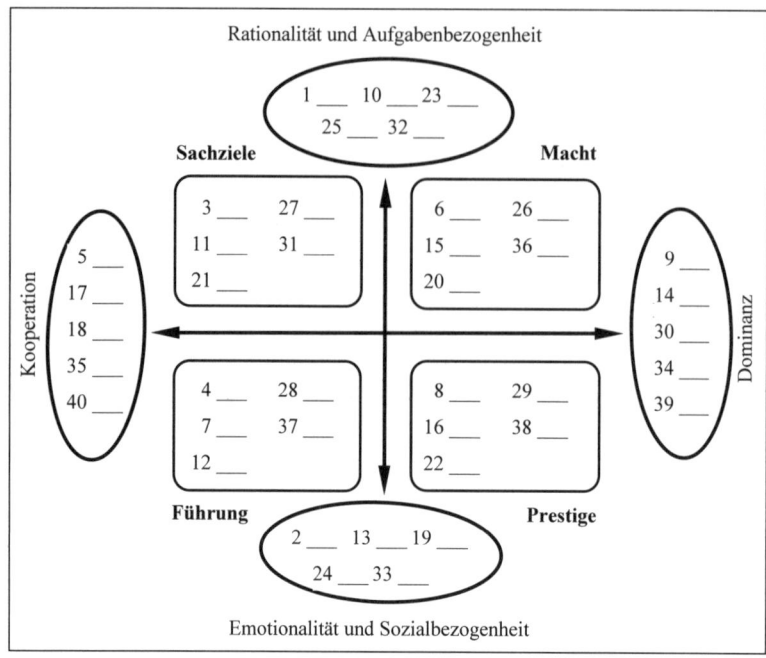

Abbildung 30: Punktwertung Ihres Testergebnisses

Weniger als sechzehn Punkte bei Prestigestreben:

- Überwinden Sie Ihre Scheu vor Angeberei und Äußerlichkeiten. Orientieren Sie sich an dem, was andere Mächtige im Unternehmen an Statussymbolen zeigen. Erkämpfen Sie für sich das gleiche.
- Achten Sie darauf, dass Mitarbeiter und Kollegen Sie respektvoll und nicht zu vertraulich oder locker ansprechen.
- Meiden Sie jede Form der Verbrüderung oder der „Frau-zu-Frau-Beziehung" oder sonstige Kumpanei mit Personen, die Ihnen in der Hierarchie untergeordnet sind.

Weniger als sechzehn Punkte bei Streben nach Sachzielen:

- Machen Sie sich selbst ein klares Bild von dem, was Sie mit Ihrem Team erreichen wollen. Dabei geht es nicht um Ihre Karriereziele, sondern um die Ziele im Sinne des Unternehmens.
- Führen Sie mit Ihren Mitarbeitern Strategieworkshops durch. Wohin soll sich Ihr Bereich entwickeln?

Weniger als sechzehn Punkte bei Führung:

- Suchen Sie bewusster das Gespräch mit Ihren Mitarbeitern. Was will jeder Einzelne für sich beruflich erreichen? Wie können Sie fördernd wirken?

- Lassen Sie sich von Ihren Mitarbeitern Feedback zu Ihrem Führungsverhalten geben. Fragen Sie, was Sie nach deren Meinung anders machen sollen, damit die Teamarbeit noch besser klappt.
- Achten Sie darauf, dass Sie bei Meetings und Besprechungen mit Ihren Mitarbeitern und auch mit anderen Führungskräften nicht immer nur die Durchsetzung Ihrer Ziele vor Augen haben, sondern gemeinsam mit den anderen zu Ergebnissen kommen, mit denen jeder sich identifizieren kann.
- Achten Sie bewusster darauf, nicht immer nur Recht zu haben und Recht zu bekommen, sondern auch als sympathischer Mensch wahrgenommen zu werden.

Die Summe der Punkte an den Extrempolen der Motivationsrichtungen sollte im Idealfall jeweils mindestens zwölf, aber nicht mehr als sechzehn betragen.

- Sie brauchen ein gesundes Dominanzverhalten, wenn Sie eine Führungsposition anstreben.
Wenn das zu schwach ausgeprägt ist, werden Sie sich entweder nie im Wettbewerb gegen Karrierekonkurrenten durchsetzen oder Sie werden zu Wachs in den Händen eines Ihrer Mitarbeiter, der über natürliche Autorität verfügt und Sie inoffiziell entmachtet.
- Sie brauchen Kooperationsfähigkeit, weil Sie sich mit Mitarbeitern, Führungskollegen, Kunden und anderen Geschäftspartnern zu sinnvollen Beziehungen zusammenschließen müssen.
Wenn das fehlt, können Sie nur als Einzelkämpfer bestehen. Einzelkämpfer in Führungspositionen gelten als „Autisten". Damit kann man heute nicht mehr erfolgreich sein.
- Sie müssen sach- und aufgabenorientiert denken. Wenn dies zu wenig ausgeprägt ist, erreichen Sie keine Ziele und werden vermutlich recht schnell von Ihren Vorgesetzten aus der Position entfernt.
Es ist einfach notwendig, auch einmal menschliche Rücksichten hintan zu stellen und unpopuläre Entscheidungen zu treffen. Sie müssen gegebenenfalls auch hart genug sein, sich von Mitarbeitern zu trennen, deren Leistungen nicht den Anforderungen entsprechen. Pflege von Sozialfällen ist heute kaum noch möglich.
- Sie müssen auch Emotionalität zeigen, wenn Sie Menschen an sich binden und motivieren wollen.
Streben nach Leistung schließt das Verlangen nach menschlicher Wärme im Team nicht aus. Wenn Sie sich zu wenig menschlich zeigen, fühlen die Mitarbeiter sich nicht an Sie gebunden.

> Sie wandern beliebig ab, wenn andere ihnen ein besseres Angebot machen. Sie werden Ihrer Terminprobleme wegen keine Überstunden machen und sich von Ihnen auch nicht zu besonderem Engagement in Stresszeiten überreden lassen.
> Außerdem sind menschliche Wärme und das Gefühl der Zusammengehörigkeit der beste Schutz vor Kleinkriminalität am Arbeitsplatz. Ei-

nen Chef, den man mag, beklaut man nicht um Büromaterial und man legt ihm keine unsauberen Abrechnungen vor. Einem Chef, von dem man sich menschlich nicht angenommen fühlt, tut man das sehr wohl an.

Zeigt Ihr Ergebnis vielleicht eine der beiden folgenden Besonderheiten?

1. „Charisma"

Hohe Punktzahl bei Machtstreben und bei Führung und gleichzeitig eher geringe Punktzahl bei Sachzielen und Prestige: Vermutlich gehören Sie dann zu den Persönlichkeiten, denen man „Charisma" bescheinigt.

> Einerseits geht von Ihnen „Powerausstrahlung" aus, gleichzeitig finden Sie die Sympathie anderer Menschen. Diese Kombination fasziniert und wird bewundert.
> Sie werden es immer wieder erleben, dass die meisten Menschen sich Ihnen begeistert anschließen. Man hört Ihnen gebannt zu, wenn Sie als Mittelpunkt einer Gesellschaft das Wort führen. Sie haben treue Anhänger, die sich fest an Sie schließen.

Es kommt jedoch regelmäßig vor, dass einige Menschen Sie ganz extrem ablehnen und gar nichts mit Ihnen zu tun haben wollen.

> Sie wissen jedoch, dass diejenigen, die Sie ablehnen, Ihnen nichts anhaben können. Sie sind nicht einflussreich genug, um Ihnen wirklich schaden zu können, und werden von Ihren Anhängern als „miese Nörgler" abgetan.

Dieses Phänomen der Großzahl begeisterter Anhänger und der wenigen entschiedenen Ablehner ist typisch für charismatische Menschen.

■ **Achtung:** Wenn Sie das Glück haben, charismatisch zu sein, können Sie Ihren Führungserfolg kaum verhindern. Machen Sie sich trotzdem die möglichen Gefahren bewusst. Charismatische Führer bekommen schnell einen „Gurustatus".
Abgesehen von der Gefahr, dass sich der „Guru" irgendwann selbst überschätzt, muss man damit rechnen, dass sich seine Anhängerschaft bevorzugt aus Menschen mit Sehnsucht nach Unterwerfung zusammensetzt. Kritische und Selbstbewusste ziehen sich von Gurus zurück. Aber gerade die Kritischen und Selbstbewussten sind Ihre wertvollsten Mitarbeiter! Die anderen neigen womöglich zu blindem Gehorsam und blinder Bewunderung. Das ist zunächst bequem und schmeichelt Ihrer Eitelkeit. Aber – wollen Sie, dass sich niemand mehr findet, der Ihnen Widerpart bietet, der Sie auf Ihre Irrtümer und Schwächen hinweist?

2. „Künstlertum"

Eine hohe Punktzahl bei Streben nach Sachzielen und bei Streben nach Prestige mit gleichzeitig niedriger Punktzahl bei Macht und Kooperation könnte auf eine Neigung zu „Künstlertum" hinweisen.

Das bedeutet, dass Sie zwar großen Wert auf Ihren Status als Bester und Klügster und Erfolgreichster im Hinblick auf ein bestimmtes Fachgebiet oder ähnliches legen – gleichzeitig aber auch, dass es Ihnen jedoch völlig gleichgültig ist, ob Sie dabei auch noch Macht über andere haben oder auf andere Einfluss nehmen können.

- ■ **Achtung:** Hier kann es eine Fehlentscheidung sein, Führungskraft werden zu wollen. Als unangefochtener Experte und Star Ihres Fachgebietes wären Sie wahrscheinlich sehr viel glücklicher.

Literatur zum Weiterlesen

Tom DeMarco: „Der Termin – Ein Roman über das Projektmanagement". Carl Hanser Verlag, München 1998

Hedwig Kellner: „Die Kunst, DV-Projekte zum Erfolg zu führen". Carl Hanser Verlag, München 1994

Hedwig Kellner: „Projekte konfliktfrei führen – Wie Sie ein erfolgreiches Team aufbauen". Carl Hanser Verlag, München, 1996

Gerhard Nagel: „Wagnis Führung – 365 Tage aus dem Leben eines Change-Managers". Carl Hanser Verlag München, 1999

Wolfgang Schur und *Günter Weick*: „Wahnsinnskarriere – Wie Karrieremacher tricksen, was sie opfern, wie sie aufsteigen". Eichborn Verlag, Frankfurt 1999

Die Autorin

Hedwig Kellner, Jahrgang 1952, ist als Unternehmensberaterin und Managementtrainerin in deutschen und internationalen Unternehmen verschiedener Branchen tätig. Ihr Spezialgebiet ist die Projektarbeit mit allen Aspekten der strategischen Planung bis hin zum täglichen Umgang mit Engpässen, Widerständen und Konflikten.

Hedwig Kellner lebt bei Hamburg. Von ihr sind im Carl Hanser Verlag bereits erschienen:

- *„Die Kunst, DV-Projekte zum Erfolg zu führen"*
- *„Konferenzen, Sitzungen, Workshops effizient gestalten"*
- *„Projekte konfliktfrei führen"*
- *„Reden, zeigen, überzeugen – Von der Kunst der gelungenen Präsentation"*
- *„Konflikte verstehen, verhindern, lösen – Konfliktmanagement für Führungskräfte"*
- *„Rhetorik: Hart verhandeln – erfolgreich argumentieren"*